GESTÃO DA PRODUÇÃO E LOGÍSTICA

www.saraivauni.com.br

GESTÃO DA PRODUÇÃO E LOGÍSTICA

DAVID GARCIA PENOF
EDSON CORREIA DE MELO
NELSON LUDOVICO (ORG.)

7890193241009

Rua Henrique Schaumann, 270
Pinheiros – São Paulo – SP - CEP: 05413-010
Fone PABX: (11) 3613-3000 • Fax: (11) 3611-3308
Televendas: (11) 3613-3344 • Fax vendas: (11) 3268-3268
Site: http://www.saraivauni.com.br

Filiais

AMAZONAS/RONDÔNIA/RORAIMA/ACRE
Rua Costa Azevedo, 56 – Centro
Fone/Fax: (92) 3633-4227 / 3633-4782 – Manaus

BAHIA/SERGIPE
Rua Agripino Dórea, 23 – Brotas
Fone: (71) 3381-5854 / 3381-5895 / 3381-0959 – Salvador

BAURU/SÃO PAULO (sala dos professores)
Rua Monsenhor Claro, 2-55/2-57 – Centro
Fone: (14) 3234-5643 – 3234-7401 – Bauru

CAMPINAS/SÃO PAULO (sala dos professores)
Rua Camargo Pimentel, 660 – Jd. Guanabara
Fone: (19) 3243-8004 / 3243-8259 – Campinas

CEARÁ/PIAUÍ/MARANHÃO
Av. Filomeno Gomes, 670 – Jacarecanga
Fone: (85) 3238-2323 / 3238-1331 – Fortaleza

DISTRITO FEDERAL
SIA/SUL Trecho 2, Lote 850 – Setor de Indústria e Abastecimento
Fone: (61) 3344-2920 / 3344-2951 / 3344-1709 – Brasília

GOIÁS/TOCANTINS
Av. Independência, 5330 – Setor Aeroporto
Fone: (62) 3225-2882 / 3212-2806 / 3224-3016 – Goiânia

MATO GROSSO DO SUL/MATO GROSSO
Rua 14 de Julho, 3148 – Centro
Fone: (67) 3382-3682 / 3382-0112 – Campo Grande

MINAS GERAIS
Rua Além Paraíba, 449 – Lagoinha
Fone: (31) 3429-8300 – Belo Horizonte

PARÁ/AMAPÁ
Travessa Apinagés, 186 – Batista Campos
Fone: (91) 3222-9034 / 3224-9038 / 3241-0499 – Belém

PARANÁ/SANTA CATARINA
Rua Conselheiro Laurindo, 2895 – Prado Velho
Fone: (41) 3332-4894 – Curitiba

PERNAMBUCO/ ALAGOAS/ PARAÍBA/ R. G. DO NORTE
Rua Corredor do Bispo, 185 – Boa Vista
Fone: (81) 3421-4246 / 3421-4510 – Recife

RIBEIRÃO PRETO/SÃO PAULO
Av. Francisco Junqueira, 1255 – Centro
Fone: (16) 3610-5843 / 3610-8284 – Ribeirão Preto

RIO DE JANEIRO/ESPÍRITO SANTO
Rua Visconde de Santa Isabel, 113 a 119 – Vila Isabel
Fone: (21) 2577-9494 / 2577-8867 / 2577-9565 – Rio de Janeiro

RIO GRANDE DO SUL
Av. A. J. Renner, 231 – Farrapos
Fone: (51) 3371- 4001 / 3371-1467 / 3371-1567 – Porto Alegre

SÃO JOSÉ DO RIO PRETO/SÃO PAULO (sala dos professores)
Av. Brig. Faria Lima, 6363 – Rio Preto Shopping Center – V. São José
Fone: (17) 3227-3819 / 3227-0982 / 3227-5249 – São José do Rio Preto

SÃO JOSÉ DOS CAMPOS/SÃO PAULO (sala dos professores)
Rua Santa Luzia, 106 – Jd. Santa Madalena
Fone: (12) 3921-0732 – São José dos Campos

SÃO PAULO
Av. Antártica, 92 – Barra Funda
Fone PABX: (11) 3613-3666 – São Paulo

305.172.001.001

ISBN 978-85-02-20194-1

CIP-BRASIL. CATALOGAÇÃO NA FONTE
SINDICATO NACIONAL DOS EDITORES DE LIVROS, RJ.

P458g

Penof, David Garcia
 Gestão de produção e logística / [texto] David Garcia Penof, Edson Correia de Melo, [texto e organização] Nelson Ludovico. - 1. ed. - São Paulo : Saraiva, 2013.
 (Gestão empresarial)

 ISBN 978-85-02-20194-1

 1. Administração da produção. 2. Logística empresarial. 3. Administração de empresas. I. Melo, Edson Correia de. II. Ludovico, Nelson. III. Título. IV. Série.

13-00725   CDD: 658.5
                                                              CDU: 658.5
15/04/2013   16/04/2013

Copyright © David Garcia Penof, Edson Correia de Melo e Nelson Ludovico (Org.)
2013 Editora Saraiva
Todos os direitos reservados.

Direção editorial	Flávia Alves Bravin
Coordenação editorial	Rita de Cássia da Silva
Aquisições	Ana Paula Matos
Editorial Universitário	Luciana Cruz
	Patricia Quero
Editorial Técnico	Alessandra Borges
Editorial de Negócios	Gisele Folha Mós
Produção editorial	Daniela Nogueira Secondo
	Rosana Peroni Fazolari
Produção digital	Nathalia Setrini Luiz
Suporte editorial	Najla Cruz Silva
Arte e produção	MSDE / MANU SANTOS Design
Capa	MSDE / MANU SANTOS Design
Produção Gráfica	Liliane Cristina Gomes
Impressão e acabamento	RR Donnelley

Contato com o editorial
editorialuniversitario@editorasaraiva.com.br

1ª edição

Nenhuma parte desta publicação poderá ser reproduzida por qualquer meio ou forma sem a prévia autorização da Editora Saraiva. A violação dos direitos autorais é crime estabelecido na lei nº 9.610/98 e punido pelo artigo 184 do Código Penal.

Sobre os autores

Edson Correia de Melo, profissional com mais de 30 anos de experiência no setor industrial – bens de capital, metalúrgico e têxtil –, destacando-se em administração da produção – manufatura, qualidade e manutenção. Mestre em Engenharia da Produção e graduado em Administração de empresas. Sócio-administrador da Hévila Treinamento e Assessoria, que atua no desenvolvimento e aplicação de treinamentos técnico-operacionais em montadoras e seus fornecedores. Professor em cursos de graduação e pós-graduação: professor titular da Universidade Paulista e professor convidado nos cursos de MBA da Universidade de São Caetano do Sul, Centro Paula Souza e Universidade Paulista.

Contato com o autor: ECMELO@editorasaraiva.com.br

David Garcia Penof, mestre em Administração, pós-graduado em Administração da Produção e bacharel em Administração. Sócio Diretor da PENOF Solutions Ltda ME – empresa de consultoria. Professor em diversos cursos de graduação e pós-graduação nacionais e internacionais ligados às áreas de Engenharia e Administração.
Foi executivo de empresa multinacional, com mais de 20 anos de atuação como consultor/auditor na Indústria, desenvolvendo e comandando projetos ligados às áreas de Qualidade, Produção, PCP – planejamento e controle da produção, Engenharias e Logística Empresarial. Especialista em diagnósticos e implantação de Sistemas de Gestão de Operações e Competitividade em empresas nacionais e multinacionais. Consultor Sênior para desenvolvimento de planejamento estratégico para gestão pública.

Contato com o autor: DGPENOF@editorasaraiva.com.br

Nelson Ludovico (Org.), pós-doutor em Relações Internacionais pela Florida Christian University, EUA. Doutor em Comércio Exterior pela American University, mestre em Negócios Internacionais pela Universidad Nacional de Lomas de Zamora, Buenos Aires, Argentina, pós-graduado em Operações e Serviços de Comércio Exterior. Professor da Escola de Administração de Empresas de São Paulo (EAESP), da Fundação Getulio Vargas (FGV), nos cursos do Programa de Educação Continuada (GVPec) e também nos cursos de MBA da FGV--Management em várias cidades do país. Implantou e coordena o MBA Executivo de Negócios Internacionais e Logística no Instituto Nacional de Pós-Graduação (INPG); é professor-orientador na Universidade Municipal de São Caetano do Sul (USCS).

Contato com o autor: LUDOVICO@editorasaraiva.com.br

Apresentação

É com grande satisfação que apresentamos o livro *Gestão da Produção e Logística*, em uma versão simples e objetiva. Nesta obra os temas são tratados de forma integrada, sem a pretensão de esgotar os assuntos e sim, demonstrar a sua importância para a efetiva gestão focada na competitividade.

Para que tal objetivo seja atingido, observamos que se deve utilizar de maneira correta os processos agregadores de valor, que compõem toda a cadeia produtiva e constituem um modelo emblemático sob o ponto de vista dos clientes.

A obra é subdividida em duas grandes partes, uma tendo por enfoque a gestão da produção e a outra, a gestão da logística nas organizações modernas. Entretanto, as partes se relacionam e, em conjunto, evidenciam a importância da gestão das operações.

Incluímos exemplos de modelos de gestão, de maneira que a teoria seja apresentada também de forma prática e vivencial. A experiência adquirida ao longo dos anos fomentou a elaboração desta obra.

Esperamos que este livro estimule os leitores que buscam novas formas de entendimento do modelo de negócio de suas organizações e oportunidades em um mercado cada vez mais competitivo e crescente.

Os autores.

Sumário

CAPÍTULO 1 GESTÃO DA PRODUÇÃO NO MUNDO MODERNO ... 1

Introdução ... 2

1.1 Gestão da produção ... 2

1.2 Processos da produção ... 4

Resumo ... 16

Questões para discussão ... 17

CAPÍTULO 2 PROJETO DE PROCESSOS ... 19

Introdução ... 20

2.1 Projeto de processos ... 20

Resumo ... 29

Questões para discussão ... 30

CAPÍTULO 3 ARRANJO FÍSICO E FLUXO NAS OPERAÇÕES ... 33

Introdução ... 34

3.1 Desenvolvimento ... 34

3.1.1 Caso – Metaleixos Ltda. ... 46

Resumo ... 50

Questões para discussão ... 51

CAPÍTULO 4 PROJETO DO TRABALHO ... 53

Introdução ... 54

4.1 Desenvolvimento ... 54

Resumo ... 72

Questões para discussão ... 74

CAPÍTULO 5 PLANEJAMENTO E CONTROLE ... 77

Introdução ... 78

5.1 Desenvolvimento ... 78

Resumo ... 96

Questões para discussão ... 97

CAPÍTULO 6 PLANEJAMENTO E CONTROLE DE CAPACIDADE ... 101

Introdução ... 102

6.1 Desenvolvimento ... 102

6.2 A teoria das restrições ... 109

6.3 Paradigmas das operações industriais a serem rompidos ... 112

Resumo ... 121

Questões para discussão ... 122

CAPÍTULO 7 QUALIDADE COMO FERRAMENTA DE GESTÃO ... 125

Introdução ... 126

7.1 Desenvolvimento ... 126

7.2 A evolução da função qualidade ... 127

IX

	7.3 Sistemas da qualidade	129
	7.4 A relação qualidade e produtividade	129
	7.5 Programas de qualidade e a competitividade	131
	7.6 Gestão financeira para a qualidade	136
	7.7 Custos da qualidade	137
	7.8 Relacionamento entre os custos da qualidade	138
	Resumo	139
	Questões para discussão	141
CAPÍTULO 8	GLOBALIZAÇÃO	143
	Introdução	144
	8.1 Estrutura do macroambiente	145
	8.1.1 Ambiente político/legal	145
	8.1.2 Economia	146
	8.1.3 Tecnologia	146
	8.1.4 Demografia	146
	8.1.5 Ambiente social e cultural	147
	8.2 Forças evolutivas	147
	8.3 Um modelo conceitual da globalização	147
	8.4 Impacto dos fatores ambientais	151
	8.5 Evolução das operações globalizadas	152
	Resumo	154
	Questões para discussão	154
CAPÍTULO 9	LOGÍSTICA	155
	Introdução	156
	9.1 Breve histórico	157
	9.2 Conceito de logística	158
	9.2.1 Definições	158
	9.2.2 A missão	159
	9.3 Importância da logística	160
	9.4 A logística na empresa	160
	9.4.1 Objetivos	162
	9.4.2 Operações e logística	163
	9.4.3 Fluxos das operações	164
	Resumo	165
	Questões para discussão	165
CAPÍTULO 10	ESTRATÉGIA DA LOGÍSTICA	167
	Introdução	168
	10.1 Desdobramento do planejamento estratégico	169
	10.2 Modelo estratégico	172
	10.3 As três dimensões das operações de logística	172

SUMÁRIO

10.4 Relacionamento entre as três dimensões 173

10.5 Estratégias de abastecimento 173

10.6 Integração vertical 174

Resumo 175

Questões para discussão 175

CAPÍTULO 11   ESTRATÉGIA DA LOGÍSTICA 177

Introdução 178

11.1 Conceitos 179

11.2 Escolha de um sistema de planejamento e controle 182

    11.2.1 Tipos de redes de suprimento 183

    11.2.2 Governança das redes de suprimento 184

11.3 Capital social e humano 185

11.4 Redes interorganizacionais e intraorganizacionais 186

    11.4.1 Redes interorganizacionais 186

        11.4.1.1   Redes verticais 187

        11.4.1.2   Redes horizontais 187

        11.4.1.3   *Netchains*, constelações e conselhos entrelaçados 187

    11.4.2 Redes intraorganizacionais 187

11.5 Concepção das redes logísticas 188

11.6 Orientação para redes logísticas 189

Resumo 192

Questões para discussão 192

CAPÍTULO 12   DISTRIBUIÇÃO 195

Introdução 196

12.1 Planejamento e controle da distribuição 196

12.2 Elementos da distribuição 197

12.3 Escolha do canal 198

12.4 A importância dos canais 199

    12.4.1 Visão funcional 199

    12.4.2 Modelo de utilidade, modelo de postergação e modelo de
         especulação 200

12.5 Tipos de mercado 201

12.6 Considerações sobre a distribuição física 202

12.7 Otimização da distribuição 202

    12.7.1 Distribuição enxuta 205

    12.7.2 Estrutura da distribuição enxuta 207

    12.7.3 Aplicações 208

    12.7.4 Estrutura de otimização 209

Resumo 209

Questões para discussão 210

XI

GESTÃO DA PRODUÇÃO E LOGÍSTICA

CAPÍTULO 13 FUNDAMENTOS DE TRANSPORTE 211
    Introdução 212
    13.1 Princípios do transporte 212
    13.2 Funções do transporte 213
        13.2.1 Movimentação de produtos 213
        13.2.2 Estocagem de produtos 213
    13.3 Princípios do gerenciamento de transporte 214
    13.4 Participantes nas decisões de transporte 215
    13.5 Serviços e suas características 216
    13.6 Escolha de serviços de transporte 216
    13.7 Características dos modais de transporte 217
    13.8 Tipos de serviços 223
    Resumo 224
    Questões para discussão 225

CAPÍTULO 14 PROGRAMAS DE RESPOSTA RÁPIDA (PRR) 227
    Introdução 228
    14.1 Fluxo de informações 228
        14.1.1 Características necessárias à informação para apoio à decisão 232
    14.2 Programas de Resposta Rápida (PRR) 232
        14.2.1 Resposta rápida (QR) 233
        14.2.2 Programa de reabastecimento contínuo (CRP) 234
        14.2.3 Resposta eficiente ao consumidor (ECR) 234
        14.2.4 Estoque gerenciado pelo fornecedor (VMI) 234
        14.2.5 *Just in Time* II (JIT II) 234
        14.2.6 Planejamento, previsão e reabastecimento colaborativo (CPFR) 235
    Resumo 236
    Questões para discussão 237

CAPÍTULO 15 CADEIA DE ABASTECIMENTO 239
    Introdução 240
    15.1 Evolução da cadeia de suprimentos 243
    15.2 Integração na cadeia de suprimentos 246
    15.3 Fatores cruciais para o sucesso das cadeias de suprimentos 247
    15.4 Principais processos na cadeia de suprimentos 248
    15.5 Planejamento e controle da cadeia de suprimentos 249
    15.6 Relacionamentos em redes de suprimentos 250
        15.6.1 Hierarquia integrada 250
        15.6.2 Semi-hierarquia 250
    Resumo 251
    Questões para discussão 251

REFERÊNCIAS 253

1

GESTÃO DA PRODUÇÃO NO MUNDO MODERNO

Introdução
1.1 Gestão da produção
1.2 Processos da produção
Resumo
Questões para discussão

Introdução

No mundo moderno, a gestão da produção é muito importante em face da competitividade atual. As empresas precisam permanecer em constante mudança, buscando produzir de forma cada vez mais eficiente. *A priori*, a produção é responsável por disponibilizar ao mercado os produtos que a organização oferece, sejam eles bens ou serviços; na verdade, a criação e disponibilização de bens e serviços é a principal razão da existência de qualquer organização.

Ao se mencionar neste livro o termo *organização*, faz-se referência a qualquer tamanho de empresa – micro, pequena, média ou grande ou ainda com ou sem fins lucrativos. Os conceitos que serão discutidos são amplos e gerais, podendo ser estendidos a todos os tipos mencionados. As empresas preocupam-se com a gestão da produção porque ela pode potencializar as receitas disponibilizando mais produtos a um custo de produção menor – ou seja, produzindo cada vez mais com menos recursos de produção, aumentando assim a eficiência produtiva.

Vale ressaltar que estudar ou repensar a gestão da produção é complexo e interessante, pois os consumidores estão cada vez mais ativos e na expectativa de produtos mais modernos, inovadores; as redes de suprimentos se alternam entre mercado doméstico e internacional, a tecnologia da informação alterou a velocidade decisória e a internet trouxe as informações de mercado para o momento – *real time*.

Neste capítulo, será introduzida a ideia da função produção e sua forma de gestão. Serão mencionados diferentes tipos de organizações e seus diferentes produtos, procurando mostrar que para organizações e produtos diferentes podemos ter um mesmo conjunto de objetivos almejados pelos gestores da produção.

1.1 Gestão da produção

A gestão da produção trata da forma de gerir recursos destinados à produção de bens e serviços. A função de produção é a parte da organização responsável pela atividade de gestão. Por vezes, o termo *gestão da produção* pode ser trocado por *gestão de operações*, *operações* ou *produção*, de forma simplificada. Os termos podem ser considerados sinônimos neste livro. Da mesma forma, *gestores de produção* ou *gestores de operações* efetuam as mesmas atividades e exercem responsabilidade na administração dos recursos escassos envolvidos na função produção.

Dentro das organizações, existem quatro grandes funções que são responsáveis pela existência da organização. São elas: a função marketing, a função produção, a função finanças e a função recursos humanos. Entretanto, as funções marketing e produção são funções centrais, e as demais, finanças e recursos humanos, são funções de apoio. A seguir, uma pequena descrição de cada uma delas explica por que as funções denominam-se centrais ou de apoio.

São funções centrais:

- A função marketing é responsável por detectar as necessidades dos clientes, trazer informação para a organização no que se refere a tamanho e tipologia do mercado bem como comunicar os produtos da empresa de forma a potencializar as vendas e gerar pedidos dos clientes. Vale ressaltar que as atividades de vendas encontram-se nessa função.
- A função produção é responsável por traduzir as informações de marketing em especificações para que as necessidades dos clientes sejam satisfeitas por meio dos processos de produção e entrega. Nessa função encontram-se as áreas de criação, produção propriamente dita e distribuição de produtos.

As funções de apoio suprem e sustentam a função produção. São elas:

- A função finanças permite a tomada de decisão no que se refere a projetos de produção e ainda administra os recursos financeiros da organização. A função finanças permite avaliar a viabilidade econômico-financeira de um projeto de produção.
- A função recursos humanos preocupa-se em recrutar, selecionar, capacitar e desenvolver os colaboradores da organização, encarregando-se ainda de cuidar de seu bem-estar.

Embora empresas distintos possam nomear diferentemente as funções mencionadas anteriormente, a existência delas é percebida em todo tipo de organização. As funções marketing, produção, finanças e recursos humanos são essenciais – e, na prática, as atividades desenvolvidas pelas funções se relacionam e permitem interdisciplinaridade. Esse fator leva a alguma confusão entre as fronteiras de cada função.

A seguir é apresentada uma tabela mostrando exemplos das atividades das funções centrais de alguns tipos de organizações.

Tabela 1.1   Atividades das funções centrais de algumas organizações

FUNÇÕES CENTRAIS	LOJA DE DEPARTAMENTOS	CONSULTÓRIO MÉDICO	EMPRESA DE MANUFATURA
MARKETING	Apresentar seus produtos e serviços pelos meios de comunicação de massa. Criar material de promoção e venda.	Efetuar propaganda em revista específica. Produzir material para divulgação do serviço prestado.	Fazer propaganda em televisão. Determinar política de precificação. Vender para varejistas.
PRODUÇÃO	Disponibilizar os produtos de forma a atender as expectativas dos clientes. Importar produtos não disponíveis no mercado doméstico.	Prestar serviço de consulta ao paciente. Encaminhar para exames. Emitir receitas com medicamentos.	Projetar produtos e fabricá-los de acordo com as especificações e necessidades dos clientes.

Conforme já exposto, a gestão da produção não está ligada ao tamanho da empresa e é praticada em todas elas; entretanto, cabe salientar que essa gestão pode apresentar-se problemática para micro ou pequenas empresas que têm seus próprios conjuntos de problemas. Empresas de grande porte costumam ter recursos financeiros para destinar profissionais adequados às exigências das atividades praticadas. Tal fato não ocorre, normalmente, em micro e pequenas empresas, o que significa que pessoas podem ter de desenvolver atividades diferentes e fora de sua expertise, conforme a necessidade. Nesse momento, o processo decisório pode ficar confuso à medida que as funções e suas atividades se sobrepuserem. Vale salientar que as empresas menores apresentam vantagens significativas quanto à velocidade da decisão, haja vista o reduzido tamanho de sua estrutura. Nesses casos, a comunicação flui melhor e mais rápido.

1.2   Processos da produção

Todas as operações produzem produtos, sejam eles bens ou serviços, mediante a transformação de recursos em saídas, ou seja, produtos acabados; isso é o que se denomina processo de transformação. A seguir, a Figura 1.1 mostra um modelo genérico para tal processo de transformação. Observe que a transformação basicamente apresenta os recursos de entrada, divididos em recursos a serem transformados e transformadores, que passam pelo processo de transformação propriamente dito, gerando produtos acabados que podem ser bens ou serviços; além desses, obviamente existe o usuário final, denominado aqui consumidor do produto realizado.

Figura 1.1   Modelo genérico de transformação

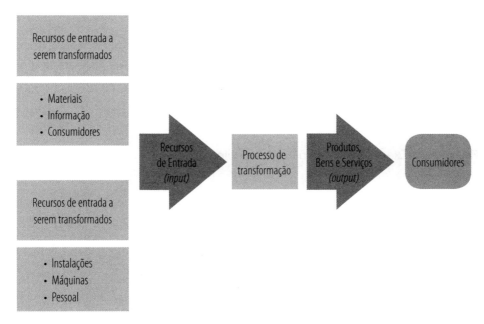

Fonte: Adaptado SLACK, N. et. al. *Administração da produção*, 3. ed. São Paulo: Atlas, 2009.

Embora esse seja um modelo genérico de transformação (pois ao observarmos uma lanchonete do tipo *fast-food* e uma empresa fabricante de automóveis teremos a percepção dos mesmos atores no processo de transformação), uma visão mais minuciosa do modelo apresentará características bem peculiares de cada tipo de processamento descrito.

Conforme mencionado, uma lanchonete tem em seus *inputs* (recursos de entrada) pães, carnes, frios e verduras, enquanto o fabricante de automóveis tem no mesmo elemento chapa de aço, tinta epóxi, tapeçaria, chicotes elétricos e outros itens diferenciados para veículos. Tais divergências modificam a forma como as organizações atuam e seus modelos de gerenciamento.

Os *inputs* para o processo de transformação de qualquer processo produtivo são compostos dos recursos de entrada a serem transformados. Esses são recursos que terão modificação ao longo do processo produtivo e serão convertidos de alguma forma até tornarem-se produtos acabados das organizações. Geralmente, são um composto de:

- *Materiais* – relativos aos insumos físicos básicos, como matérias-primas e componentes. Esse primeiro conjunto denominado matérias-primas são recursos materiais que serão processados dentro da organização. Chegam em suas formas originais e sofrem transformação nos processos de fabricação. Por exemplo, uma bobina de aço-carbono para um fabricante de fogões é considerada matéria-prima. Essa bobina chega em sua forma original para posteriormente ser fatiada em peças e partes, as quais serão estampadas para receber a forma final desejada para composição do produto a ser produzido. A seguir, nas Figuras 1.2 e 1.3, são apresentados exemplos de bobina de aço e do componente transformado, na forma das peças de um fogão.

Figura 1.2   Exemplo da matéria-prima bobina de aço

Fonte: Disponível em: < http://brasilrepresent.webnode.com.br/ >. Acesso em 11 jan 2013.

Figura 1.3   Exemplos de componentes de fogão fabricados com a bobina de aço – laterais, porta frontal e mesa

Fonte: Disponível em <http://t3.gstatic.com/images?q=tbn:ANd9GcTNA3rkHbJMHEWGKt1I3LTRDxepDh1VRS0A3gYwZfW1pQzWDeB4>. Acesso em 22 fez. 2013.

GESTÃO DA PRODUÇÃO NO MUNDO MODERNO **CAPÍTULO 1**

Anteriormente citou-se exemplos de recursos de entrada a serem transformados, e na sequência serão apresentados os recursos de entrada transformadores, que são aqueles que provocam as mudanças nas matérias-primas e agrupam os componentes para manufatura do produto acabado.

- *Informações* – existem operações que processam informações e podem transformar suas propriedades, agrupando, reunindo ou até mesmo desvinculando dados. Como exemplo, podemos citar um contador ou uma biblioteca.
- *Consumidores* – algumas operações transformam diretamente os consumidores como se fossem materiais propriamente ditos; pode-se citar como exemplos os cabeleireiros, dentistas e cirurgiões plásticos. Outras empresas, como as empresas de transporte coletivo, também processam os consumidores deslocando-os de um lugar para outro qualquer.

Os recursos transformadores, aqueles que em geral modificam os demais recursos de entrada (a serem transformados), são compostos de:

- *Instalações* – são recursos como terrenos ou prédios, edificações de forma geral onde a organização se instala para executar seu processo de transformação.
- *Máquinas* – é o conjunto de recursos também, chamado de recursos capital, em termos econômicos, são as máquinas propriamente ditas, os equipamentos e até mesmo a tecnologia utilizada pode ser enquadrada nesse recurso.
- *Pessoal* – são na verdade aqueles que operam, mantêm, planejam e administram a função produção. Não há nesta interpretação qualquer divergência no que se refere à nível hierárquico. São também tratados por recursos humanos.

Outras operações processam materiais para alterar sua localização, como fazem as empresas de entregas de encomenda, as quais simplesmente mudam a posse do bem em questão. Por exemplo, várias empresas ligadas à logística e até mesmo o próprio correio.

O processo elemento em análise do modelo de transformação é o processo em si. É possível afirmar que administração da produção significa administração de processos ou, como utilizado mais recentemente, a atividade de gestão por processos.

Em uma operação produtiva ocorrem processos. Processo nada mais é do que aquilo que se dá quando recursos transformadores modificam *inputs*, gerando

7

outputs. Não é errado afirmarmos que em uma atividade podemos ter mais de um processo. Os processos podem ser analisados em três níveis hierárquicos diferentes: o processo propriamente dito, considerado em um fluxo de recursos; a operação produtiva, na qual se considera os fluxos entre processos diferentes (e não mais recursos produtivos); e, por último, o mais alto nível na hierarquia: uma rede de fornecimento que envolve fluxo de processos entre diferentes operações.

A Figura 1.4 mostra um exemplo da gestão desses processos e sua correspondente hierarquia.

Pode-se observar na Figura 1.4 que, na hierarquia dos processos, de cima para baixo, em primeiro lugar aparece a rede de fornecimento de automóveis, imediatamente seguida pela operação produtiva de pneus e, depois, finalmente, pelo processo de fabricação do pneu propriamente dito.

A gestão da produção pode ajudar no desenvolvimento e crescimento de um negócio de uma forma estratégica e muito importante, pois a produção tem objetivos estratégicos e atua fortemente sobre os *stakeholders*, também denominados *grupos de interesse* da empresa. Os grupos de interesse que se relacionam com a produção são os seguintes:

- A sociedade, que de uma operação produtiva espera obter emprego, bem-estar, produtos sustentáveis e sistemas de produção verde (proteção ao meio ambiente);
- Os consumidores, que desejam especificações apropriadas aos produtos, qualidade, entrega rápida e pontual, flexibilidade e preço justo;
- Os colaboradores, que são os recursos humanos (pessoal) da organização e almejam continuidade no emprego, salários em dia, boas condições de segurança e desenvolvimento profissional;
- O acionista, que espera conseguir valor econômico e ético para sua organização;
- Os fornecedores, parceiros que esperam continuidade no negócio, boa capacidade de fornecimento e informação transparente e ética nos negócios.

Figura 1.4 A gestão de processos e sua hierarquia

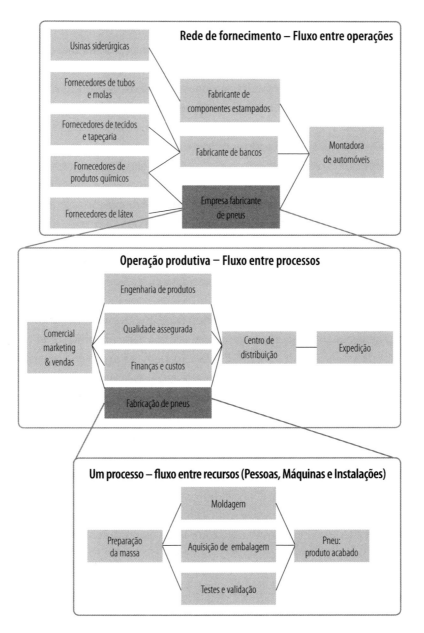

A apreciação dos grupos de interesse mostra uma gama de objetivos que a função produção deve atingir mediante sua gestão; entretanto, de forma mais condensada, o processo decisório da produção tem em nível operacional um conjunto de cinco objetivos de desempenho que podem ser considerados estratégicos se vistos de forma mais ampla, pois refletem a atuação da produção em uma relação estreita com o próprio mercado.

Os cinco objetivos de desempenho da função produção são: qualidade, velocidade, confiabilidade, flexibilidade e custo.

O objetivo *qualidade* pode ter várias e diversas facetas, dependendo de quem o analisa. Entretanto, o mais importante é a percepção de que a qualidade influencia diretamente na satisfação ou insatisfação do consumidor em relação ao bem ou serviço adquirido. Em todo o mundo, colaboradores e empresários tomam consciência de que é preciso focar mais na qualidade, eliminando desperdícios e melhorando o ambiente de trabalho.

Apesar da "socialização da qualidade", não há definições claras ou consensuais sobre o significado de "qualidade".

Toledo[1] sugere que qualidade é sinônimo de "excelência inerente", universalmente reconhecível, tratada como a ausência de deficiências. Conforme Juran:[2] "qualidade é adequação ao uso". Um relógio feito de acordo com as especificações de seu projeto que quebra depois de dois dias é claramente "não adequado a seu propósito". Crosby, citado em Slack,[3] considera qualidade a "conformidade às especificações". Broh, citado em Lorenzetti,[4] define qualidade como "o grau de excelência a um preço aceitável e o controle da variabilidade a um custo aceitável." Essa abordagem utiliza um enfoque econômico também, pois o que se espera das organizações é que elas façam sempre o melhor com menos recurso. A ASQC (American Society for QualityControl), define qualidade como "o conjunto de dispositivos e características de um produto ou serviço que tem a habilidade de satisfazer determinadas necessidades". Essa definição da ASQC é praticamente a mesma fornecida pela norma ISO 8402 – Gestão da qualidade e garantia da qualidade – Terminologia, a qual diz que qualidade é "a totalidade de formas e características de um produto ou serviço que possua a capacidade de atender plenamente uma dada necessidade".

Garvin[5] categorizou as várias definições em "cinco abordagens" de qualidade: a abordagem transcendental, a abordagem centrada no produto, a abordagem centrada na fabricação, a abordagem centrada no usuário e a abordagem centrada no valor.

---

1 TOLEDO, J. C. de. *Qualidade industrial*: conceitos, sistemas e estratégias. São Paulo: Atlas, 1987. p. 18.
2 JURAN, Joseph M. GRYNA, Frank (eds.). *Quality Control Handbook*. 4. ed., New York: McGraw-Hill, 1988. p. 8.
3 SLACK, Nigel et. al. *Administração da produção*. São Paulo: Atlas, 1996. p. 652.
4 LORENZETTI, Dagoberto Helio. *Gestão da qualidade e da produtividade em empresas japonesas no Brasil:* um estudo de caso. Projeto de pesquisa. Universidade Paulista: São Paulo, 1997.
5 GARVIN, David. *Gerenciando a qualidade:* a visão estratégica e competitiva. Trad. de João Ferreira Bezerra de Souza. Rio de janeiro: Qualitymark, 1992. p. 25.

GESTÃO DA PRODUÇÃO NO MUNDO MODERNO **CAPÍTULO 1**

A abordagem transcendental vê a qualidade como um sinônimo de excelência inata. Um carro de "qualidade" é um Rolls-Royce. Um relógio de "qualidade" é um Rolex. Essa abordagem percebe a qualidade como "o aspecto sensível, e que não pode ser medido, das coisas". Observa-se que tal parametrização é equivocada, pois estaria apenas considerando qualidade como algo observável, porém não descritível.

A segunda abordagem, centrada no produto, considera a qualidade mensurável, objetiva. Diferenças entre produtos seriam qualificáveis e quantificáveis por parâmetros dos próprios produtos. Um relógio, por exemplo, pode ser projetado para funcionar sem precisar de assistência técnica por pelo menos cinco anos e mantido a uma precisão de mais ou menos cinco segundos.

A terceira abordagem, centrada no usuário, é a mais utilizada pelos profissionais da qualidade. Nesse tipo de abordagem, deve-se assegurar que o produto ou o serviço esteja adequado a seu propósito. O serviço de bordo, em um voo noturno de São Paulo para Manaus, pode ter sido projetado para servir drinques aos passageiros a cada 15 minutos, refeições a cada três horas e avisos frequentes sobre a posição do avião. Essas especificações de qualidade podem não ser adequadas para o consumidor cuja principal necessidade é ter um bom sono.

A quarta abordagem, centrada na fabricação, trata a qualidade como a "conformidade às especificações". Um relógio Swatch, ou um voo econômico, embora não necessariamente o "melhor" disponível, é definido como produto de qualidade desde que tenha sido feito ou entregue precisamente dentro de suas especificações de projeto.

A quinta e última abordagem, ainda segundo Garvin, é a centrada no valor, em que se consideram aspectos de custos e receitas. Entra nesse aspecto a ideia de valor, ou seja, a relação custo-benefício. Um consumidor pode muito bem estar querendo aceitar algo de menor especificação de qualidade caso o preço seja menor. Uma caneta simples e inexpressiva pode ter bom valor caso funcione satisfatoriamente por um período de tempo razoável.

Slack,[6] em um primeiro enfoque, afirma que qualidade significa "fazer certo as coisas". Em uma fábrica de automóveis, qualidade significa carros fabricados conforme as especificações que também podem ser considerados confiáveis. Todos os componentes são corretamente montados e todos os extras e documentos são apresentados no local correto. Visualmente, o carro deve ser atraente e sem manchas e riscos. Algumas empresas, utilizando-se desse enfoque, até se divulgam tomando como base seus desempenhos de qualidade ou seus sistemas da qualidade. A qualidade exerce grande influência sobre a satisfação ou insatisfação do consumidor.

6   SLACK, Nigel. et. al., 1996, p. 71.

Por último, fazendo uma conciliação dessas diferentes visões de qualidade, Slack[7] define qualidade como "a consistente conformidade com as expectativas dos consumidores".

Porém, a definição mais difundida no mercado é aquela fornecida pela anteriormente mencionada norma ISO 8402 – Gestão da qualidade e garantia da qualidade – Terminologia. De acordo com essa definição, um produto, seja ele um bem ou serviço, terá qualidade na medida em que atender plenamente a necessidade de seu usuário.

É importante ter em mente que a qualidade dentro de uma operação produtiva reduz custos, pois minimiza erros; portanto, não há sucata de peças e partes, tampouco retrabalhos. A qualidade também aumenta a confiabilidade, pois não haverá atrasos de produção e entrega, o que torna a empresa confiável perante seus clientes.

O objetivo *velocidade* serve para medir o tempo gasto para entregar um produto ao cliente, considerando-se desde o momento da colocação do pedido de compra pelo cliente até a entrega do produto acabado – por vezes, já em seu ponto de uso.

Quanto mais internamente veloz for uma organização, menores serão as necessidades de estoques de produtos acabados para atendimento dos clientes e, portanto, melhor será sua gestão financeira. Outro fator relevante é a capacidade de atendimento rápido com produtos dedicados, haja vista que uma boa velocidade interna permite produzir com *lead time*[8] reduzido de fabricação.

O objetivo *confiabilidade* tem como premissa entregar os produtos solicitados pelos clientes na data prometida e/ou exatamente quando são necessários. O termo *confiabilidade* pode ser exemplificado com o funcionamento do sistema de transporte ferroviário: se os trens atuais estiverem sempre atrasados em seus horários, seu grau de rapidez e conforto não importará para os passageiros.

Confiabilidade na operação economiza tempo; veja-se, por exemplo, a disponibilização de peças de reposição que, devidamente estudadas, são reconhecidamente necessárias de tempos em tempos; é o caso típico da manutenção preventiva. Seria uma tremenda perda de tempo parar uma máquina para realização de manutenção preventiva e descobrir, no momento de repor a peça, que a peça com defeito foi usada sem que se providenciasse uma peça de reposição, ou seja, não houve confiabilidade no sistema de reposição de peças em estoque.

Outro ponto bastante importante é a percepção de que confiabilidade permite economia de dinheiro. Dando sequência ao exemplo anterior, quando da

---

7   SLACK, Nigel. et. al., 1996, p. 552.
8   Termo em inglês usado para demonstrar o tempo decorrido desde a colocação da ordem de fabricação até a entrega do pedido ao cliente (lembrando que esse pode ser até mesmo um cliente interno em uma relação entre áreas ou unidades de negócio dentro de uma mesma corporação).

GESTÃO DA PRODUÇÃO NO MUNDO MODERNO **CAPÍTULO 1**

verificação da falta da peça de reposição para manutenção é necessário recorrer a planos de contenção como contratação de transporte alternativo e deslocamento de recursos não previstos, como compradores para conseguir a peça para consertar a máquina e continuar a produção. Todos esses expedientes apresentam custos não previstos e, portanto, gasto desnecessário de recursos financeiros.

Por outro lado, se o sistema de reposição de peças for confiável poderemos afirmar que tal confiabilidade dá estabilidade à operação. Não ocorrerão surpresas na operação e todos saberão que, caso esteja prevista a manutenção em uma determinada máquina, a peça necessária estará disponível no momento exato e não haverá desgaste entre as áreas e a equipe de colaboradores.

O objetivo *flexibilidade* diz respeito à capacidade de reação ao inesperado. A produção deve ser flexível o suficiente para permitir mudanças e atender a algumas exigências, considerando alterações nos seguintes aspectos:

- *Produtos* – alteração que permite sua customização ou adequação para o atendimento a necessidades específicas dos clientes.
- *Mix de produção* – ou seja, a habilidade da operação em alterar o *mix* de produtos para produzir uma ampla gama de produtos.
- *Volume* – a alteração de níveis de produção (saídas) para que se produza quantidades diferentes de produtos ao longo do tempo.
- *Entrega* – a alteração do tempo de entrega, antecipando ou postergando prazos, dependendo da necessidade do cliente.

O atingimento do objetivo *flexibilidade* agiliza a resposta ao cliente e economiza tempo, pois permite decisões mais rápidas e eficazes, contribuindo ainda para manter a confiabilidade no processo em questão.

Já o objetivo *custo* é muito importante para todas as empresas, e mais importante ainda para as empresas que concorrem em preços. Para esse tipo de empresa, custo será seu principal objetivo de produção. É claro que mesmo as empresas que não disputam o mercado por preço têm seu interesse nesse objetivo, pois custo baixo significa maior possibilidade de lucro a um determinado preço de mercado. Na atualidade, a China é um país onde o grande objetivo da função produção é preço.

A produtividade é a medida que mostra o nível de sucesso de uma empresa em relação aos custos. Veja a equação seguinte:

$$\text{Produtividade} = \frac{Output \text{ (saída) da operação}}{Input \text{ (entrada) da operação}}$$

Normalmente se usam medidas parciais para avaliação de produtividade, como os fogões produzidos anualmente por colaborador. Tal metodologia de cálculo da produtividade permite que operações de diversas localidades possam ser comparadas, embora não se considere os custos dos *inputs*.

$$\text{Produtividade de fator parcial} = \frac{\textit{Output} \text{ (saída) da operação}}{\text{Um } \textit{Input} \text{ (entrada) da operação}}$$

Outro tipo de medida de produtividade é a produtividade multifatorial, na qual se incluem todos os fatores de *input*.

$$\text{Produtividade multifatorial} = \frac{\textit{Output} \text{ (saída) da operação}}{\text{Todos os } \textit{Inputs} \text{ (entrada) da operação}}$$

Imagine um Laboratório de Análises Clínicas que possui seis colaboradores e atende 360 pacientes por semana. Cada colaborador trabalha 40 horas por semana. O total da folha de pagamento mensal do laboratório é de R$12.000,00, e o custo fixo é de R$9.000,00. Qual é a produtividade parcial e a produtividade multifatorial do laboratório?

$$\text{Produtividade de mão de obra} = \frac{360}{6}$$

Produtividade da mão de obra = 60 pacientes / colaborador / semana

$$\text{Produtividade multifatorial} = \frac{360}{(12.000,00 + 9.000,00)}$$

Produtividade multifatorial = 0,01714 pacientes / R$

Uma forma básica de aprimorar a produtividade é reduzir os custos da operação e seus *inputs*, garantindo os *outputs*. Dessa forma, reduzindo-se os custos de alguns ou todos os recursos produtivos utilizados, pode-se ter um maior valor de *output* por R$ gasto com os *inputs*.

Uma vez que a função produção sabe quais são seus objetivos de desempenho e pode mensurá-los pelo cálculo da produtividade, os gerentes da produção precisam formular um conjunto de premissas gerais que guiarão seu processo de tomada de decisão. Essas premissas incluem a estratégia de produção da empresa. Segundo Slack,[9]

---

9   SLACK, N. et. al., 2009. Pág. 50.

GESTÃO DA PRODUÇÃO NO MUNDO MODERNO **CAPÍTULO 1**

estratégia é um padrão global de decisões e ações que posicionam a organização em seu ambiente e tem o objetivo de fazer que ela atinja seus objetivos de longo prazo.

As decisões estratégicas são aquelas que:

- Têm efeito abrangente e são significativas na parte da organização a qual a estratégia se refere.
- Definem a posição da organização relativamente a seu ambiente.
- Aproximam a organização de seus objetivos de longo prazo.

A Tabela 1.2 mostra o relacionamento entre estratégias e objetivos de desempenho na produção.

Tabela 1.2 Relacionamento entre estratégias e objetivos de desempenho na produção

ESTRATÉGIAS	QUALIDADE	VELOCIDADE	CONFIABILIDADE	FLEXIBILIDADE	CUSTO
Desenvolvimento de produto	×				×
Integração vertical		×	×		×
Instalações		×	×	×	×
Tecnologia	×			×	×
Recursos humanos e organização	×			×	×
Ajuste de capacidade		×		×	×
Desenvolvimento de novos fornecedores	×		×		×
Estoques		×	×		×
Sistemas de planejamento e controle		×	×		×
Processos de melhoria	×	×	×	×	×
Prevenção e recuperação de falhas	×		×		×

Observe que o objetivo *custo* exerce e sofre influência de todos os demais objetivos de desempenho.

Resumo

Diante da competitividade atual, a gestão da produção é um fator muito importante no mundo moderno. As empresas estão em constante mudança, buscando produzir de forma cada vez mais eficiente. A produção é responsável por disponibilizar ao mercado os produtos que a empresa oferece, sejam eles bens ou serviços. A gestão da produção trata da forma de gerir recursos destinados à produção de bens e serviços. De forma simplista, gestão de produção e gestão de operações podem ser considerados sinônimos. As empresas apresentam normalmente quatro funções: o marketing e a produção são funções centrais, e as finanças e os recursos humanos são funções de apoio. A função marketing é responsável por detectar necessidades dos clientes consumidores. A função produção traduz essas informações em especificações, permitindo assim a manufatura e atendimento às necessidades dos clientes. A função finanças ajuda no processo decisório dos projetos de produção e administra os recursos financeiros, garantindo a viabilidade econômica dos projetos de produção. A função recursos humanos se preocupa em suprir a empresa com talentos que venham a permitir o crescimento e o desempenho desejados por seus colaboradores. Todas as operações produzem bens ou serviços, que na verdade são os produtos finais, ou seja, produto é o resultado da atividade de produção. Para que ocorra a produção são usados: recursos de entrada, também denominados *inputs*, que podem ser caracterizados como recursos a serem transformados (como materiais, informações e consumidor), e recursos transformadores (como máquinas, instalações e pessoal). Assim, o primeiro grupo de recursos será o transformado, e o segundo, a ferramenta de transformação. A transformação ora mencionada ocorre mediante processos que mostram fluxos em três níveis, ou seja, o fluxo de recursos de produção em um mesmo setor, o fluxo de processos de uma mesma organização e o fluxo de processos entre diferentes operações (empresas diferentes de uma mesma cadeia de fornecimento). A gestão da produção, também conhecida como gestão de operações, pode ajudar no desenvolvimento e crescimento de um negócio de forma estratégica. A produção apresenta objetivos estratégicos e atua fortemente sobre os grupos de interesse que a rodeiam. Os grupos de interesse que sofrem e exercem influência nas operações são: a sociedade, os consumidores, os colaboradores, os acionistas e os fornecedores. Esses grupos são influenciados e influenciam a empresa no que diz respeito aos seguintes objetivos estratégicos da operação: qualidade, velocidade,

GESTÃO DA PRODUÇÃO NO MUNDO MODERNO   **CAPÍTULO 1**

confiabilidade, flexibilidade e custo. A produtividade é um indicador de desempenho da operação quanto ao atingimento de seus objetivos. Produtividade é uma relação entre os *outputs* (saídas) e os *inputs* (entradas) de uma operação qualquer. Quanto maior a produtividade, melhor o uso de recursos e, em tese, menor o custo para produzir uma unidade de produto. Por fim, o capítulo mostra a relação entre estratégias das operações e os objetivos de desempenho das mesmas.

Questões para discussão

1. Considere a Instituição de Ensino (IE) em que você se encontra e caracterize as atividades realizadas na IE considerando as áreas de: marketing, operações/produção, finanças e recursos humanos.

2. Cite dois exemplos de processos de transformação de materiais, informação e consumidores. Escolha um deles e descreva os recursos de entrada a serem utilizados em tal operação.

3. Quando uma nova operação automobilística se instala no Brasil, provoca alterações no mercado influenciando os grupos de interesse locais. Quais são os grupos de interesse (*stakeholders*) mais influenciados pela entrada dessa operação?

4. A informação a seguir compara a produtividade aproximada em horas por veículo (HPV) e o lucro por veículo (LPV) de alguns fabricantes de automóveis

A. DAIMLER-CHRYSLER	HPV = 25,0	PLV = $300
B. FORD MOTOR COMPANY	HPV = 24,0	PLV = $200
C. GENERAL MOTORS	HPV = 23,0	PLV = $200
D. HONDA	HPV = 20,0	LPV = $1.300
E. TOYOTA	HPV = 19,3	LPV = $1.900
F. NISSAN	HPV = 18,3	LPV = $2.200

Fonte: The HarbourReport, 2005. In: Slack N. et. al. 2009. Pág 57.

Pergunta-se então:

a. HPV é uma medida convincente de produtividade para esse mercado?

b. Como poderia uma empresa planejar reduzir o HPV no projeto de seus produtos e processos futuros?

GESTÃO DA PRODUÇÃO E LOGÍSTICA

3. Uma empresa varejista especializada em cosméticos, baseada em vendas pela internet, encomenda e estoca produtos de vários fornecedores, embala-os de acordo com os pedidos dos consumidores e envia os produtos por uma empresa de distribuição parceira. Embora bem-sucedida, a empresa deseja reduzir seus custos operacionais. Para isso, algumas sugestões foram feitas. São elas:

   a. Treinar e responsabilizar cada empacotador pela qualidade de seu serviço. Isso poderia reduzir a porcentagem de empacotamento errado de 0,25% para praticamente zero. O custo de reempacotar um item é de R$ 3,00.

   b. Negociar com fornecedores para assegurar que eles atendam aos pedidos mais rapidamente. Estima-se que isso reduziria o valor do estoque mantido pela operação em R$ 3 milhões.

   c. Instituir um simples sistema de controle que enviaria um aviso imediato assim que o número total de pedidos que devessem ser despachados ao final do dia fosse, de fato, despachado em tempo. Atualmente, cerca de 1% dos pedidos não são despachados antes do final do dia, e por isso precisam ser enviados por entrega expressa no dia seguinte. Isso custa R$ 3,00 extras por item.

   d. Dado que a demanda varia ao longo do ano, algumas vezes os funcionários precisam trabalhar horas extras. Atualmente, o salário correspondente a horas extras é de R$ 300 mil por ano. Os funcionários da empresa demonstraram que estariam dispostos a adotar um esquema de carga flexível, no qual as horas extras seriam compensadas por folga em períodos menos atribulados da empresa e por algum pagamento extra. Estima-se esse pagamento extra em torno de R$ 150 mil por ano.

Se a empresa despachar 5 milhões de itens por ano e o custo de manter o estoque corresponder a 10% desse valor, quanto cada uma dessas sugestões economizaria em custo para a empresa? Considerando que a empresa tenha um contingente de 1.200 funcionários, qual será sua produtividade multifatorial?

6. Considerando os cinco objetivos de desempenho das operações modernas, explique de que forma você trabalharia reduções de custos em uma lanchonete do tipo *fast-food*.

2

PROJETO DE PROCESSOS

Introdução
2.1 Projeto de processos
Resumo
Questões para discussão

Introdução

Muitas pessoas entendem que um projetista cuida apenas de criar, desenvolver e desenhar ou especificar produtos. Entretanto, essa visão é míope e muito restrita considerando tudo aquilo que pode designar a palavra projeto. Neste capítulo será estudado o projeto de processos nas operações. Segundo Slack,[1] "projetar é conceber a aparência, o arranjo e a estrutura de algo *antes de construí-lo*". Assim, projeto de processo é a forma como concebemos um processo para que esse possa produzir bens e serviços que venham a ser lançados no mercado para atendimento das necessidades dos clientes. É válido lembrar que o projeto do produto terá impacto sobre o processo que o produz, e vice-versa. Um processo deve ser projetado para atender objetivos específicos ao desempenho esperado pela empresa. Considere, por exemplo, uma empresa que compete no mercado pelo prazo de entrega, ou seja, velocidade no atendimento. O processo dessa empresa deverá ser projetado para permitir um atravessamento rápido, minimizando o tempo de espera dos clientes pelo produto necessário.

2.1 Projeto de processos

O projeto de produto e o projeto de processo são inter-relacionados e devem ser tratados simultaneamente. Produtos devem ser projetados de forma que possam ser produzidos de forma eficaz. Os processos devem ser projetados de forma que possam produzir todos os produtos que venham a ser disponibilizados pela operação. Dessa forma, projeto de produto e de processo tem íntima relação. A Figura 2.1 mostra tal inter-relacionamento.

Figura 2.1   Projeto de produto e projeto de processo

Fonte: SLACK, 2009.

---

1   SLACK, N. et. al. *Administração da produção*, 3. ed. São Paulo: Atlas, 2009.

PROJETO DE PROCESSOS **CAPÍTULO 2**

Os objetivos de desempenho traçados por uma organização indicam a forma como os processos serão concebidos e a influência que exercem neles. A seguir, a Tabela 2.1 mostra a interface entre os objetivos de desempenho e o projeto dos processos.

Tabela 2.1 Impacto dos objetivos estratégicos de desempenho no projeto dos processos

QUALIDADE	• Produtos, sejam eles bens ou serviços conforme as especificações • Menor nível de retrabalho dentro do processo
RAPIDEZ	• Menor tempo de espera por parte do cliente • Baixo nível de estoque em processo
CONFIABILIDADE	• Menor tempo de espera por parte do cliente • Baixo nível de estoque em processo
FLEXIBILIDADE	• Habilidade em processar ampla variedade de produtos • Habilidade em lidar com eventos inesperados
CUSTO	• Custos de processamento adequados • Baixos custos de recursos e de estoques (baixos custos de capital)

Como os temas de proteção ambiental vêm se tornando cada vez mais importantes, pensar processos verdes também se torna uma boa prática, e assim os responsáveis pelo desenvolvimento dos processos que visam produção de bens e serviços devem considerar também as questões ambientais. Tem-se como preocupação atentar para as seguintes questões básicas:

- Os materiais usados no projeto do processo podem ser reciclados? Há possibilidade de troca de material usado no processo por material proveniente de fonte sustentável?
- É possível racionalizar o processo, almejando o menor gasto de energia possível?
- O processo gera material sucateado? Em caso positivo, esse material permite reciclagem ou é contrariamente descartado, trazendo impacto ambiental indesejável?
- O produto gerado/produzido no processo apresenta vida útil desejável de 20 anos? Um produto com vida útil de cinco anos será produzido outra vez mais cedo e, portanto, gastará outro tanto de energia e materiais

a mais do que o produto com vida útil de 20 anos. Produtos com ciclo de vida mais longo são mais adequados ao meio ambiente.
- O descarte dos produtos cuja vida útil acabou é feito de forma ecológica?

A resposta a essas perguntas não é simples e exige compromisso do projetista do projeto e/ou produto em questão. Para ajudar a tomar tais decisões, parte da indústria passa a contar com uma ferramenta chamada *PLM – ProductLifecycle Management* ou, em português, Gerenciamento do Ciclo de Vida do Produto.

Os processos podem apresentar-se de forma diferente dependendo das necessidades das operações produtivas. Os itens volume de produção e variedade de itens, assim como o tipo específico de fluxo de operação, podem determinar a especificidade do processo. Os tipos mais comuns de processo são:
- *Processos de projeto* – são aqueles que lidam com produtos únicos ou plenamente customizados – daí o nome de "projeto". Cada processo projetado apresenta características únicas. Normalmente, o produto a ser produzido exige longo tempo de produção e também grande intervalo entre um ciclo produtivo e outro. O processo pode apresentar diferentes e diversas atividades em sua duração, mas as etapas das atividades são bem definidas com início e fim muito bem determinados e aparentes. Exemplos seriam: a fabricação de um porta-aviões, a construção de um edifício e a produção de uma nave espacial. A seguir, a Figura 2.2 mostra um processo para o projeto Bayer.

Figura 2.2   Processo do projeto Bayer – Alunorte

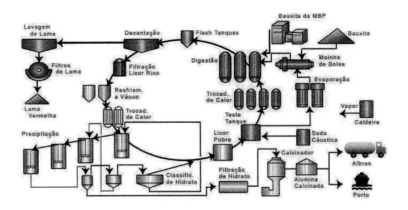

Fonte: Alunorte – Alumina do Norte do Brasil S.A. *Processo*. Disponível em: <http://www.alunorte.net/cgi/cgilua.exe/sys/start.htm?UserActiveTemplate=alunorte&sid=17>. Acesso em: 20 fev. 2013.

- *Processos por jobbing* – assim como os processos de projeto, os processos por *jobbing* também lidam com baixo volume de produção e alta variabilidade de produto. Esse processos também exigem recursos específicos como ferramenteiros especialistas e ferramentas dedicadas, pois os produtos gerados são específicos para atividades específicas. Um exemplo seria uma gráfica que produz seu cartão de visitas. Embora o processo por *jobbing* seja muito semelhante ao processo por projeto, a diferença é seu maior volume de produção e a característica física do produto. A matriz (ferramenta) e os recursos usados para tal produção são "para esse trabalho" somente.

Figura 2.3 Preparação de ferramenta específica para dobra de suporte de caixa de *airbag*

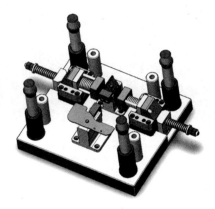

Fonte: elaborado pelo autor.

- *Processos em lotes ou bateladas* – são aqueles processos que produzem mais de uma unidade de produto. Em cada parte da operação trabalha-se por períodos, repetindo-se aquele produto que está sendo processado, ou seja, o lote ou a batelada. Um exemplo clássico ocorre na indústria farmacêutica. Um produto pode passar por atividades como a mistura, a homogeneização, o envase, a etiquetagem e a embalagem. O que se observa é que uma quantidade de produtos passa para a atividade de mistura e fica lá por determinado período de tempo. Depois de finalizada a atividade, o lote todo é transferido para outra atividade: a homogeneização. Uma vez feita a homogeneização, o lote seguiria para a etapa seguinte, e assim até que todo o processo fosse concluído. O próprio controle do processo é feito por lote, e não por unidade produzida. A seguir, a Figura 2.4 mostra tal processo na fabricação de cervejas.

Figura 2.4   Processo de fermentação de cerveja em lote

Fonte: França. S. Fermentação alcoólica na produção de cerveja. Disponível em: <http://www.ebah.com.br/content/ABAAABC5AAF/fermentacao-alcoolica-na-producao-cerveja>. Acesso em: 20 fev. 2013.

- *Processos em massa* – são aqueles que produzem bens em alto volume e variedade restrita. São produtos como televisores, eletrônicos, automóveis e computadores. Uma fábrica de televisores, por exemplo, pode produzir televisores com algumas variações de tamanho, cor e acessórios, mas essas variações não afetam o processo produtivo básico. As atividades são sempre repetitivas e amplamente previsíveis. O transportador é o mesmo, os berços de montagem são os mesmos, e aqueles que são diferentes podem ser facilmente intercambiados. A seguir, a Figura 2.5 mostra um exemplo desse processo.

PROJETO DE PROCESSOS **CAPÍTULO 2**

Figura 2.5 Linha de montagem de televisores

Fonte: Disponível em <http://blogdonetocareca.blogspot.com.br/2011/04/holanda-philips-abandonara-fabricacao_18.html>. Acesso em: 20 fev. 2013.

- Processos contínuos – normalmente operam em volumes de produção bastante elevados e em uma baixíssima variedade de itens. São processos que operam por longos períodos ininterruptos. São os processos das plantas de refinarias petroquímicas, centrais elétricas, siderúrgicas, fábricas de papel e alguns daqueles processos sazonais do ramo alimentício, como usinas de cana-de-açúcar e suco concentrado, processos que operam de forma contínua durante a safra do produto.

Figura 2.6 Geração e transmissão de energia elétrica

Fonte: Hidrelétrica de Itaipu – foto tirada pelo autor do projeto.

A seguir, a Figura 2.7 mostra os relacionamentos entre os diferentes processos e as variáveis envolvidas na produção.

Figura 2.7 Matriz de relacionamento processo e produto

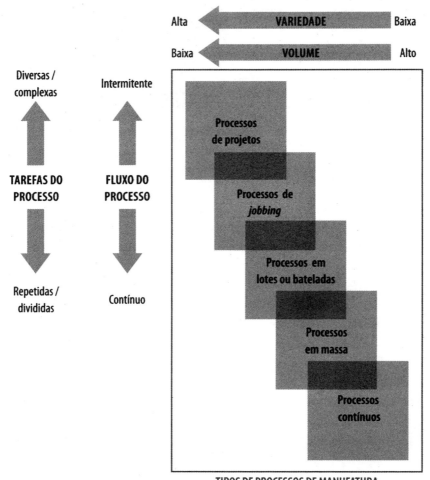

TIPOS DE PROCESSOS DE MANUFATURA

Quando as bases do projeto estão prontas, chega a hora de detalhá-lo: suas atividades individuais precisam ser configuradas. Geralmente, o projeto detalhado de um processo envolve identificar as atividades individuais necessárias para atender aos objetivos do processo, decidir a sequência em que serão executadas e quem as executará. Existem nesse estudo algumas restrições específicas de cada projeto. Algumas atividades são precedentes a outras, e outras tantas dependem de máquinas, e não apenas da mão de obra – e assim por diante. Um processo pode permitir um número elevado de alternativas de projeto. Assim, o projeto de processo deve ser executado de forma simples e visual. Essa descrição das atividades do processo e seus relacionamentos é o que se denomina *mapeamento de processos*.

Para o adequado mapeamento dos processos convencionou-se o uso de certa simbologia, apresentada a seguir na Figura 2.8.

Figura 2.8   Símbolos de mapeamento de processos

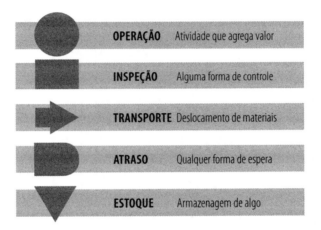

Esses símbolos podem ser dispostos em ordem, em série ou em paralelo, e servem para descrever uma sequência de atividades quaisquer. A seguir, a Figura 2.9 mostra um processo para preparação e venda de lanches naturais.

Figura 2.9   Processo de lanches naturais

Fonte: Adaptado de SLACK, 2009.

Uma forma prática de projetar processos é fazer um mapa de processos por meio da montagem gráfica – mapa também denominado *fluxograma*. A seguir, a Figura 2.10 ilustra um exemplo de gráfico do processo de compras.

Figura 2.10 Gráfico ou fluxograma do processo de compras

Fluxograma do processo

Seção:	Objeto:			
Compras	Pedido de produto	X Mão de obra	Início: 28/03/05	Estudo nº. 007/05
Posto		X Material		.... 01 Folha
		X Produto	Término: 31/03/05	Folha nº. 01

Motivo do estudo: diminuir "lead time" de compras.

	Processo atual e proposto	Símbolos	Distância	Quantidade	Tempo		O que?	Quem?	Onde?	Quando?	Como?	Observações e notas	Eliminar	Combinar	Permutar	Melhorar
1	Receber pedido	○ ⇨ □ D ▽														
2	Verificar conteúdo	○ ⇨ □ D ▽														
3	Verificar pendências	○ ⇨ □ D ▽														
4	Preencher aprovação	○ ⇨ □ D ▽														
5	Encaminhar ao setor de crédito	○ ⇨ □ D ▽														
6	Verificar situação	○ ⇨ □ D ▽														
7	Preencher aprovação	○ ⇨ □ D ▽														
8	Encaminhar ao PCP	○ ⇨ □ D ▽														
9	Verificar volumes	○ ⇨ □ D ▽														
10	Simular programa	○ ⇨ □ D ▽														
11	Anexar OF	○ ⇨ □ D ▽														
12	Encaminhar para a logística	○ ⇨ □ D ▽														
13	Verificar roteiros	○ ⇨ □ D ▽														
14	Liberar OF	○ ⇨ □ D ▽														
15	Definir entregas	○ ⇨ □ D ▽														
16	Copiar pedido	○ ⇨ □ D ▽														
17	Encaminhar ao contas a receber	○ ⇨ □ D ▽														
18	Arquivar pedido	○ ⇨ □ D ▽														
19		○ ⇨ □ D ▽														
20		○ ⇨ □ D ▽														
21		○ ⇨ □ D ▽														
22		○ ⇨ □ D ▽														
23		○ ⇨ □ D ▽														
24		○ ⇨ □ D ▽														
25		○ ⇨ □ D ▽														

Resumo	Atual		Proposto		Diferença			Custo	Custo	Observações gerais
	nº	tempo	nº	tempo	nº	tempo		atual	proposto	
○ Operação							Mão de Obra			
⇨ Transporte							Material			
□ Controle							Total			
D Espera							Diferença			
▽ Estoque							Data / /		Visto	
Distância							Elaborado			

Observe que nesse gráfico/fluxograma as atividades desempenhadas são expostas com clareza, bem como a sequência em que elas ocorrem e os detalhes técnicos como distância percorrida, a quantidade de vezes que a atividade se repete,

PROJETO DE PROCESSOS **CAPÍTULO 2**

o tempo gasto em sua execução e informações sobre o que é feito, quem faz, onde faz, quando faz e como faz.

Quando se utiliza essa forma de análise de processo, após o preenchimento do fluxograma deve-se avaliar de forma pormenorizada as atividades que foram descritas. Observe-se que existe um campo denominado "Observações e notas" que permite ao analista do processo ou projetista justificar a atividade em questão ou propor sua alteração. As alterações possíveis aparecem mais à direita do campo "Observações e notas". Um projetista de processos ou analista pode definir por eliminar, combinar, permutar ou melhorar certa atividade.

Na parte inferior do fluxograma aparece um resumo que permite compilar os dados acima estudados para tomada de decisão gerencial. Essa compilação pode incluir também uma análise dos custos das operações.

Haja vista que processos são projetados para atendimento à necessidade de uma nova unidade produtiva, novo produto, novos mercados ou novos clientes, pode-se afirmar que os processos devem ser continuamente melhorados. Deve-se ter em mente que sempre é possível melhorar um processo, seja ele qual for.

Resumo

Segundo Slack,[2] "projetar é conceber a aparência, o arranjo e a estrutura de algo *antes de construí-lo*". Assim, projeto de processo é a forma como concebemos um processo para que esse possa produzir bens e serviços que venham a ser lançados no mercado para atendimento das necessidades dos clientes.

O projeto de produto e o projeto de processo são inter-relacionados e devem ser tratados simultaneamente. Produtos devem ser projetados de forma que possam ser produzidos de forma eficaz. Os processos devem ser projetados de forma que possam produzir todos os produtos que venham a ser disponibilizados pela operação.

Os objetivos estratégicos de desempenho, qualidade, rapidez, confiabilidade, flexibilidade e custos trazem impactos no projeto dos processos; interferindo na forma como são concebidos.

Existem processos de projetos que lidam com produtos únicos ou customizados, que são aqueles chamados processos por *jobbing* que exigem recursos exclusivos como ferramentas especiais, processos em lotes ou bateladas, que produzem mais de uma unidade de produto, processos em massa, que são aqueles que

2   SLACK, N. et. al., 2009.

produzem bens em alto volume e variedade restrita e os processos contínuos que operam em volumes de produção bastante elevados e em uma baixíssima variedade de itens.

Processos normalmente são representados na forma de fluxogramas.

Questões para discussão

1. Caso ecologicamente esperto

Quando a Daimler-Chrysler começou a examinar a viabilidade do carro urbano Smart, o desafio não era apenas examinar a viabilidade econômica do produto mas também inserir sensibilidade ambiental no projeto do produto e no processo pelo qual ele seria fabricado. Por isso a proteção ao meio ambiente é atualmente uma parte fundamental de todas as atividades de produção da fábrica da empresa, denominada "Smartville" e localizada em Hambach, perto da fronteira da Alemanha com a França. O produto é projetado com base em princípios compatíveis com o meio ambiente. Mesmo antes do início da montagem, a desmontagem do produto é considerada. De fato, a construção modular do Smart ajudou a garantir a desmontagem econômica do produto no final de sua vida útil. Isso também ajuda na reciclagem de materiais. Cerca de 85% dos componentes do Smart são considerados recicláveis, e material reciclado é também usado em sua construção. Por exemplo, o painel de instrumentos do Smart é composto de 12% de materiais plásticos reciclados. De forma similar, os processos de produção são projetados para serem ecologicamente sustentáveis. A técnica de pintura da fábrica diminui os danos ao meio ambiente e utiliza menos tinta, ao mesmo tempo em que mantém alta qualidade de proteção. Também envolve a não emissão de solventes e dejetos perigosos, garantindo a reciclagem do material excedente. No entanto, não é apenas o uso de novas tecnologias que contribui para as credenciais da Daimler-Chrysler. Assegurar a movimentação segura e fluida de materiais dentro da fábrica também economiza tempo, esforço e, acima de tudo, energia. Assim, o tráfego do fluxo fora e dentro da fábrica é otimizado e os prédios são de mais fácil acesso aos fornecedores, facilitando a entrega das mercadorias. Além disso, os sistemas de esteiras transportadoras são projetados para serem carregados igualmente em ambas as direções, evitando, dessa forma, esteiras vazias. A empresa afirma que os próprios prédios são exemplos de compatibilidade ecológica. Nenhum componente de construção contém formaldeído ou CFC, e a parte externa dos prédios é revestida com "TRESPA", uma matéria-prima derivada de madeira europeia de fácil regeneração.[3]

Considerando essa informações, responda:

a. Quais são os objetivos que os processos de manufatura do Smart pretendem alcançar?

b. Dentre os objetivos apresentados no item *a*, qual o mais importante na sua opinião?

c. Em 2006, o Smart ainda não era lucrativo para a Daimler-Chrysler. Isso significa necessariamente que alguns objetivos de processo foram negligenciados?

2. O que relaciona a matriz processo e produto? Posicione na matriz processo e produto as seguintes operações:

- Uma empresa produtora de jornal (inclusive impressão);
- Uma videolocadora;
- Um restaurante *à la carte*;
- Uma casa de show.

3. Caso: Estratégia de processo produtivo em uma empresa fabricante de ambulâncias[4]

A WC é a maior fabricante de ambulâncias dos Estados Unidos. Trabalha 10 horas por dia, com 350 funcionários, e faz ambulâncias sob encomenda: todos os veículos são diferentes uns dos outros. A WC atende clientes do país todo, oferecendo uma larga faixa de opções e trabalhando com uma equipe de projetistas acostumados com um alto nível de inovação e projetos sob encomenda. O crescimento da empresa tem sido impressionante, pois agora há a necessidade de que aproximadamente dez ambulâncias por semana sejam produzidas – e as questões de projeto do processo vêm se tornando um desafio constante. A WC tem respondido ao desafio como uma fábrica altamente focalizada: decidiu não produzir mais nada que não sejam ambulâncias. Dentro da

---

3   Tradução livre de GENES, R. *Smart ecology*. The Manufacturing Engineer, Apr. 2002.

4   Adaptado de SLACK, 2009.

fábrica focalizada, a WC estabeleceu células de fabricação para cada um dos grandes módulos que alimentam a linha de montagem, incluindo a carroceria de alumínio, cabos elétricos, gabinetes para o interior, janelas, pintura e acabamento interno. O chassi é comprado de fornecedores externos. Cada célula alimenta a linha de montagem segundo um programa de produção *just in time* para a instalação. O chassi é movido para uma estação de trabalho onde o corpo de alumínio é montado, e em seguida o veículo é movido para a pintura (manual). Depois da pintura customizada, é movido novamente para a linha de montagem, onde permanecerá por sete dias. Durante esses sete dias, cada célula entrega seu módulo para a posição correspondente na linha de montagem. Durante o primeiro dia, os cabos elétricos são instalados; no segundo dia, o veículo vai para a segunda posição, onde os gabinetes são entregues e instalados. Daí, para a montagem das janelas e luzes, e depois para o acabamento interno (para acabamento final e customizações adicionais) e, finalmente, para inspeção e testes.

Pergunta-se:
- **a.** Por que você acha que os fabricantes de veículos não produzem ambulâncias também?
- **b.** Localize na matriz processo e produto a alternativa de processo que deve ser utilizada pela WC. Justifique sua resposta.
- **c.** Por que é mais eficiente para as células de trabalho preparar módulos e entregá-los na linha do que fazer o trabalho todo direto na linha?

4. Para demonstrar um fluxo de processo, utilizar os fluxogramas é uma boa alternativa. Cite e comente pelo menos duas vantagens de utilizar fluxogramas para a identificação e mapeamento de processos.

5. Escolha um processo conhecido dentro de uma empresa de sua preferência. Usando o gráfico ou fluxograma de processo apresentado, faça o mapeamento de tal processo e proponha melhorias para o processo.

6. Considerando ainda o processo da empresa escolhida na questão anterior, identifique qual o tipo de processo e *layout* (arranjo físico) foram utilizados. Justifique sua resposta usando a matriz processo e produto.

3

ARRANJO FÍSICO E FLUXO NAS OPERAÇÕES

Introdução
3.1   Desenvolvimento
      3.1.1   Caso – Metaleixos Ltda.
Resumo
Questões para discussão

Introdução

Após a definição do projeto do processo, conforme explicitado no capítulo anterior, a próxima etapa na gestão da produção é a determinação do *layout* ou arranjo físico da organização. É importante ressaltar que há ligação direta entre o processo e a definição do arranjo físico pertinente.

O arranjo físico de uma operação produtiva preocupa-se com o posicionamento físico dos recursos de transformação. Definir o arranjo físico é decidir onde colocar todas as instalações, máquinas, equipamentos e pessoal da produção. Se pode afirmar ainda que o arranjo físico ou *layout* determina a forma e aparência da operação produtiva.

Os *layouts* de instalações atuais são projetados com o objetivo último de produzir bens e serviços que atendam as necessidades de seus clientes.

Em função das estratégias e técnicas para redução de estoques os *layouts* atuais estão significativamente menores que os *layouts* do passado; haja vista a maior área dispendida para estoques de materiais diversos e produtos acabados.

3.1 Desenvolvimento

Os *layouts* são muito importantes para o desempenho de uma operação produtiva. A seguir, estão relacionados alguns objetivos de *layouts* de instalações para diferentes tipos de operações, sejam elas ligadas a processos de manufatura, armazenamento, serviços ou escritórios. São apresentados prioritariamente os objetivos das operações de manufatura, os quais servem para os demais itens; os outros aparecem como complementares.

Objetivos para os *layouts* das operações de manufatura:
- Fornecer suficiente capacidade de produção;
- Reduzir o CMM – Custo de Manuseio de Materiais;
- Adequar-se às restrições físicas do lugar;
- Garantir o uso e a máxima produtividade de máquinas e equipamentos;
- Permitir a máxima produtividade dos recursos usados, como mão de obra, máquinas e espaço;
- Prover a flexibilidade de volume e o *mix* de produtos;
- Prover atendimento à legislação trabalhista no que se refere a banheiros e cuidados pessoais dos colaboradores;
- Permitir o gerenciamento visual da operação;
- Permitir a facilidade de manutenção.

ARRANJO FÍSICO E FLUXO NAS OPERAÇÕES **CAPÍTULO 3**

Objetivos complementares para os *layouts* das operações de armazenamento:
- Promover carga e descarga eficientes de veículos de transporte;
- Permitir eficácia na retirada de estoques e o atendimento a pedidos diversos;
- Permitir o gerenciamento visual dos estoques;
- Garantir a precisão nos estoques e seus registros.

Objetivos complementares para os *layouts* das operações de serviços:
- Proporcionar conforto e conveniência para o cliente;
- Permitir um diferencial competitivo para conquistar clientes potenciais;
- Permitir a exposição de produtos;
- Reduzir a movimentação de pessoal e clientes;
- Prover a privacidade nas áreas de trabalho;
- Permitir uma comunicação eficaz;
- Permitir o gerenciamento de entrada e saída adequadas dos estoques.

Objetivos complementares para os *layouts* das operações de escritórios:
- Reduzir a movimentação de pessoal e clientes;
- Prover a privacidade nas áreas de trabalho;
- Permitir uma comunicação eficaz.

Visando a garantir um adequado manuseio de materiais, foram desenvolvidos certos princípios que buscam guiar a elaboração do *layout* das instalações. Tais princípios norteiam os projetistas do *layout* e permitem maximizar o uso dos recursos envolvidos. Os princípios são os seguintes:
- Os materiais devem ser movimentados de forma a se evitar ziguezagues ou recuos;
- Deve haver fluxo linear de materiais e pessoas entre os processos consecutivos;
- Deve ser inserida automação adequada de forma a minimizar esforços humanos dispendidos em atividades relacionadas a armazenamento;
- Cada material deve ser movimentado o menor número de vezes possível;
- O sistema deve prover ações de contingências inerentes ao processo da instalação;
- Todo equipamento de manuseio deve ser usado para cargas completas; cargas parciais devem ser evitadas a todo custo.

35

GESTÃO DA PRODUÇÃO E LOGÍSTICA

Pode-se considerar que existem quatro tipos básicos de *layouts* para instalações de manufatura e são eles: posicional, por produto, por processo e celular.

Layout posicional é aquele no qual o produto fica em uma posição fixa, e os trabalhadores, materiais, máquinas e outros recursos quaisquer são transportados até a posição fixa determinada. A montagem de aviões de grande porte, a construção naval e a construção de pontes são exemplos clássicos de *layouts* posicionais ou por posição fixa, como também são denominados. A Figura 3.1 apresenta um exemplo de *layout* posicional.

Figura 3.1   Exemplo de *layout* posicional – construção naval

Fonte: OSM 2010. *Layout* posicional. Disponível em: <http://osm2010.blogspot.com.br/2010/05/layout-possicional.html>. Acesso em: 20 fev. 2013.

O *layout por produto* é realizado normalmente para acomodar alguns poucos tipos de produtos. São *layouts* definidos para permitir um fluxo linear de materiais ao longo da operação de manufatura. As montadoras em geral são exemplos clássicos de operações de *layout* por produto, sejam elas montadoras de automóveis, de eletrodomésticos ou de eletroeletrônicos. Esse tipo de *layout* utiliza máquinas e equipamentos dedicados a determinadas operações, os quais uma vez preparados ficam operando por longos períodos de tempo na mesma atividade do processo. Alterações de *layout* e/ou transferências de máquinas e equipamentos nesse tipo de arranjo físico requerem tempo e gastos financeiros consideráveis. Os trabalhadores alocados em um *layout* por produto executam repetidamente uma estreita variedade de atividades em somente alguns projetos de produto. Geralmente, não há considerável nível de treinamento e qualidades específicas para esse tipo de mão de obra. A Figura 3.2 a seguir é um exemplo de tal modalidade de *layout*.

Figura 3.2   Exemplo de *layout* por produto – montadora de automóveis

Fonte: Foto tirada pelo autor.

O *layout por processo* é projetado para acomodar uma grande variedade de projetos de produto e etapas de processamento. É muito utilizado quando se tem uma grande variedade de itens com volumes relativamente baixos de produção. Esse tipo de *layout* normalmente utiliza máquinas universais versáteis com as quais é possível operar uma gama considerável de itens. Tais máquinas são organizadas e dispostas em áreas específicas para cada tipo de processamento. Exemplos são o setor de estamparia, que apresenta várias e diversas prensas; a área de usinagem, que compreende máquinas operatrizes para realização de usinagem (como os tornos), e a área de pintura, que apresenta cabines de pintura e estufas para cura da tinta aplicada. Observe que em cada setor ou área dessas observamos apenas um tipo de processamento. Os trabalhadores desse tipo de *layout* devem ter qualificação específica para cada tipo de atividade a ser realizada; treinamento, instruções de trabalho e nível de supervisão devem ser intensificados nesse caso.

A seguir, é apresentada a Figura 3.3, que mostra um exemplo de área de usinagem composta de tornos CNC.

Figura 3.3 Exemplo de *layout* por processo – área de usinagem com tornos

Fonte: Blog da Rudloff. Disponível em: <http://blogrudloff.wordpress.com/about/>. Acessado em: 20 fev. 2013.

O *layout celular* é muito usado em um tipo de operação denominada manufatura celular. Nessa operação, as máquinas são agrupadas em células que produzem uma determinada família de peças – algumas peças que apresentam características comuns. Isso significa que essas peças exigem as mesmas máquinas e têm configurações similares. Nesse tipo de *layout*, o fluxo de peças tende a ser semelhante a um *layout* por produto. A Figura 3.4 mostra um exemplo de célula de trabalho.

Figura 3.4 Exemplo de *layout* celular – célula de montagem de vidros na indústria automobilística

Fonte: Foto tirada pelo autor.

ARRANJO FÍSICO E FLUXO NAS OPERAÇÕES **CAPÍTULO 3**

A decisão do tipo de *layout* a ser usado por uma operação deve levar em consideração o volume e a variedade de itens a serem produzidos, pois tais características direcionarão para a escolha do melhor modelo de processo. Uma vez escolhido o processo, que também é influenciado pelos objetivos de desempenho que se espera atingir, deve-se decidir sobre o tipo básico de *layout* que finalmente direcionará o projeto detalhado segundo o arranjo físico a ser realizado. A seguir, a Figura 3.5 representa o modelo proposto de decisão do tipo de *layout*.

Figura 3.5   Modelo decisório para tipos de *layout*

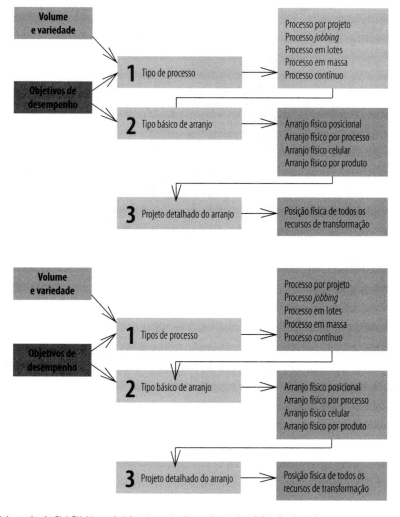

Fonte: Adaptado de SLACK, N. et. al. *Administração da produção*, 3. ed. São Paulo: Atlas, 2009.

GESTÃO DA PRODUÇÃO E LOGÍSTICA

A Figura 3.6 direciona o tipo de *layout* diante das variáveis apresentadas anteriormente. Observe que para tal decisão são analisados o volume de produção, a regularidade do fluxo de produção e a variedade de itens a serem produzidos. Essas características conjugadas ajudarão na tomada de decisão do melhor modelo de *layout*.

Figura 3.6 Selecionando um tipo de *layout*

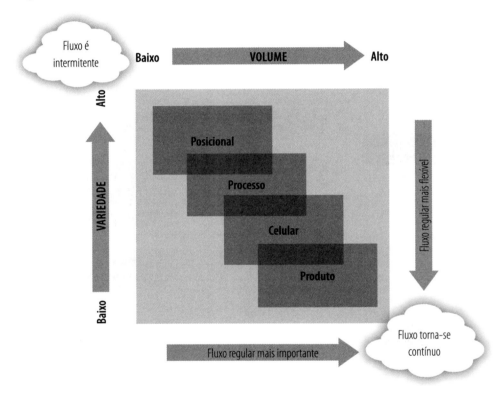

A seguir, o Quadro 3.1 mostra as vantagens e desvantagens dos tipos básicos de *layout* apresentados.

ARRANJO FÍSICO E FLUXO NAS OPERAÇÕES **CAPÍTULO 3**

Quadro 3.1 Vantagens e desvantagens dos tipos básicos de *layout*

	VANTAGENS	DESVANTAGENS
POSICIONAL	• Flexibilidade muito alta de *mix* e produto • Produto ou cliente não movido • Alta variedade de tarefas para mão de obra	• Custos unitários elevados • Programação de espaço e atividades complexas • Excessiva movimentação de equipamentos
PROCESSO	• Alta flexibilidade de *mix* e produto • Equipamentos universais • Baixa monotonia do operador	• Baixa utilização de recursos • Alto estoque em processo • Fluxo completo de difícil controle
CELULAR	• Equilíbrio entre custo e flexibilidade • Atravessamento rápido • Trabalho em grupo propicia resultado	• Custo de configuração • Pode requerer capacidade adicional • Pode reduzir uso de recursos
PRODUTO	• Baixos custos para altos volumes • Oportunidade para especialização de equipamentos • Movimentação conveniente de materiais e clientes	• Baixa flexibilidade de *mix* • Problemas com interrupção de linha • Trabalho repetitivo

Vale salientar que existem *layouts* híbridos. A maioria das instalações de manufatura é composta de combinações dos quatro tipos de *layout* mencionados anteriormente. A fabricação de um automóvel tem, entre suas etapas, a estampagem de peças para preparação da carroceria; a área de estamparia, onde ocorrem essas atividades, é um típico *layout* por processo. Entretanto, uma vez estampadas, as peças são direcionadas – transportadas – para uma célula de solda onde serão agrupadas as peças, que juntas tornar-se-ão a carroceria do automóvel; nesse caso, trata-se de um *layout* celular. Depois de soldadas as peças, as mesmas são pintadas em um outro *layout* por processo e direcionadas então para linha de montagem onde se tem um *layout* por produto. Pode-se então, dessa forma, observar que em uma instalação da indústria automobilística encontramos os diferentes tipos de *layout* reunidos.

As empresas têm procurado inovar na elaboração de seus *layouts*, procurando cada vez mais trabalhar para alcançar a qualidade do produto e a flexibilidade – nada mais do que a capacidade de modificar volumes de produção rapidamente e

41

mudar para modelos de produtos diferentes, garantindo assim a qualidade e a satisfação do cliente. Considerando isso, as empresas estão treinando seus trabalhadores para operarem com polivalência em múltiplas tarefas, para que sejam capazes de resolver em grupo problemas ligados a qualidade e processo. Comunicação eficaz e contato social são características de destaque nesses grupos de trabalhadores.

As empresas estão ainda preparando suas equipes de manutenção para operarem de forma efetiva, minimizando o tempo de máquina parada. Diferentes abordagens de manutenção são desenvolvidas, como a manutenção preditiva, a preventiva, a corretiva e – por que não – a produtiva.

As empresas estão adquirindo máquinas pequenas que permitem, a produção de diferentes modelos de peças além da facilidade de deslocamento e da adequação para processos de *layout* celular, focando com isso a redução nos níveis de estoques de matérias em processo.

Uma vez definido o *layout* de uma instalação qualquer, faz-se necessário o estudo de seu projeto detalhado. Isto é, a elaboração dos *templates* das máquinas, equipamentos, área de trabalho, de movimentação etc. O exemplo a seguir procura ilustrar tal elaboração.

Para elaboração de um *template,* devem ser seguidos os passos seguintes:
1. Efetuar o desenho da máquina.
2. Estudar e demarcar espaço útil para manutenção.
3. Alocar espaço para o operador.
4. Determinar espaço necessário para posicionamento de contentor de peças brutas a serem processadas.
5. Determinação do espaço necessário para peças acabadas, já usinadas.

Vale a penar salientar que nesse exemplo não foram considerados os espaços necessários para movimentação (aproximação e retirada) de peças, haja vista o desconhecimento do modelo e a forma dos equipamentos de movimentação. Entretanto, ruas, corredores e espaços para movimentação de cargas devem ser alocados no *layout* geral da planta.

Figura 3.7 Exemplo de desenvolvimento de um *template* completo

1 Desenho da máquina

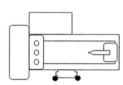

2 Estudo do espaço útil de manutenção

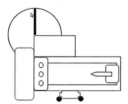

3 Alocação de espaço para o operador

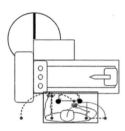

4 Determinação do espaço necessário para peças brutas a serem usinadas

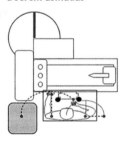

5 Determinação do espaço necessário para peças acabadas já usinadas

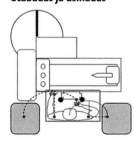

6 Área necessária para operação completa

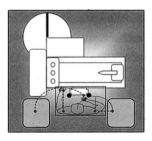

Uma das preocupações dos projetistas de *layout* é a disposição e proximidade dos setores envolvidos na operação.

Imaginemos uma operação que fabrique eixos e peças estampadas em geral. Essa planta ou operação apresentará os seguintes setores:

- *Recebimento* – responsável pelo recebimento de material, é a entrada da operação. Normalmente é nesse espaço que ficam estocados os materiais que serão processados.
- *Lavadoras* – setor que contém as máquinas responsáveis por lavar e desengraxar os materiais recebidos e em processamento. Em algumas operações são usados fluidos e pastas lubrificantes que precisam posteriormente ser retirados para transformação das peças.
- *Tornos* – área que abriga os tornos mecânicos responsáveis pela usinagem de eixos.
- *Prensas* – área responsável pela conformação mecânica por estampagem de corte ou repuxo de chapas.
- *Furadeiras* – responsáveis por efetuar furos nas mais diversas peças possíveis.
- *Fresadoras* – máquinas que realizam rasgos e chanfros nas mais variadas peças.
- *Soldas* – compostas de máquinas de solda MIG e TIG que realizam junções soldadas de chapas e partes de conjuntos metálicos.
- *Supermercado* – onde são armazenadas as peças em processamento, até serem transformadas.
- *Expedição* – local para onde se endereçam os produtos acabados para, em seguida, serem encaminhados aos clientes.

Para se determinar quais setores poderiam ficar mais próximos que outros são sugeridas duas metodologias diferentes, a saber: elaboração do gráfico de cordas e metodologia De e Para.

A metodologia do *gráfico de cordas* é bastante simples e prática. Essa metodologia é muito usada quando a quantidade de itens processados não é significativamente grande ou quando uma pequena quantidade de itens é responsável pela maioria da produção realizada. A metodologia deve ser desenvolvida conforme os passos a seguir:

- Solicite uma planta baixa do local em que a operação vai ser instalada.
- Desenhe retângulos das respectivas áreas a serem dispostas no *layout*. Esses retângulos devem ser recortados para serem manuseados sobre a planta baixa obtida.
- Distribua as áreas respectivas a cada setor – retângulos recortados – na planta baixa. Siga sua experiência e intuição sobre sequenciamento de processos. Observe que se houver restrições de movimentação entre

áreas, como o uso de ponte rolante, esses setores devem ser alocados e aproximados de imediato para que os demais possam ser posteriormente alocados.
- Depois, com o auxílio de alfinetes e linhas coloridas, marque o fluxo de movimentação das peças e/ou produtos mais produzidos ou que tenham maior dificuldade de transporte, conforme o item anterior.
- Procure fazer um número de ensaios que permita observar a menor distância percorrida para a fabricação dos itens.
- Lembre-se: seu objetivo é movimentar os materiais o menos possível, e, se houver movimentação, essa deve ser executada ao menor custo operacional.

A Figura 3.8 mostra o exemplo do gráfico de cordas explicitado anteriormente. A linha pontilhada é do item mais complexo da operação produtiva, e a linha preta é a linha do item de maior consumo e, portanto, o mais fabricado. Observe que o empirismo usado nessa metodologia é uma limitação; trata-se de um esquema de tentativa e erro, recaindo muito sobre a capacidade intelectual do projetista do *layout*.

Figura 3.8   Exemplo de uso da metodologia gráfico de cordas

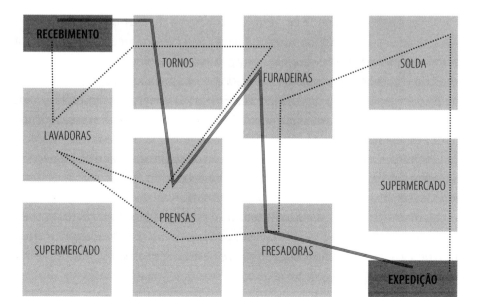

A seguir será apresentado um exemplo de uso da metodologia gráfico de cordas para solucionar questões relativas ao layout em uma operação produtiva.

3.1.1 Caso – Metaleixos Ltda.

A empresa Metalúrgica Metaleixos Ltda. é fabricante de eixos e pinos em geral. Entre seus principais clientes encontram-se fabricantes de automóveis, eletrodomésticos e eletroeletrônicos. Um grande fabricante de máquinas de lavar roupas é seu principal cliente, respondendo por 45% do faturamento da empresa. Estudando o fluxo produtivo da empresa, pode-se perceber que o fluxo do processo global é dividido em duas partes: uma que vai do recebimento das matérias-primas até o envio dos eixos usinados, para tratamento superficial externo (serviços de terceiros), e outra que corresponde ao retorno do eixo proveniente do tratamento superficial externo e vai até a embalagem e expedição aos clientes usuários.

A Metaleixos teve um sério problema de qualidade que acabou chegando a seu principal cliente quando eixos usinados, mas sem tratamento superficial foram enviados como produtos acabados. Após a montagem na área de auditoria da qualidade, o cliente fabricante de máquinas de lavar roupas percebeu que alguns eixos usados para suportar a cuba das máquinas estavam entortando e não mantinham suas características mecânicas; além disso, as máquinas apresentavam ruído não previsto e, por vezes, falha de operação. Desmontadas as máquinas e ensaiados os eixos, pôde-se observar que os eixos não apresentavam o devido tratamento superficial e que estavam "moles", ou seja, com dureza abaixo do especificado.

Feita a rastreabilidade em todo o processo da Metaleixos, observou-se que foram enviados para o cliente eixos que ainda não haviam recebido o tratamento superficial, e tal falha grave ocorrera porque o *layout* da empresa permitia diversos pontos de estocagem em que eixos tratados e não tratados superficialmente encontravam-se à disposição dos operadores. Em um momento de infortúnio, um dos operadores responsáveis pela movimentação dos eixos durante o processo procedeu de forma indevida, culminando no erro de envio.

Observe na Figura 3.9 a seguir que o fluxo de corda das setas mais claras é a primeira etapa de processamento e vai da etapa de recebimento do vergalhão para fabricar o eixo até o envio na expedição para tratamento superficial, enquanto o fluxo de corda das setas mais escuras representa a chegada do eixo tratado para acabamento final, embalagem e envio ao cliente. Existem inúmeros pontos onde as cordas se cruzam, e em tais pontos destacam-se as possibilidades de erros e desvios de qualidade.

Figura 3.9 *Layout* inicial da Metaleixos

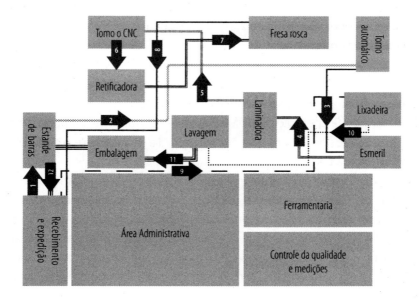

Estudos sobre as possibilidades de melhorias no *layout* da planta foram realizados, utilizando-se também a metodologia do gráfico de corda: – e o resultado foi a elaboração do novo *layout* apresentado na Figura 3.10 a seguir.

Figura 3.10 *Layout* final da Metaleixos

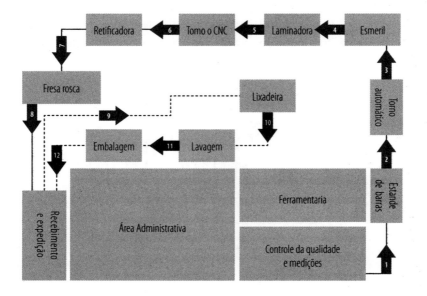

Observe que na proposta final foram eliminados os pontos de cruzamento de materiais em processamento e materiais acabados, o que permitiu o gerenciamento visual da operação e minimizou a possibilidade de envio de material errado não tratado aos clientes.

A outra metodologia para se determinar quais setores podem ficar mais próximos e quais não podem é a metodologia De e Para. Essa metodologia tem por base o cruzamento de informações relativas à movimentação de materiais entre os diferentes setores da operação. Tais informações se resumem basicamente ao número de carregamentos ou movimentações feitas no dia ou período e o custo unitário/distância percorrida para cada movimentação.

Refletir e decidir apenas tendo por base a quantidade de carregamentos ou movimentações é algo imprudente, uma vez que as várias movimentações de um item pequeno podem ser feitas por um ajudante de produção (baixo custo), e poucas ou intermediárias movimentações é que seriam realizadas mediante empilhadeiras e equipamentos específicos de movimentação, o que tornaria o processo dispendioso para grandes distâncias, se considerado apenas o critério movimentações ou carregamentos. Assim, envolver e cruzar informações relativas ao custo e número de carregamentos é também muito importante.

Apenas para exemplificar, sejam A, B, C, D e E os setores produtivos de uma empresa qualquer. Sabe-se ainda que a quantidade de carregamentos/dia está demonstrada na matriz apresentada a seguir na Figura 3.11, e que, para efeito informativo, são realizadas diariamente 30 movimentações ou carregamentos do setor D para o setor A, 20 movimentações de B para C e assim por diante.

Figura 3.11 Matriz De e Para com número de carregamentos entre setores

Carregamentos/dia

	A	B	C	D	E
A		17	-	30	10
B	13		20	-	20
C	-	10		-	70
D	30	-	-		30
E	10	10	10	10	

ARRANJO FÍSICO E FLUXO NAS OPERAÇÕES **CAPÍTULO 3**

Assim como a figura anterior, a Figura 3.12 apresenta a matriz De e Para do custo unitário do carregamento feito/distância percorrida. Para elucidar a compreensão, observe que um carregamento feito do setor D para qualquer um dos outros setores custa R$ 10.

Figura 3.12 **Matriz De e Para com custo unitário/distância percorrida entre setores**

Custo unitário/distância percorrida

	A	B	C	D	E
A		2	2	2	2
B	3		3	3	3
C	2	2		2	2
D	10	10	10		10
E	2	2	2	2	

Da análise e junção das duas informações sai o resultado final, ou seja, a matriz De e Para que designa a proximidade dos setores, considerando o número de carregamentos e o custo da movimentação envolvida. Observe na matriz a seguir, representada na Figura 3.13 que os setores D, A e E devem ficar próximos, pois apresentam um alto custo de movimentação para a quantidade de carregamentos previstos para tal. Esse custo é somente denominado CMM – Custo de Movimentação de Materiais. Ou seja, o CMM para movimentar o número de carregamentos previstos de D para A e de D para E é de R$ 300. Seguindo essa lógica, o *layout* deve ser elaborado.

Figura 3.13 **Matriz De e Para – resultado CMM para as movimentações previstas entre setores**

RESULTADO ➡

	A	B	C	D	E
A		34		60	20
B	39		60		60
C		20			140
D	300				300
E	20	20	20	20	

Dessa forma, podemos concluir que a metodologia De e Para leva em consideração o CMM, que pode ser calculado com essa seguinte fórmula:

$CMM = NC \times CuD$

Onde:
CMM = Custo de Manuseio de Materiais
NC   = Número de Carregamentos (efetuados por período de tempo)
CuD = Custo unitário por Distância percorrida.

Quanto maior o CMM, maior deve ser a proximidade dos setores envolvidos na movimentação.

No próximo capítulo, serão abordadas características específicas relativas ao planejamento de *layouts* por produto para linhas de montagem.

Resumo

O arranjo físico de uma operação produtiva preocupa-se com o posicionamento físico dos recursos de transformação. Definir o arranjo físico é decidir onde colocar todas as instalações, máquinas, equipamentos e pessoal da produção. Os *layouts* de instalações atuais são projetados com o objetivo último de produzir bens e serviços que atendam as necessidades de seus clientes. Em função das estratégias e técnicas para redução de estoques, os *layouts* atuais estão significativamente menores que os *layouts* do passado. Os *layouts* são muito importantes para o desempenho de uma operação produtiva. Existem basicamente quatro tipos de *layouts* para instalações de manufatura: posicional, por produto, por processo e celular. O *layout posicional* é aquele no qual o produto fica em uma posição fixa enquanto os trabalhadores, materiais, máquinas e outros recursos quaisquer são transportados até a posição fixa determinada. O *layout por produto* é normalmente realizado para acomodar alguns poucos tipos de produtos. São *layouts* definidos para permitir um fluxo linear de materiais ao longo da operação de manufatura. Já o *layout por processo* é projetado para acomodar uma grande variedade de projetos de produto e etapas de processamento. É muito utilizado quando se tem uma grande variedade de itens com volumes relativamente baixos de produção. Esse tipo de *layout* normalmente utiliza máquinas universais versáteis com as quais é possível operar uma gama considerável de itens. Tais máquinas são organizadas e dispostas em áreas específicas para cada tipo de processamento. O *layout celular* é muito usado em um tipo de operação

ARRANJO FÍSICO E FLUXO NAS OPERAÇÕES **CAPÍTULO 3**

denominada manufatura celular, em que as máquinas são agrupadas em células que produzem uma determinada família de peças – algumas peças que apresentam características comuns, isto é, peças que exigem as mesmas máquinas e têm configurações similares.

A decisão do tipo de *layout* a ser usado por uma operação deve levar em consideração o volume e a variedade de itens a serem produzidos, pois tais características possibilitarão a escolha do melhor modelo de processo. Vale salientar que também existem *layouts* híbridos. A maioria das instalações de manufatura é composta de combinações dos tipos de *layout* apresentados neste capítulo. As empresas têm procurado inovar na elaboração de seus *layouts*, procurando cada vez mais trabalhar no sentido de alcançar qualidade do produto e flexibilidade, que nada mais é do que a capacidade de modificar volumes de produção rapidamente e mudar para modelos de produtos diferentes, garantindo a qualidade e satisfação do cliente. Uma vez definido o *layout* de uma instalação qualquer, faz-se necessário o estudo de seu projeto detalhado. Isto é, a elaboração dos *templates* das máquinas, equipamentos, área de trabalho e de movimentação. Uma das preocupações dos projetistas de *layout* é a disposição e proximidade dos setores envolvidos na operação. Para se determinar quais setores podem ficar mais próximos e quais não podem, são sugeridas duas metodologias diferentes, a saber: elaboração do gráfico de cordas e metodologia De e Para, que culmina no cálculo do CMM – Custo de Movimentação de Materiais.

Questões para discussão

1. Cite três objetivos para esses tipos de *layout*:
   a. Operações de montagem de automóveis
   b. Centro de distribuição da indústria química
   c. Salão de cabeleireiro
   d. Escritório de contabilidade
2. Considere uma cozinha industrial. Quais seriam os três princípios básicos de manuseio de materiais que tal operação deveria utilizar?
3. Cite e descreva três tipos de dispositivos de manuseio de materiais – motorizados ou não.
4. *Layout* celular e *layout* por produto apresentam as mesmas características? Explique fazendo uso de exemplos.
5. Cite e explique duas tendências na elaboração de *layouts* da indústria de manufatura brasileira.

6. Tendo por base a metodologia De e Para e imaginando os dados expostos nas matrizes a seguir, comente sobre quais setores deveriam estar próximos na elaboração de um *layout* para tal organização.

Carregamentos/dia

	A	B	C	D	E
A		10	-	18	10
B	13		20	-	20
C	-	60		-	40
D	30	-	-		30
E	05	05	05	05	

Custo unitário/distância percorrida

	A	B	C	D	E
A		2	2	2	2
B	3		3	3	3
C	2	2		2	2
D	10	10	10		10
E	2	2	2	2	

4

PROJETO DO TRABALHO

Introdução
4.1   Desenvolvimento
Resumo
Questões para discussão

Introdução

Uma vez desenvolvido o *layout* de uma operação de manufatura, chega o momento de trabalhar o projeto do trabalho. Não podemos esquecer que a gestão da produção (e até mesmo a gestão de operações) está intimamente ligada à forma como os recursos humanos são gerenciados e como eles realizam suas atividades operacionais. Vale ressaltar que a maioria dos recursos humanos de uma organização encontra-se nas funções relacionadas às operações.

O projeto do trabalho influencia e sofre influências diretas do projeto de produto, do projeto dos processos e do *layout* propriamente dito, além de estar relacionado à forma como estruturamos cada posto de trabalho de modo individualizado, incluindo o ambiente de trabalho e a tecnologia utilizada nele.

4.1 Desenvolvimento

Cabe destacar também que o projeto do trabalho diz respeito à forma pela qual as pessoas agem em relação a seu trabalho, definindo expectativas do que lhes é solicitado. O projeto do trabalho ainda influencia a percepção sobre o modo como as pessoas contribuem para a organização; quanto maior a percepção de contribuição para a organização, maior é a motivação do colaborador no processo. Além disso, esse projeto define atividades em relação a outras pessoas, pois muitas vezes as atividades são ligadas, sejam elas precedentes ou posteriores umas às outras. Por fim, podemos dizer que o projeto do trabalho canaliza os fluxos de informações entre diferentes partes da organização.

Independentemente do tipo de operação a que nos referirmos, sempre deveremos considerar seis elementos básicos para o projeto do trabalho. São eles:

- Quais condições ambientais são necessárias no local de trabalho?
- Qual o melhor método para desempenhar cada tarefa?
- Qual tecnologia está disponível?
- Qual a duração de cada tarefa, e quantas pessoas serão necessárias?
- Quais tarefas serão alocadas para cada pessoa na operação?
- Como manter o comprometimento da equipe?

A Figura 4.1 ilustra a interdependência desses elementos na elaboração de um bom projeto de trabalho onde os elementos se completam formam o quebra-cabeça das operações.

Figura 4.1   Elementos do projeto do trabalho

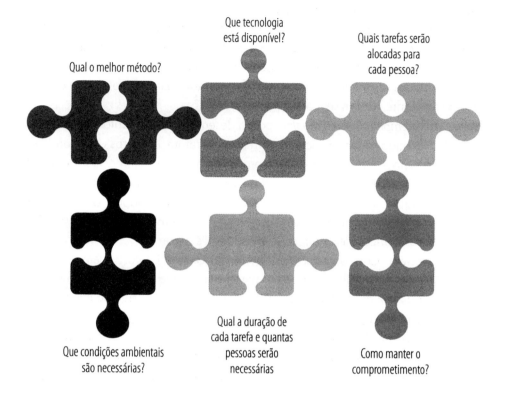

O *projeto das condições ambientais* do trabalho pode ser tratado também como a *ergonomia* do trabalho. A ergonomia ocupa-se basicamente dos aspectos fisiológicos do projeto do trabalho; é uma ciência que estuda a relação do ser humano com o ambiente ou o espaço ao seu redor. Ela tem como objetivo principal a adequação do ambiente ao tipo de atividade a ser desenvolvida, minimizando os efeitos nocivos causados por fadiga e esforços repetitivos. Como objetivos secundários, podemos mencionar ainda que a ergonomia visa a segurança do colaborador envolvido e de seus pares, além da melhora no desempenho operacional.

Trabalhar ergonomia merece reflexão sobre dois aspectos importantes do projeto do trabalho: a empresa e o colaborador. O trato adequado da ergonomia pode minimizar custos e problemas para a empresa, uma vez que um colaborador seguro e satisfeito com o ambiente de trabalho é um colaborador saudável e produtivo; processos abertos contra empresas por falta de adequação no ambiente de trabalho não são raros (e também são bastante custosos). Além disso, quando o colaborador se sente seguro e pertencente ao ambiente da organização, se sentirá também corresponsável pelo processo e por manter o ambiente saudável e produtivo – portanto, ambos ganham dessa forma (empresa e colaborador).

O projeto ergonômico do ambiente de trabalho deve levar em consideração a legislação pertinente à saúde ocupacional e segurança do trabalho. Essas questões são abordadas no mundo todo, e no caso brasileiro não é diferente.

Para um completo entendimento das questões relativas ao projeto ergonômico do ambiente, devem ser considerados:

- A *temperatura do trabalho*, pois o desempenho e o conforto de cada indivíduo variam de acordo com a temperatura. Aspectos como umidade e movimento do ar podem provocar sensações diferenciadas em cada pessoa. Trabalhos mais leves exigem temperaturas mais altas para proporcionar uma zona de conforto entre os colaboradores, o contrário do que deve ocorrer em ambientes que envolvem trabalhos mais pesados. As chances de ocorrência de acidentes aumentam com temperaturas acima daquelas caracterizadas como zona de conforto para o trabalho envolvido. Não é correto afirmar que haja uma única temperatura ideal, ou zona de conforto para todos os diferentes tipos de trabalho possíveis em uma operação.
- *Níveis de iluminação* devem ser estudados para que a intensidade de iluminação requerida pela tarefa seja provida. Alguns trabalhos que envolvem movimentos extremamente delicados e precisos requerem níveis de iluminação significativamente maiores, a exemplo das atividades relativas a um centro cirúrgico; outras atividades não tão precisas podem ter níveis menores de iluminação. A tabela a seguir mostra algumas atividades e níveis de iluminação (medidos em lux) recomendados para as mesmas.

PROJETO DO TRABALHO   **CAPÍTULO 4**

Tabela 4.1   Exemplos de atividades e níveis de iluminação recomendados

CLASSE	ILUMINÂNCIA (lux)	TIPO DE ATIVIDADE
A Iluminação geral para áreas usadas interruptamente ou com tarefas visuais simples	20 - 30 - 50	Áreas públicas com arredores escuros
	50 - 75 - 100	Orientação simples para permanência curta
	100 - 150 - 200	Recintos não usados para trabalho contínuo; depósitos
	200 - 300 - 500	Tarefas com requisitos visuais limitados, trabalho bruto de maquinaria, auditórios
B Iluminação geral para área de trabalho	500 - 750 - 1000	Tarefas com requisitos visuais normais, trabalho médio de maquinaria, escritórios
	1000 - 1500 - 2000	Tarefas com requisitos especiais, gravação manual, inspeção, indústria de roupas
C Iluminação adicional para tarefas visuais difíceis	2000 - 3000 - 500	Tarefas visuais exatas e prolongadas, eletrônica de tamanho pequeno
	5000 - 7500 - 10000	Tarefas visuais muito exatas, montagem de microeletrônica
	10000 - 15000 - 20000	Tarefas visuais muito especiais, cirurgia

Fonte: Tecnólogos em segurança do trabalho. "A iluminação adequada dos ambientes de trabalho aumenta a produtividade das pessoas." Disponível em: <http://www.trabalhosegurovidafutura.com/2012/04/iluminacao-adequada-dos-ambientes-de.html>. Acesso em: 1 mai.2012.

- *Níveis de ruídos* podem causar efeitos negativos mais fáceis de serem entendidos do que outros fatores ambientais quaisquer. A perda da audição por ruído em ambiente de trabalho é a consequência mais grave de se manter níveis de ruídos acima dos limites especificados e desejados para as atividades relativas aos diferentes trabalhos. Os ruídos podem afetar o desempenho no trabalho se forem muito altos, intermitentes ou de alta frequência. A Tabela 4.2 a seguir mostra os limites de tolerância para ruído contínuo ou intermitente.

Tabela 4.2 Limites de tolerância para ruído contínuo ou intermitente

NÍVEL DE RUÍDO DB (A)	MÁXIMA EXPOSIÇÃO DIÁRIA PERMISSÍVEL
85	8 horas
86	7 horas
87	6 horas
88	5 horas
89	4 horas e 30 minutos
90	4 horas
91	3 horas e 30 minutos
92	3 horas
93	2 horas e 40 minutos
94	2 horas e 15 minutos
95	2 horas
96	1 hora e 45 minutos
98	1 hora e 15 minutos
100	1 hora
102	45 minutos
104	35 minutos
105	30 minutos
106	25 minutos
108	20 minutos
110	15 minutos
112	10 minutos
114	8 minutos
115	7 minutos

Fonte: Segurança e medicina do trabalho. NR15 – atividades e operações insalubres. Disponível em: <http://www.audiologiabrasil.org.br/legislacao/legislacao_4.pdf>. Acessado em 22.abr.2012.

PROJETO DO TRABALHO **CAPÍTULO 4**

- A *ergonomia em escritório* também é muito importante, pois cada vez mais pessoas estão atuando profissionalmente nesses ambientes. Fatores como telas e teclados de computador, alturas de assentos, iluminação e temperatura são assuntos discutidos e difundidos em normas específicas. A Figura 4.2 a seguir mostra aspectos importantes para a ergonomia dos escritórios.

Figura 4.2 Ergonomia no ambiente de escritório

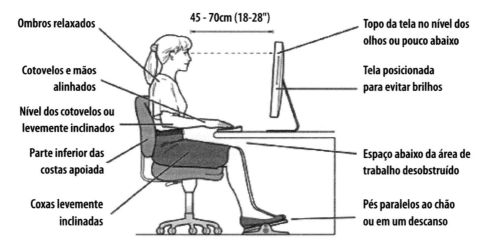

Fonte http://www.uniblog.com.br/img/posts/imagem35/358384.jpg. Acessado em: 13 mar.2013.

É muito importante que aspectos antropométricos sejam estudados e considerados em um estudo ergonômico concernente a ambientes com uso da tecnologia. Esses aspectos são relacionados a tamanho, forma e outras características físicas das pessoas. Um posto de trabalho em uma linha de montagem deve ser em parte direcionado ao tamanho e à força dos colaboradores que executarão o trabalho, além de levar em conta as considerações sobre a tecnologia disponível para a realização do trabalho.

A Tabela 4.3 mostra dados antropométricos colhidos nos Estados Unidos mas que podem também ser usados nas organizações brasileiras, pois estudos comparativos mostraram que as diferenças não são significativas, uma vez que se trabalha com faixa de dimensões e percentis de coleta de dados.

Tabela 4.3 Dados antropométricos – dimensões corporais masculinas e femininas em centímetros, para idades de 20 a 60 anos

DIMENSÕES DO CORPO	5%		50%		95%	
Estatura	149,5	161,7	160,4	173,5	171,4	184,3
Altura do olho	138,3	151,0	148,9	162,4	159,4	172,6
Altura do cotovelo	93,7	100,1	101,2	109,8	108,7	119,1
Altura, sentado	78,6	84,2	85,2	90,6	90,6	96,7
Altura do olho, sentado	67,4	72,6	73,3	78,6	78,5	84,4
Altura do cotovelo em repouso, sentado	18,1	19,0	23,3	24,3	28,1	29,4
Altura do joelho, sentado	45,2	49,3	49,8	54,3	54,4	59,2
Altura atrás do joelho, sentado	35,5	39,2	39,8	44,2	44,2	48,7
Altura da parte superior da coxa, sentado	10,6%	11,3%	13,7	14,4	17,5	17,7

Fonte: SLACK, N. et. al. *Administração da produção*, 3. ed. São Paulo: Atlas, 2009. p. 252.

Observando a tabela, pode-se observar que apenas 5% das pessoas têm estatura inferior a 149,5 cm, que é o limite esquerdo do 5º percentil, e também que somente 5% das pessoas apresentam estatura maior que 184,3 cm, ou seja, o limite direito do 95º percentil. Usando essa abordagem e conhecimentos específicos sobre a localização da operação, pode-se projetar áreas de trabalho.

A Figura 4.3 a seguir mostra a área máxima de trabalho e a área normal de trabalho para um colaborador em atividade de montagem.

Figura 4.3   Uso de dados antropométricos no projeto do trabalho

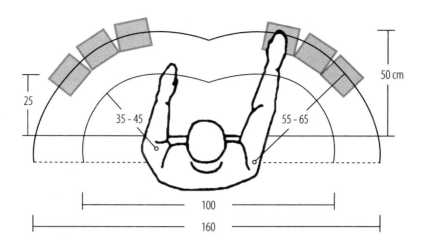

O método de trabalho diz respeito ao *modus operandi* que será utilizado para a realização da tarefa. O estudo do método de trabalho é o registro sistemático e o exame crítico dos modos existentes e propostos para a consecução do trabalho; é um meio de desenvolver e aplicar maneiras mais fáceis e mais eficazes de reduzir custos.

O estudo do método, como uma abordagem sistemática para justamente achar o melhor método, envolve seis passos, listados a seguir:

1. *Selecionar o trabalho a ser estudado* – nada mais é do que escolher uma determinada tarefa para ser estudada. Essa tarefa deve ser aquela, entre milhares nas operações, que representará para a operação o maior retorno sobre o investimento do tempo gasto em seu estudo. Não devemos estudar atividades ou tarefas que serão em breve substituídas ou descontinuadas. Tarefas que oferecem largo escopo para melhoria devem ter prioridade de atuação.
2. *Registrar o método atual* – a razão desse passo é permitir maior entendimento sobre o trabalho em si, permitindo também analisar as anotações e avaliar as possibilidades de melhoria sem perder o histórico comparativo.
3. *Examinar os fatos* – é talvez o estágio mais importante do estudo do método, haja vista que permitirá examinar o método atual por completo e criticamente. É muito comum o uso da "técnica do questionamento", que procura fraquezas nos fundamentos do método de modo a determinar alternativas cabíveis para ele.

4. *Desenvolver um novo método* – prover mudanças e melhoramentos, buscando:
   - Eliminar partes inteiras da atividade;
   - Combinar elementos;
   - Mudar a sequência de eventos, a fim de melhorar a eficiência do trabalho; ou
   - Simplificar a atividade para reduzir conteúdo do trabalho.

Fichas de verificação, também denominadas *checklist*, podem ser úteis na realização desse passo.

5. *Implantar o novo método* – trata da implantação de novas práticas de trabalho e concentra-se em gerir o processo global de implantação. Além disso, nesse passo verificam-se detalhes que possam de alguma forma impedir o alcance do objetivo traçado no processo.
6. *Montar o método* – enfatiza a necessidade de acompanhar, monitorar regularmente a eficácia do projeto. Trata-se de uma oportunidade de repensar o método e buscar melhorias continuamente mediante a análise sistemática.

Uma vez determinado o melhor método para o trabalho, chega o momento de determinar qual a duração e o número de pessoas necessárias para sua realização.

No elemento que indica *qual a duração de cada tarefa e qual o número de pessoas para executá-la*, devemos levar em consideração o tempo dispendido para sua realização. Tempos de operação são necessários para a programação da produção, para os cálculos de custos dos produtos e também para medição e acompanhamento da produtividade do conjunto de recursos, conforme anteriormente mencionado no Capítulo 1. O tempo de uma operação é denominado tempo-padrão, isto é, o tempo que um colaborador treinado e em boas condições de trabalho – considerando o ambiente e as ferramentas adequadas – consegue realizar a tarefa conforme previsto pela designação do processo e métodos definidos.

Para determinar o tempo-padrão de uma operação, se faz necessário determinar metodologicamente os seguintes tempos:

1. Tempo médio;
2. Tempo normal e;
3. Tempo-padrão.

O *tempo médio* é a média dos tempos para a realização da operação e o ponto inicial para determinação do tempo-padrão para realização de uma tarefa. Ele pode ser definido de três maneiras diferentes:

- *Cronometragem* – consiste em subdividir uma operação em seus elementos e, com um cronômetro, determinar a duração média de cada um dos elementos. Normalmente, o técnico responsável pela cronometragem utiliza um cronômetro com escala centesimal de minuto. Mais adiante a metodologia de cronoanálise será abordada de forma mais detalhada.
- *Tempos predeterminados* – consiste em dividir uma operação em elementos básicos fundamentais, para os quais já existem padrões determinados (MTM – Medida do Tempo e do Método).
- *Tempos estimados* – nada mais é do que estabelecer o tempo com base na experiência do operador, supervisor ou até mesmo do analista do processo. Essas estimativas podem apresentar até 50% de desvio devido a interpretações e percepções diferenciadas de cada colaborador.

A cronometragem é a medida mais comumente usada nas organizações para determinação do tempo médio.

Não é comum e tampouco adequado tomar uma única vez o tempo de certa atividade para mensurarmos a sua duração. Os processos e as variabilidades intrínsecas aos métodos propostos causam variações de tempo consideradas normais; assim, deve-se tomar certa quantidade de tempos (costuma-se muito utilizar 25 tomadas) e, dessa quantidade, extrair a média para determinação do tempo médio. A forma de se calcular essa média pode variar dependendo da característica da operação envolvida e da cultura existente na organização. Existem várias instituições que ministram cursos de cronoanálise e contam com modelos definidos para realização da cronometragem.

Após a determinação do tempo médio, chega o momento de determinarmos o *tempo normal*. Para definir o *tempo normal*, leva-se em consideração o tempo médio proposto no item anterior e também o efeito da eficiência do colaborador no processo. Cada pessoa atua de forma diferente ao desempenhar suas atividades. Algumas pessoas, por suas próprias características, são mais aceleradas que outras, e essa condição pode afetar o desempenho se forem agregados fatores como a fadiga e a habilidade do próprio colaborador. Ao estudarmos os tempos de operação e considerarmos um tempo normal para a operação, essa característica tem de ter seu efeito minimizado. Cabe ao técnico analista responsável pela determinação do tempo-padrão verificar o ritmo do colaborador, levando em consideração aspectos como habilidade e fadiga, atribuindo uma eficiência ao seu trabalho.

A Tabela 4.4 mostra um modelo de designação de eficiência mediante a avaliação dos parâmetros de ritmo por habilidade e esforço. Por exemplo, para um colaborador que trabalha com movimentos precisos e erra muito pouco, apresentando um empenho razoável em realizar a tarefa, será atribuída uma eficiência entre os limites de 103% e 108%.

Tabela 4.4   Avaliação de ritmo para designação de eficiência

DIMENSÕES DO CORPO			AVALIAÇÃO DO RITMO PELO ESFORÇO		
Condição	Descrição	ε (%)	Condição	Descrição	ε (%)
Excelente	Movimentos muito precisos e sem hesitação, não erra	+15 +10	Excessivo	Empenho acima do normal, impossível de ser mantido	+15 +10
Ótima	Movimentos precisos; erra muito dificilmente	+8 +3	Alto	Ótimo empenho em realizar a tarefa	+8 +3
Normal	Movimentos razoavelmente precisos, os erros são eventuais	0	Normal	Empenho razoável em realizar a tarefa	0
Ruim	Movimentos pouco precisos erra com alguma frequência	-3 -8	Baixo	Poderia se empenhar mais na realização da tarefa	-3 -8
Péssima	Movimentos não coordenados, ocorrem muitos erros	-10 -15	Insuficiente	Demonstra pouco interesse em realizar a tarefa	-10 -15

Assim, podemos concluir que o tempo normal de uma atividade ou elemento nada mais é do que a consideração da eficiência do colaborador sobre o tempo médio considerado. O tempo normal é representado por:

$Tn = Tm . \varepsilon$

Em que:
Tn = tempo normal
Tm = tempo médio
ε = eficiência observada

Após determinado o tempo normal, deve-se considerar a necessidade de dar ao colaborador a oportunidade de se recuperar de efeitos fisiológicos ou psicológicos resultantes da execução de trabalho específico sob condições específicas, além do atendimento de suas necessidades pessoais. Essa consideração é a atribuição de

PROJETO DO TRABALHO **CAPÍTULO 4**

tolerâncias ou acréscimos ao tempo normal determinado até então. A quantidade de tolerâncias a ser aplicada dependerá da natureza do trabalho.

As tolerâncias podem variar de organização para organização, haja vista a forma diversificada de atuação existente atualmente. Muitas empresas oferecem trabalhos de ginástica laboral para minimizar efeitos nocivos de trabalhos repetitivos, e outras não. Se procurássemos um valor médio de tolerâncias, poderíamos estimar algo em torno de 10%. A seguir, sugerimos uma tabela de tolerâncias – a Tabela 4.5 –, considerando uma empresa fabricante de eletrodomésticos.

Apenas para ilustrar, segue um exemplo para o cálculo do tempo-padrão de uma atividade (colar etiquetas em caixa de papelão, por exemplo).

Os tempos cronometrados pelo técnico de processos foram os seguintes:

A eficiência observada foi de 90%, e as tolerâncias atribuídas à tarefa somam 14%.

TEMPO CRONOMETRADOS (EM MINUTOS)									
1	2	3	4	5	6	7	8	9	10
0,27	0,32	0,30	0,31	0,30	0,30	0,31	0,26	0,27	0,28

Para cálculo do tempo-padrão, em primeiro lugar devemos determinar o tempo médio:

$$Tm = \frac{(0,27 + 0,32 + 0,30 + 0,31 + 0,30 + 0,30 + 0,31 + 0,26 + 0,27 + 0,28)}{10} = 0,292$$

Uma vez determinado o tempo médio, devemos determinar o tempo normal:

$$Tn = 0,292 \times 0,9 = 0,263$$

Determinado o tempo normal, basta acrescer as tolerâncias, e assim determinamos o tempo-padrão:

$$Tp = 0,263 \, (1+0,14) = 0,300$$

Logo, o tempo-padrão para execução da atividade de colar etiquetas em uma caixa de papelão é de 0,300 minutos. Vale salientar que, para maior precisão e

GESTÃO DA PRODUÇÃO E LOGÍSTICA

controle dos cálculos desenvolvidos, é razoável efetuar os cálculos todos com uma casa decimal a mais, pois isso permitirá menor margem de erro no que se refere a arredondamentos e algarismos significativos. Ao fim do cálculo, o tempo calculado deve ser convertido para a unidade inicial determinada – para esse exercício, o tempo-padrão seria de 0,30 minutos por etiqueta colada em caixa de papelão.

Tabela 4.5   Tolerâncias usadas por um fabricante de eletrodomésticos

FATORES DE TOLERÂNCIA	ESCALA	TOLERÂNCIA (%)
ENERGIA NECESSÁRIA		
Desprezível	Nenhuma	0
Muito leve	0-3 kg	3
Leve	3-10 kg	5
Média	10-20 kg	10
Pesada	20 - 30 kg	15
Muito pesada	Acima de 30 kg	15-30
POSTURA EXIGIDA		
Normal	Sentada	0
Ereta	Em pé	2
Continuamente ereta	Em pé por várias horas	3
Deitada	De lado, de bruços ou de costas	4
Difícil	Agachado	4-10
FADIGA VISUAL		
Atenção quase contínua		2
Atenção contínua com foco variado		3
Atenção contínua com foco fixo		5
TEMPERATURA		
Muito baixa	Abaixo de 0°C	Mais de 10
Baixa	0-12°C	0-10

▶

FATORES DE TOLERÂNCIA	ESCALA	TOLERÂNCIA (%)
TEMPERATURA		
Normal	12-23°C	0
Alta	23-30°C	0-10
Muito alta	Acima de 30°C	Mais de 10
CONDIÇÕES AMBIENTAIS		
Boas	Bem ventilado	0
Razoáveis	Abafado / malcheiroso	2
Pobres	Empoeirado / filtro necessário	2-7
Ruins	Respirador necessário	7-12

Entender o relacionamento entre trabalho e tempo é, claramente, uma parte importante do projeto do trabalho.

Outro elemento do projeto do trabalho é a decisão sobre *quais tarefas serão alocadas para cada pessoa*. O que está por trás dessa ideia é o conceito de divisão do trabalho, ou seja, dividir o total de tarefas em pequenas partes, cada uma das quais desempenhada por uma só pessoa ou equipe de trabalho.

A divisão do trabalho proporciona algumas vantagens interessantes para a operação. As vantagens da divisão do trabalho são:

- Aprender a realizar uma tarefa relativamente curta e simples é mais fácil e rápido que aprender uma tarefa longa e complexa. Para tarefas mais curtas, o tempo de treinamento e adaptação é menor e requer menor intensidade de controle.
- A substituição de esforço humano pelo uso de equipamentos e tecnologia vem se mostrando cada vez mais presente; a divisão de tarefas permite a visualização mais precisa das atividades potenciais para automação.
- Atividades de agregação de valor são destacadas na medida em que se efetua a divisão do trabalho. Atividades que não agregam valor, como agachar para pegar, buscar ferramenta e procurar item de montagem, são minimizadas (se não eliminadas), haja vista que, ao dividir o trabalho, já se pensa na montagem do posto de trabalho, a qual deve garantir uma maior agregação de valor para as tarefas a serem desenvolvidas.

GESTÃO DA PRODUÇÃO E LOGÍSTICA

Entretanto, não se pode esconder ou negligenciar os malefícios causados pela divisão do trabalho. Sérias desvantagens em trabalhos altamente divididos são expostas a seguir:

- A monotonia é uma desvantagem, haja vista que um colaborador estaria repetindo a mesma tarefa por várias horas e, até mesmo, por dias a fio. Imaginemos uma atividade que demore 30 segundos. Um colaborador deve desenvolver essa atividade oito horas por dia, cinco dias por semana; a condição de tédio a qual seria exposto esse funcionário seria muito forte. A desmotivação é iminente nesses casos.
- Dano físico é uma forma técnica de mencionar a LER (Lesão por Esforço Repetitivo). A superutilização de algumas partes do corpo pode resultar em dor e em redução de capacidade física do membro.
- Baixa flexibilidade para *mix* de produtos, haja vista que a divisão do trabalho é relativa para o produto em questão. Necessidades de alteração de *mix* de produto ocasionam retiradas de material de um produto para instalação de material relativo a outro produto, o que demanda tempo de *setup* para a alteração de mix e consequente perda de produtividade.
- Efeito cascata é a denominação dada à interdependência causada pela divisão de tarefas. Se um posto de trabalho comete um erro ou não está trabalhando de acordo com o previsto, toda a produção é afetada. Se um só colaborador executa a tarefa, ele pode controlá-la melhor e perceber interfaces de ações que minimizem o erro como um todo.

O exemplo a seguir ilustra essa questão da divisão do trabalho, referente a uma empresa montadora de manufatura de amortecedores. A reflexão ocorre sobre os aspectos de montagem do amortecedor.

Exemplo   Montagem de amortecedores

A tabela a seguir mostra a síntese da folha de processo utilizada na montagem de amortecedores. Com base nessa tabela, defina as composições de postos/operações para a montagem de 500 amortecedores por hora.

PROJETO DO TRABALHO **CAPÍTULO 4**

OPERAÇÃO	DESCRIÇÃO	TEMPO (seg.)	ANTECEDENTE
A	Posicionar corpo no dispositivo	3,5	–
B	Posicionar mola no corpo	2,5	A
C	Posicionar êmbolo na tampa	3,5	–
D	Posicionar êmbolo / tampa sobre mola	3,0	B, C
E1	Posicionar parafuso 1 e rosquear	3,5	D
E2	Posicionar parafuso 2 e rosquear	3,5	D
E3	Posicionar parafuso 3 e rosquear	3,5	D
E4	Posicionar parafuso 4 e rosquear	3,5	D
F1	Apertar parafuso 1	1,5	E1
F2	Apertar parafuso 2	1,5	E2
F3	Apertar parafuso 3	1,5	E3
F4	Apertar parafuso 4	1,5	E4
G	Testar o conjunto	6,5	F1 a F4

A primeira etapa a ser realizada para o desenvolvimento desse trabalho é montar o mapa do processo de maneira a permitir a visualização das atividades/elementos a serem realizados e sua correlação. O mapa do processo pode ser assim representado:

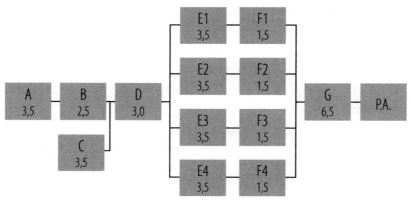

Para determinar quais atividades serão designadas para cada colaborador, faz-se necessário definir o tempo de ciclo da operação. O tempo de ciclo nada mais é do que o tempo permitido para trabalho em um único posto de trabalho. Esse tempo é obtido pela divisão do tempo disponível pelo volume de produção esperado. Para esse exercício, o tempo de ciclo seria calculado desta maneira:

$$\text{Tempo de ciclo} = \frac{3600 \text{ segundos por hora}}{500 \text{ peças por hora}} = 7{,}2 \text{ segundos}$$

Sabendo que o tempo de ciclo não deve ultrapassar 7,2 segundos, pode-se calcular o número teórico de postos de trabalho que deveriam ser utilizados em tal processo; esse número corresponderá à divisão do tempo total para montagem do amortecedor sobre o tempo de ciclo, ou seja, considerando que a somatória do tempo do produto é igual a 39 segundos e que o tempo de ciclo será de 7,2 segundos, o número teórico de postos de trabalho seria assim determinado:

$$\text{N}^{\underline{o}} \text{ teórico de postos} = \frac{39 \text{ segundos}}{7{,}2 \text{ segundos}} = 5{,}4 \text{ postos de trabalho}$$

Observe que esse número de postos é chamado de teórico porque não existe a possibilidade de se obter 5,4 postos de trabalho. Esse número mostra que se todos os indivíduos trabalhassem exatamente por 7,2 segundos, poderíamos dividir as tarefas ou elementos em 5,4 pessoas na operação – o que é impossível. Portanto, entende-se que o número mínimo de colaboradores para efetuar a montagem de 500 amortecedores seria de seis pessoas. Entretanto, essa é uma observação parcial, pois, dependendo das características dos tempos, esse número de pessoas pode variar para mais, caso a combinação de tempos exija, por exemplo, a duplicação de postos de trabalho.

Para designação efetiva dos postos de trabalho, deve-se dividir as operações entre os colaboradores agregando as tarefas ou elementos até o tempo máximo de 7,2 segundos. A seguir, é apresentada uma divisão de tarefas para balanceamento da linha.

POSTOS	1	2	3	4	5	6
OPERAÇÕES	A, B	C, D	E1, E2	E3, E4	F1 a F4	G
TEMPO DO POSTO	6,0	6,5	7,0	7,0	6,0	6,5
EFIC. DO POSTO	83,3%	90,3%	97,2%	97,2%	83,3%	90,3%

Atente para o fato de apresentarmos a eficiência de cada posto de trabalho; essa eficiência é a divisão do tempo designado para a tarefa (montagem dos elementos) pelo tempo de ciclo. Os colaboradores mais ocupados, considerados gargalos da linha de montagem, são os ocupantes dos postos 3 e 4. Eles realizarão as tarefas relativas a dois dos elementos E da folha de processo em um tempo 7,0.

Um mapa da divisão das tarefas ou elementos é mostrado a seguir.

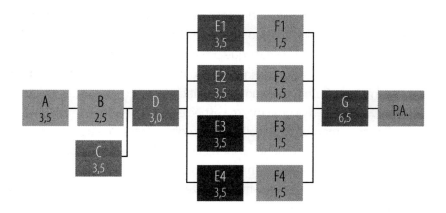

Para cada cor é designado um posto de montagem, o que totaliza seis pessoas na linha de montagem com uma eficiência de 90% para o balanceamento.

$$\text{Efic. do balanceamento} = \frac{5{,}4 \text{ postos teóricos}}{6{,}0 \text{ postos efetivos}} = 0{,}9 \text{ ou } 90\%$$

Esse é apenas um exemplo de divisão ou alocação de mão de obra em um processo produtivo qualquer.

O último elemento do projeto do trabalho diz respeito a *como comprometer os colaboradores* com a realização do trabalho. O trabalho pode ser fisicamente difícil e repetitivo. Motivar os colaboradores pode ser um problema real, pois as pessoas podem sentir-se alienadas do todo e perderem a motivação e o sentido de equipe.

O projeto do trabalho deve considerar a autoestima e o desenvolvimento pessoal; deve-se permitir que atividades apresentem desafios e aconteçam no nível de qualidade desejado para motivar o colaborador que as executa, além de proporcionar motivação para um processo de melhoria.

Algumas alternativas que devem ser consideradas para motivar e comprometer os colaboradores envolvem ações como:

- Revezamento do trabalho ou *job rotation*, que nada mais é do que mover os indivíduos de tempos em tempos para que todos possam aprender e desempenhar novas tarefas. A variedade de tarefas e intensidade de usos de habilidades de cada um pode ser fator motivacional, pois permite eliminar o fator negativo da monotonia. Esse revezamento é criticado por alguns, diante da ruptura de produtividade que causa quando do período de adaptação de uma troca de atividades – início de trabalho em nova atividade provoca queda de rendimento, decorrência da curva de aprendizagem.
- Alargamento do trabalho, que na verdade é alocar mais atividades de uma mesma espécie para que um indivíduo faça mais coisas. Trata-se de permitir a realização de um trabalho mais completo e não mais difícil ou complexo. É uma questão de quantidade de coisas a fazer, coisas essas que pertencem a uma mesma espécie.
- Enriquecimento do trabalho, o que diz respeito a alocar tarefas extras, fora aquelas comumente disponibilizadas. Pode ser considerado um passo posterior ao alargamento do trabalho.
- Delegar atividades e não mandar fazer é uma ação que pode comprometer as pessoas ligadas a um processo produtivo. Ao delegar, transfere-se autoridade e aloca-se a responsabilidade pelo sucesso da realização da tarefa. Quando se delega o colaborador que executará a tarefa, esse se compromete a realizá-la a contento, uma vez que sabe que seu trabalho poderá dar visibilidade profissional dentro da organização. Ao delegarem, pode-se observar que os colaboradores sentem-se melhor a respeito de seu emprego, que interagem com os clientes (internos ou externos) com entusiasmo na busca de atendimento de expectativas. A propaganda pela qualidade na execução do trabalho é forte e valoriza o profissional. A atividade de delegar ainda traz o que se denomina *empowerment*[1] para o grupo de trabalho, fortalecendo inclusive o trabalho em equipe.

Resumo

O projeto do trabalho influencia e sofre influências diretas do projeto de produto, do projeto dos processos e do *layout* propriamente dito. O projeto do trabalho

---

[1] O termo *empowerment* não apresenta tradução literal, mas trata da forma como se pratica autonomia do trabalho: é criar responsabilidade e dar possibilidade de mudança do trabalho mediante a delegação, que envolve também autoridade.

PROJETO DO TRABALHO **CAPÍTULO 4**

diz respeito à forma como estruturamos cada posto de trabalho de modo individualizado, incluindo o ambiente de trabalho e a tecnologia utilizada nele. Ligado à forma pela qual as pessoas agem em relação a seu trabalho, definindo expectativas do que lhes é solicitado, esse projeto ainda influencia a percepção sobre o modo como as pessoas contribuem para a organização; quanto maior a percepção de contribuição para a organização, maior é a motivação do colaborador no processo. O projeto do trabalho ainda define atividades em relação a outras pessoas, pois muitas vezes as atividades são ligadas – sejam elas precedentes ou posteriores umas às outras. Por último, destaque-se que o projeto do trabalho canaliza os fluxos de informações entre diferentes partes da organização.

Independentemente do tipo de operação a que nos referimos, sempre deverão ser considerados seis elementos básicos para o projeto do trabalho:

- Que condições ambientais são necessárias no local de trabalho?
- Qual o melhor método para desempenhar cada tarefa?
- Que tecnologia está disponível?
- Qual a duração de cada tarefa e quantas pessoas serão necessárias?
- Quais tarefas serão alocadas para cada pessoa na operação?
- Como manter o comprometimento da equipe?

O *projeto das condições ambientais* do trabalho pode ser tratado também como a *ergonomia* do trabalho; ela ocupa-se basicamente dos aspectos fisiológicos do projeto do trabalho e é uma ciência que estuda a relação do ser humano com o ambiente ou o espaço a seu redor. No que se refere ao uso de tecnologias, é muito importante que aspectos antropométricos sejam estudados e considerados em um estudo relacionado à ergonomia. Esses aspectos são relacionados a tamanho, forma e outras características físicas das pessoas. Um posto de trabalho em uma linha de montagem deve ser direcionado, em partes, ao tamanho e à força dos colaboradores que executarão o trabalho, além de considerações sobre a tecnologia disponível para a realização do trabalho. O método de trabalho diz respeito ao *modus operandi* que será utilizado para a realização da tarefa. O estudo do método de trabalho é o registro sistemático e o exame crítico dos modos existentes e propostos para a consecução do trabalho; é um meio de desenvolver e aplicar maneiras mais fáceis e mais eficazes de reduzir custos. Uma vez determinado o melhor método para o trabalho, chega o momento de determinar qual a duração e o número de pessoas necessárias para realizar o trabalho.

No elemento que indica *qual a duração de cada tarefa e o número de pessoas para executá-la*, devemos levar em consideração o tempo dispendido para realização da

73

mesma. Tempos de operação são necessários para a programação da produção, para os cálculos de custos dos produtos e também para medição e acompanhamento da produtividade do conjunto de recursos, conforme anteriormente mencionado no Capítulo 1. O tempo de uma operação é denominado tempo-padrão, isto é, o tempo em que um colaborador treinado e em boas condições de trabalho – considerando ambiente e ferramentas adequadas – consegue realizar a tarefa conforme previsto pela designação do processo e métodos definidos. Outro elemento do projeto do trabalho é a decisão sobre *quais tarefas serão alocadas para cada pessoa*. O que está por trás dessa ideia é o conceito de divisão do trabalho, ou seja, a divisão do total de tarefas em pequenas partes, cada uma das quais desempenhada por uma só pessoa ou equipe de trabalho. O último elemento do projeto do trabalho diz respeito a *como comprometer os colaboradores* para realização do trabalho, que pode vir a ser fisicamente difícil e repetitivo. Motivar os colaboradores pode ser um problema real, pois as pessoas podem sentir-se alienadas do todo e perderem a motivação e o sentido de equipe. O projeto do trabalho deve considerar a autoestima e desenvolvimento pessoal; deve-se permitir que atividades apresentem desafios no nível de qualidade desejado para motivar o colaborador que as executa e ainda proporcionar motivação para um processo de melhoria.

Questões para discussão

1. O que se entende por "projeto do trabalho"? Comente fazendo uso de exemplos do mercado.
2. Visite um hipermercado e observe as pessoas que trabalham nos caixas.
    a. Que tipos de habilidades as pessoas nessa posição precisam ter?
    b. Que oportunidades existem para "alargar" o trabalho ali realizado?
    c. Que oportunidades existem para "enriquecimento" do trabalho nessa atividade?
3. Qual a sequência de cálculo para determinação de um *Tp* – tempo-padrão? Comente.
4. Podemos afirmar que o estudo da ergonomia é importante apenas para empresas de manufatura? Explique detalhadamente, justificando sua resposta.
5. Para determinar um tempo-padrão de uma operação produtiva qualquer se faz uso da observação do ritmo de trabalho do colaborador em questão. Quais são os fatores que interferem na avaliação desse ritmo? Comente.
6. O texto a seguir mostra um *case* no qual se procurou estudar a melhor divisão dos postos de trabalho. Resolva o *case* e discuta em sala ou grupo de trabalho os resultados conquistados.

PLANEJAMENTO E CONTROLE **CAPÍTULO 5**

Bolos Karlstad

Considere a Bolos Karlstad (BK), uma empresa manufatureira de bolos especiais que recentemente conseguiu um contrato de suprimento para uma grande cadeia de supermercados. O contrato refere-se a um bolo especial na forma de uma nave espacial, e foi decidido que os volumes de produção envolvidos nesse fornecimento justificariam uma linha de produção dedicada ao acabamento, decoração e embalagem do bolo. Essa linha teria então de executar os elementos de trabalho mostrados na Tabela I a seguir, que também informa a precedência para o trabalho total. O pedido inicial do supermercado foi de 5 mil bolos por semana, e na fábrica trabalha-se 40 horas semanais. Cabe observar que os tempos padrão dos elementos B, G e I não foram determinados, embora a cronometragem de avaliação tenha sido realizada e demonstrada na Tabela II. Determine:

a. Qual o tempo-padrão das atividades faltantes?
b. Qual o número teórico de postos de trabalho para tal linha de produção?
c. Qual o balanceamento da linha, separando os postos por atividade e tempo?
d. Qual a eficiência do balanceamento realizado?
e. Qual a eficiência do gargalo de tal linha de produção?

TABELA I

ELEMENTO	A	B	C	D	E	F	G	H	I
PRECEDÊNCIA	–	A	B	C	D	D	EF	F	GH
Tp (min.)	0,12		0,36	0,25	0,17	0,34		0,60	

TABELA II

ELEMENTO	1	2	3	4	5	6	7	8	9	10	EFICIÊNCIA
B	0,27	0,32	0,30	0,31	0,30	0,30	0,31	0,26	0,27	0,28	90%
G	0,12	0,12	0,10	0,12	0,10	0,13	0,09	0,12	0,11	0,99	80%
I	0,20	0,19	0,21	0,22	0,20	0,24	0,21	0,22	0,19	0,23	100%

Observação: Para calcular o Tp, considerar as seguintes tolerâncias para todos os elementos: $p = 5\%$, $f = 5\%$ e $d = 4\%$. Utilizar cinco casas decimais para o cálculo de Tp e, em seguida, arredondar para duas casas decimais no balanceamento, conforme os demais tempos já disponibilizados.

5

PLANEJAMENTO E CONTROLE

Introdução
5.1 Desenvolvimento
Resumo
Questões para discussão

Introdução

Planejamento e *controle* são termos que dizem respeito à relação definida entre o mercado consumidor e o mercado produtor. As atividades de planejamento e controle, se bem trabalhadas, propiciam a interação entre os diferentes aspectos que relacionam oferta e demanda. Para atender uma determinada demanda de mercado, o produtor precisa acertar suas compras e suprimentos, e é essa conciliação entre os diversos aspectos dessa relação que será abordada neste capítulo.

Imagine que, ao chegar em um hotel em Cancún, depois de ter feito sua reserva para passar as férias, você perceba que diversas atividades relativas à sua chegada já foram executadas: seu apartamento já está vago para sua acomodação e seu lugar no restaurante já está alocado, assim como tudo aquilo que se relaciona a seu bem-estar e atendimento das necessidades previstas; essas tarefas formam o planejamento. Espera-se também que alguém verifique se tudo está em ordem como planejado; isso se refere ao controle da operação.

A Figura 5.1 a seguir mostra o relacionamento mencionado entre oferta e demanda e as atividades de planejamento e controle para conciliação.

Figura 5.1 Planejamento e controle – conciliação entre oferta e procura

5.1 Desenvolvimento

Para facilitar o entendimento, serão apresentadas a seguir definições de planejamento e controle. A experiência mostra que planejamento e controle são atividades correlatas que por vezes causam confusão entre as pessoas que as utilizam em suas rotinas de trabalho.

PLANEJAMENTO E CONTROLE   **CAPÍTULO 5**

O planejamento é uma formalização daquilo que se pretende que aconteça em determinado momento no futuro. A elaboração de um plano não garante que um evento vá realmente ocorrer; é uma declaração da intenção de que ocorra. Na administração geral, declara-se que planejamento é o ato de determinar objetivos, traçar metas e políticas. Além disso – mais importante que em todos os demais aspectos –, é no planejamento que se toma decisões que interferirão no futuro do plano.

Controle é um conjunto de ações que visam ao direcionamento do plano: por meio delas, é monitorado o que realmente ocorre e são feitas eventuais mudanças. O controle é fundamental, pois não há como determinar se as atividades foram realizadas como planejado e se os objetivos foram atingidos sem algum critério de avaliação ou mensuração. O controle é o meio que se elabora para acompanhar o planejado, e quando é necessário ajustar a rota isso ocorrerá por meio de um sistema de ações corretivas. Uma sistemática para ações corretivas é fundamental para um bom sistema de planejamento e controle.

Para exemplificar, podemos citar um caso em que há um aumento inesperado no consumo de um determinado item do *mix* de produtos para venda. Se nada for percebido em um futuro próximo, os clientes que desejarem o item não serão atendidos e as vendas serão perdidas. Uma sistemática de controle de estoques que avalie o nível de estoques com certo padrão planejado especificamente para isso irá alertar o consumo anormal e solicitar reposição especial antes que o produto venha a faltar de forma definitiva.

A natureza do planejamento e controle se altera com a alteração da característica prazo da operação. Ou seja, planejamento e controle têm sua natureza alterada ao longo do tempo.

Pode-se dizer que a avaliação de uma operação qualquer, de forma geral e resumida, apresenta três grandes níveis decisórios: o primeiro nível de comando na hierarquia da empresa é a alta administração, composta de sócios, superintendentes, diretores e gerentes de primeira linha; um segundo nível de comando é composto pelas médias gerências ou gerências de nível intermediário, às quais pertencem gerentes de departamento e chefes de área; um último nível de comando é a supervisão, que atua diretamente sobre o pessoal direto da operação. Todos os níveis de comando mencionados desenvolvem atividades relativas a planejamento e controle; entretanto, a natureza do planejamento e controle se altera de nível para nível.

Para efeito ilustrativo, podemos assim colocar:

- Para a alta administração, as decisões levam a determinar "o que deve ser feito". São decisões de cunho estratégico que envolvem grandes montas financeiras, muitos recursos de produção e uma forte relação com o mercado. Uma decisão desse tipo seria a decisão de exportar excedente de produção. Esse tipo de decisão apresenta uma ênfase muito maior no planejamento do que no controle, uma vez que está se decidindo "o que fazer" para melhorar o resultado da empresa. Todos os objetivos traçados no planejamento apresentam-se em termos financeiros.

- A média gerência deve sempre considerar a decisão advinda do nível superior; prolongando o exemplo anterior, caberia a ela decidir como fazer acontecer a decisão de exportar para melhorar o resultado da empresa. Nesse sentido, essa já é uma decisão que envolve maior detalhamento das atividades, na qual ações de cunho operacional começam a ser tomadas, pois as decisões já se encontram no nível tático. Nesse caso, já deve haver algum controle para validação de cronogramas, compra de material, dependências entre atividades, e há a necessidade também de uso de previsão para alocação de recursos de produção. Além disso, o planejamento continua sendo muito importante, ao mesmo tempo em que algum nível de controle já se faz necessário. Os objetivos nesse nível são apresentados em termos financeiros e operacionais.

- No nível operacional, denominado supervisão, as decisões envolvem diretamente o uso de recursos de produção – e em grande quantidade. Dessa forma, há certa dificuldade em efetuar mudanças de planos e alterações de rumos na organização nesse momento; há uma inversão de valores quanto a planejamento e controle. Há muito maior ênfase no controle para garantir o alcance dos objetivos traçados do que na realização de novo planejamento. As intervenções são de cunho operacional e devem corrigir pequenos desvios de planos.

A Figura 5.2 a seguir apresenta um resumo dessas variações de natureza nos procedimentos de planejamento e controle. Quanto mais próxima estiver a data de um evento, maior será a necessidade de controle e menor a necessidade de planejamento.

Figura 5.2   Equilíbrio entre atividades de planejamento e controle, em função dos prazos

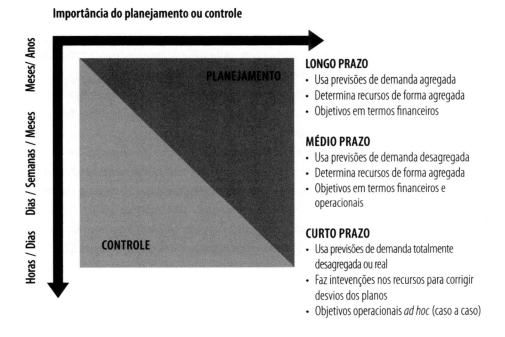

Outro fator a ser considerado, envolvendo ainda a necessidade de planejamento e controle, diz respeito ao volume de produção e à variedade de itens a serem produzidos. Uma operação que apresenta baixo volume de produção com alta variedade de produtos apresenta horizonte de planejamento curto e demanda grande necessidade de controle para atingimento do objetivo traçado. Operações que apresentam situação oposta, ou seja, alto volume de produção para baixa variedade de itens, trabalham com uma rápida resposta ao consumidor e por vezes lidam com produtos de prateleira, horizonte de planejamento longo e decisões de controle com objetivos mais gerais, como o abastecimento agregado de itens e materiais.

Considerando que planejamento e controle é o processo de conciliar demanda e suprimento, verifica-se que a natureza das decisões tomadas para planejar e controlar uma operação produtiva dependerá tanto da natureza da demanda como da natureza do suprimento nessa operação.

Nesse processo, cabe destacar mais um fator relevante: é a incerteza, que, até certo ponto, é inerente a ele. Essa incerteza torna mais difícil o processo de planejamento – e também o processo de controle. Para exemplificar, basta observarmos o que ocorre em um evento marcado em uma casa de shows. Os artistas que se apresentarão atrasam algum tempo devido ao deslocamento necessário até o local do show. Quando chegam, recebem a informação de que todos os ingressos foram vendidos e, portanto, a casa de show estará cheia, mas devido a fatores climáticos e chuvas, grande parte dos clientes que compraram ingressos não chegou até aquele momento. A decisão aparentemente mais adequada é aguardar algum tempo adicional para que a possível chegada e entrada dos clientes retardatários.

Observe que o evento foi todo planejado, mas não havia garantias de que não choveria e de que o trânsito estaria livre – e assim por diante. Medidas de contingência e alternativas de ação devem sempre ser consideradas.

Outro fator que interfere no processo de planejamento e controle é a característica da demanda existente. Existem dois tipos de demanda: a demanda dependente e a demanda independente. Demanda dependente é um tipo de demanda relativamente previsível, pois depende de alguns fatores conhecidos. Em uma empresa fabricante de computadores, por exemplo, o gerente responsável por garantir o suprimento de processadores para os computadores não trata a necessidade ou demanda de processadores totalmente ao acaso. A demanda é planejada de acordo com a previsão de venda oriunda da área comercial. Um exame da programação de vendas e a consequente manufatura dos computadores dá ao gerente de suprimentos uma base para a compra dessas peças. Se forem produzidos três tipos de computadores, considerando uma previsão de 800 computadores de cada modelo e sabendo-se que dois dos modelos utilizam o mesmo processador, pode-se concluir que são necessários 1.600 processadores de um tipo e 800 do outro. Outro exemplo é a preparação de aparelhos ortodônticos para os clientes de um ortodontista. O doutor não fará um aparelho à revelia, na esperança de que apareça um cliente com uma boca que apresente as características exatas do aparelho. É necessário esperar um pedido firme, ou seja, a existência de um cliente definido para que sejam feitas as demandas dos itens; é um caso de serviço com demanda dependente.

Em contrapartida, uma empresa que faz revenda de itens ligados à Tecnologia da Informação ou à Informática encontra maior dificuldade de gerenciar os estoques, e assim a análise da demanda será muito diferente. Não há como prever a quantidade consumida e tampouco as necessidades específicas dos clientes. Nesse caso, as decisões são baseadas em previsões de demanda diante dos riscos que as próprias empresas estão dispostas a correr. Elas podem deixar de atender pedidos e assumir o custo de venda perdida se não tiverem estoques suficientes ou assumirem os riscos de colocar dinheiro em itens de estoque que não serão vendidos, e assim perderem seu capital de giro. Essa é a natureza dos itens com demanda independente.

PLANEJAMENTO E CONTROLE **CAPÍTULO 5**

Esses conceitos e características da demanda têm tudo a ver com a forma como a operação responde a essas questões. Em casos em que a demanda é dependente, a operação dispara o processo de produção somente quando recebe informações concretas sobre a necessidade do item. Cada pedido desencadeia seu processo específico. Um alfaiate de alta costura somente comprará o tecido pertinente quando for firmado o acordo ou contrato para confecção do terno sob medida para determinado cliente. O planejamento e controle necessário para esse tipo de operação pode ser chamado de planejamento e controle do tipo *resource-to-order* ou suprir-contra-pedido.

Há também o exemplo de empresas que produzem aquilo que no mercado se chama "produtos de prateleira": entre eles, estão os fabricantes de móveis modulares. A composição desses móveis fica a critério do cliente (demanda), porém o módulo é fixo e predeterminado. A organização procura suprir os estoques de forma padronizada e deixar certo número de módulos sempre disponíveis para venda e entrega aos clientes. Nesse caso, o planejamento e controle dos módulos são prévios, e a montagem do produto completo – móvel modular – é do tipo *make-to-order*, ou seja, fazer-contra-pedido.

Em outro tipo de operação, não se pode esperar qualquer indicação ou movimento dos clientes para iniciar o processo: há clara necessidade de realizar a produção antecipada por completo e deixar o produto acabado pronto e disponível para venda. Considerem-se as grandes operações das produtoras de ovos de Páscoa, que simplesmente produzem e disponibilizam seus produtos aos clientes nos pontos de venda na época da Páscoa. Ou ainda os fabricantes de eletrodomésticos, que produzem seus ventiladores e espremedores de frutas, colocando esses produtos à disposição de seus clientes nos pontos de venda. Há expectativa de que em algum momento o item seja vendido. Não existe a possibilidade de esperar por um pedido de compra – manifestação de demanda – para disparar o processo de manufatura. Esse tipo de planejamento e controle é denominado *make-to-stock*, ou seja, fazer--para-estoque.

A seguir, a Figura 5.3 mostra a relação entre o TA (tempo de atendimento), o tempo de espera do cliente, ou seja, o intervalo que transcorre desde a colocação do pedido até a entrega do produto acabado, e o TT (tempo total de atravessamento), que é o tempo que a operação leva para obter recursos, produzir e entregar o produto desejado.

Figura 5.3 Relação entre a natureza, o suprimento e a demanda

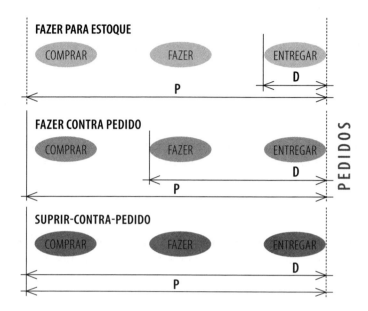

As atividades de planejamento e controle requerem a conciliação entre o suprimento e a demanda em termos de volume, tempo e qualidade. A questão qualidade será tratada em um capítulo à parte (o Capítulo 7); por isso, neste capítulo serão tratadas apenas as questões relacionadas a volume e tempo.

Quatro são as atividades relacionadas a planejamento e controle no que se refere a volume e tempo: carregamento, programação, sequenciamento e monitoramento.

A Figura 5.4 mostra o relacionamento e as interfaces dessas atividades.

Figura 5.4 Atividades de planejamento e controle ligadas a volume e tempo de operação

PLANEJAMENTO E CONTROLE   **CAPÍTULO 5**

A atividade relativa ao *carregamento* diz respeito à quantidade de trabalho alocado para um centro de trabalho. A jornada de trabalho de uma operação de manufatura normalmente dura o equivalente a 176 horas de trabalho mensais; no caso brasileiro, serão 44 horas semanais, considerando que em um mês há aproximadamente quatro semanas de trabalho. Entretanto, a máquina não opera obrigatoriamente no tempo total disponível para tal. Isso dependerá da quantidade de itens de produção alocados e direcionados para a manufatura. Além disso, no processo pode haver uma redução do tempo total disponível em função das seguintes perdas ou ingerências:

a. Perdas por motivo de qualidade.

b. Redução de velocidade de processo por falha no processo.

c. Falta de material ou informação; a máquina ficará parada e ociosa.

d. Parada de máquina por quebra.

e. Tempo de *setup* para trocas de produtos.

Dependendo da empresa e de sua capacidade de administrar a produção, o tempo útil de uma máquina pode ser muito menor que o tempo disponível para operação.

O carregamento pode ser finito ou infinito. O *carregamento finito* ocorre quando se aloca trabalho para um centro de trabalho até o limite de tempo estipulado para sua operação. Trabalhos que ultrapassem o tempo disponível e planejado para a operação não são aceitos. Não há possibilidade de exceder o limite de capacidade. Situações em que o carregamento finito é relevante e exemplos dele são mostrados a seguir:

- *Quando é possível limitar a carga de trabalho* – por exemplo, um sistema de marcação de horários para revisão de automóveis em concessionárias;
- *Quando é necessário limitar a carga* – o que pode se dar, por exemplo, por razões de segurança, quando se limita a quantidade de aviões que pousam e decolam em uma mesma pista de aeroporto;
- *Quando a limitação é estratégica* – ou seja, quando se limita uma quantidade finita de produção de um automóvel especial de forma a torná-lo diferenciado e de alto valor agregado.

O *carregamento infinito* é uma abordagem de carregamento em que não há limite para a aceitação de trabalho, e assim apenas tenta-se atender a todos os pedidos. Por vezes, existem atrasos e descontentamentos com essa forma de carregamento. Os exemplos seguintes mostram características de operações em que o carregamento infinito é relevante:

- *Quando não é possível limitar o carregamento* – isso pode ocorrer em um centro de Pronto Socorro (PS) de um hospital. À medida que ocorrem os acidentes e outras urgências, não se pode recusar o atendimento àqueles que precisam.
- *Quando não é necessário limitar o carregamento* – lanchonetes em praças de alimentação de **shopping centers** são projetadas para serem flexíveis em sua capacidade de atendimento em função da demanda (para cima e para baixo), em função dos horários diferenciados.
- *Quando o custo de limitação causa perda de venda* – considere o caso em que um cliente de banco quer efetuar uma operação financeira e é proibido em função do número de pessoas que já estão no interior do banco. O cliente ficará insatisfeito e mudará de banco, e assim a operação terá perdas consideráveis.

A escolha pelo tipo de carregamento a ser realizado na operação depende das características expostas anteriormente; entretanto, vale a pena salientar que muitas operações com enorme diversidade de itens e tempos diferenciados de produção não costumam usar carregamento finito, pois isso demandaria muito esforço para cálculo e considerável equipamento para uso computacional no planejamento e controle. Empresas de usinagem, por exemplo, não costumam efetuar carregamento finito.

A outra atividade de planejamento e controle seria o *sequenciamento*, que nada mais é do que a tomada de decisão sobre a ordem em que as tarefas serão executadas. O sequenciamento pode ser feito em função de algumas regras – por vezes complexas –, expostas a seguir:

- *Restrições físicas dos materiais processados* – a sequência de processamento será dada pela condição do material. Por exemplo, em uma cartonagem, a fabricação da caixa de papelão exigirá que em primeiro lugar seja realizada a impressão na caixa do cliente com os respectivos dizeres para que depois se faça a preparação de montagem desse produto. Uma vez realizada a preparação de montagem da caixa, a superfície fica irregular, e assim não permitirá o trabalho de impressão. Outro exemplo: ao montar uma porta para instalação em um veículo qualquer, em primeiro lugar é necessário montar o sistema elétrico de elevação dos vidros para somente depois fechar a porta com o acabamento devido.
- *Clientes preferenciais ou prioritários* – muitas vezes observamos em uma fila de banco para atendimento no caixa que pessoas consideradas idosas ou com criança de colo passam à frente dos demais clientes do banco.

É uma prática comum e diz respeito à própria condição da pessoa. Existe inclusive legislação específica sobre esse assunto. Outro caso é que operações apresentam uma grande variedade de clientes com perfis diferenciados. Alguns clientes são preferenciais devido à grande quantidade ou tempo em que se relacionam com a operação. Não é incomum que esses clientes tenham prioridade no processamento de seus pedidos.

- *Data prometida* – é uma forma de dar sequenciamento que descaracteriza o cliente e o material em si. Significa que o trabalho será sequenciado de acordo com a data prometida de entrega, independentemente do tamanho de cada trabalho. Essa prática melhora a confiabilidade e a média de rapidez das entregas.
- *Último a entrar, primeiro a sair* (LIFO – *Last In First Out*) – é um método usado para movimentações de cargas – no interior de caminhões-baús, por exemplo. A carga é sequenciada dentro do caminhão-baú de tal forma que a última carga a entrar – e, portanto, a que se encontrará mais perto da porta do caminhão – seja aquela a ser entregue primeiro. Imagine o transtorno em tirar diversas embalagens da frente do baú para pegar uma caixa ou contentor que foi colocado no baú do caminhão. Porém, em algumas atividades, essa prática não é bem vista, pois um paciente aguardando consulta médica pode ficar enfurecido ao perceber que outro paciente que chegou por último entrou em consulta antes dele.
- *Primeiro a entrar, primeiro a sair* (FIFO – *First In First Out*) – é um método de sequenciamento usado para atendimento de filas em correios, lotéricas, centros de informações e guichês de polícia para preenchimento de boletins. Existem locais de atendimento a clientes em que eles podem operar com diversos guichês de atendimento e formam fila única: ao chegar à frente, o cliente é atendido no guichê que ficar vago primeiro. É uma forma bastante usual de dinamizar o processo.
- *Sequenciamento por operação mais longa* – é uma forma de sequenciamento em que a operação mais longa é executada primeiro. A grande vantagem desse tipo de operação é a ocupação de um centro de operação por longos períodos de tempo. Entretanto, pela operação dedicada de alguns centros de trabalho, outros precisam operar com muitas alterações e preparações de máquinas para que possam atender a demanda por trabalhos mais curtos. Objetivos de desempenho como rapidez, confiabilidade ou flexibilidade de entrega são praticamente ignorados nessa prática.

- *Sequenciamento por operação mais curta* – é outra forma de sequenciamento em que a operação mais curta é executada primeiro. A grande vantagem desse tipo de operação é a ocupação, ou seja, a empresa apresenta interesse em faturar para fazer caixa e liquidar suas pendências financeiras. Executando as operações mais curtas primeiro consegue-se maior faturamento e elimina-se o problema de fluxo de caixa. Porém, essa prática afeta a produtividade devido à grande mudança de itens e também pode deixar descontente aquele cliente considerado maior.

Há relação entre os cinco objetivos de desempenho das operações e as regras de sequenciamento expostas anteriormente. Entretanto, os objetivos que se mostram mais importantes são confiabilidade, rapidez e custos. Assim:

- Atender o consumidor na data prometida pode alavancar o objetivo *confiabilidade*;
- Minimizar o tempo de trabalho no processo – o tempo de fluxo – interfere no objetivo *rapidez*;
- Minimizar o estoque em processamento recai sobre o objetivo *custos*;
- Minimizar o tempo ocioso de máquinas (centros de operação) é outro elemento relevante para o objetivo *custos*.

A seguir, um exemplo da decisão sobre qual tipo de sequenciamento utilizar, considerando apenas três formas diferentes – o primeiro a entrar, primeiro a sair (FIFO); a data prometida e a operação mais curta.

Exemplo 5.1   Indústria Metalúrgica FONEP Ltda. – ME

A FONEP é uma empresa do setor metalúrgico, produtora de itens usinados, e recebeu uma série de pedidos de fabricação, conforme a tabela a seguir. O gestor da área de fabricação recebeu as Ordens de Fabricação (OFs) e não soube dizer qual a sequência que deveria ser colocada em operação. Para apresentar alternativas, foram realizados estudos nos quais utilizou-se técnicas diferenciadas para sequenciamento de produção. Tendo por base as informações apresentadas a seguir e usando as metodologias de sequenciamento primeiro a entrar primeiro, a sair; data prometida e operação mais curta, explique qual a técnica mais adequada nessa situação.

PLANEJAMENTO E CONTROLE   **CAPÍTULO 5**

TRABALHOS	TEMPO DE PROCESSO (Dias)	DATA PROMETIDA (Dias)
A	5	6
B	3	5
C	6	8
D	2	7
E	1	3

São apresentados a seguir os cálculos para cada técnica de sequenciamento apresentada, considerando o tempo total do processo, o tempo médio de processo, o atraso total gerado e o atraso médio de cada trabalho.

REGRA DE SEQUENCIAMENTO		PRIMEIRO A ENTRAR / PRIMEIRO A SAIR (FIFO)			
SEQUÊNCIA DE TRABALHOS	TEMPO DE PROCESSO	DATA PROMETIDA	INÍCIO	TÉRMINO	ATRASO (DIAS)
A	5	6	0	5	0
B	3	5	5	8	3
C	6	8	8	14	6
D	2	7	14	16	9
E	1	3	16	17	14

TEMPO TOTAL DE PROCESSO	60
TEMPO MÉDIO DE PROCESSO	12,0 DIAS
ATRASO TOTAL	**32 DIAS**
ATRASO MÉDIO	**6,4 DIAS**

▶

GESTÃO DA PRODUÇÃO E LOGÍSTICA

REGRA DE SEQUENCIAMENTO			DATA PROMETIDA		
SEQUÊNCIA DE TRABALHOS	TEMPO DE PROCESSO	DATA PROMETIDA	INÍCIO	TÉRMINO	ATRASO (DIAS)
E	1	3	0	1	0
B	3	5	1	4	0
A	5	6	4	9	3
D	2	7	9	11	4
C	6	8	11	17	9
		TEMPO TOTAL DE PROCESSO	42		
		TEMPO MÉDIO DE PROCESSO	8,4 DIAS		
		ATRASO TOTAL	16 DIAS		
		ATRASO MÉDIO	3,2 DIAS		

REGRA DE SEQUENCIAMENTO			OPERAÇÃO MAIS CURTA		
SEQUÊNCIA DE TRABALHOS	TEMPO DE PROCESSO	DATA PROMETIDA	INÍCIO	TÉRMINO	ATRASO (DIAS)
E	1	3	0	1	0
D	2	7	1	3	0
B	3	5	3	6	1
A	5	6	6	11	5
C	6	8	11	17	9
		TEMPO TOTAL DE PROCESSO	38		
		TEMPO MÉDIO DE PROCESSO	7,6 DIAS		
		ATRASO TOTAL	15 DIAS		
		ATRASO MÉDIO	3,0 DIAS		

A partir desse exemplo, podemos concluir que sequenciar pela operação mais curta seria a melhor alternativa, haja vista que ao final do processamento esse tipo de sequenciamento apresenta os melhores resultados quanto ao tempo total de processamento, tempo médio de processamento por processo, atraso total e atraso

PLANEJAMENTO E CONTROLE **CAPÍTULO 5**

médio. Lembrando que tempo médio de processamento é a razão entre o tempo total de processamento e o número de trabalhos realizados. O mesmo critério vale para o atraso médio, considerando-se evidentemente o atraso total em vez do tempo total de processamento.

Outra possibilidade de sequenciamento é o uso da *regra de Johnson*. Essa possiblidade é válida quando se têm *n* diferentes trabalhos para serem sequenciados em dois centros de trabalhos. Para que se utilize a regra de Johnson, é necessário observar os seguintes passos:

- Observe o menor tempo de processamento e veja se ele está associado ao primeiro centro de trabalho;
- Programe esse trabalho primeiro, ou o mais próximo possível do primeiro lugar;
- Se o segundo menor tempo for associado ao segundo centro de trabalho, dentre todos os tempos apresentados, coloque-o para ser processado por último, ou o mais próximo possível disso.
- Os trabalhos que estiverem programados devem ser eliminados da lista, e assim deve continuar o sequenciamento até que todos os trabalhos sejam sequenciados.

O exemplo a seguir, referente a uma gráfica com seis pedidos diferentes que devem ser sequenciados em dois centros de trabalho – impressão e encadernação –, mostra o uso da regra de Johnson.

Exemplo 5.2   Gráfica Fenomenal Ltda.

O proprietário da Gráfica Fenomenal está analisando os pedidos colocados e que devem ser processados na organização. Basicamente, o processamento envolve duas atividades conjugadas: impressão e encadernação. O objetivo é processar os pedidos de forma a minimizar o tempo total gasto para tal. Considerando a existência de uma máquina de cada modelo – uma para impressão e outra para encadernação –, o proprietário pede para que seja feito um estudo, e espera que ele indique a sequência de pedidos a serem processados e o tempo total gasto para tal. Utilizando a regra de Johnson, faça tal estudo. Seguem os dados:

PEDIDOS	TEMPO DE PROCESSAMENTO (min.)	
	IMPRESSÃO	ENCADERNAÇÃO
A	60	46
B	35	65
C	65	58
D	57	40
E	50	60
F	53	70

Usando a regra de Johnson, observamos o seguinte sequenciamento realizado:

PEDIDOS		TEMPO DE PROCESSAMENTO (min.)		
		IMPRESSÃO	ENCADERNAÇÃO	
A		60	46	5º
B	1º	35	65	
C		65	58	4º
D		57	40	6º
E	2º	50	60	
F	3º	53	70	
TOTAL		320	339	
MÉTODO CONVENCIONAL			397 min.	
JOHNSON			374 min.	

Graficamente, o sequenciamento poderia ser representado assim:

REGRA DE JOHNSON

IMPRESSÃO: B | E | F | C | A | D
ENCADERNAÇÃO: B | E | F | C | A | D

Uma vez terminado o sequenciamento dos trabalhos a serem desenvolvidos, é necessário realizar sua programação. Algumas atividades requerem que um cronograma

PLANEJAMENTO E CONTROLE **CAPÍTULO 5**

seja feito para que se evidencie o momento em que os trabalhos começam e quando eles devem terminar – a realização desse cronograma caracteriza a programação.

Um programa de produção mostra a data, o horário e o volume da produção que será realizada para determinado item. Por exemplo, segundo um programa de produção de uma operação de manufatura de eletrodomésticos, no dia 1º/XX/YY a partir das 14h deve entrar em montagem o produto Liquidificador 5V – código 0098011. Um lote de 1.200 unidades deve ser montado até o dia 03/XX/YY, e o trabalho deve terminar às 22h.

A atividade de programação é, talvez, a mais complexa tarefa da gestão da produção. Os programadores da produção tem de lidar com uma quantidade enorme de recursos de transformação para um número também muito grande de atividades e processos diferentes. Imaginemos que um programador precise programar seis trabalhos diferentes, e que não haja relacionamento direto entre os trabalhos, ou seja, qualquer um pode ser programado primeiro e os outros alocados em qualquer sequência posterior a esse. Isso leva a crer que teríamos 720 possibilidades diferentes de programação da produção. Matematicamente, para *n* trabalhos haveria *n*! (*n* fatorial) maneiras diferentes de programação em um processo simples.

Se imaginarmos agora que, para a mesma situação, houvesse mais um tipo de máquina e não houvesse relacionamento direto entre elas, teríamos então 518.400 possibilidades de programação. Seria, na verdade, a multiplicação de 720 possibilidades de programação da máquina 1 multiplicada por 720 possibilidades da máquina 2.

Matematicamente, podemos elaborar uma fórmula geral para cálculo do número de programações possíveis:

$$Np = (n!)^m$$

Em que:
Np é o número de programações possíveis
n é o número de trabalhos a serem programados
m é o número de máquinas existentes e disponíveis para os trabalhos.

Diante dessa dificuldade, a programação normalmente apresenta a solução viável mais aceitável para a realização dos trabalhos. Não é comum que se procure apresentar a solução "ótima", pois o resultado dificilmente compensaria o esforço da elaboração.

O gráfico de Gantt também é um método de programação usado com frequência nas operações. É uma ferramenta de programação bastante simples, na qual o tempo de um trabalho é representado por uma barra em um gráfico. Programas como o MsProject (Microsoft) realizam essa função.

A seguir, apresentamos a Figura 5.5, um exemplo do gráfico de Gantt realizado pelo programa MsProject, considerando a programação de uma festa de confraternização.

Figura 5.5 Gráfico de Gantt para a programação de uma festa

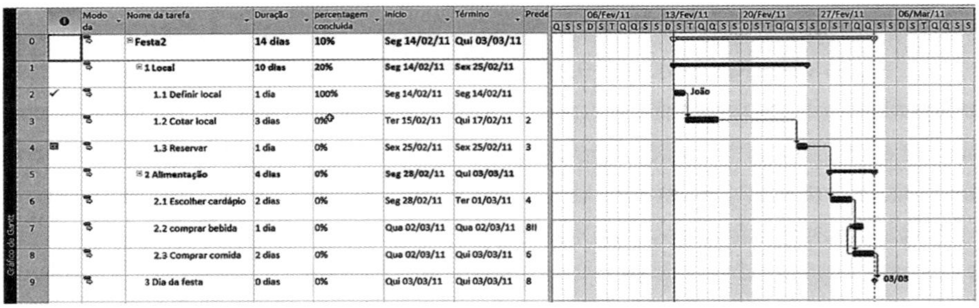

A Figura 5.6 a seguir mostra a evolução das abordagens utilizadas na solução de problemas de sequenciamento e programação da produção.

Figura 5.6 Evolução das abordagens utilizadas na solução de problemas de sequenciamento e programação da produção

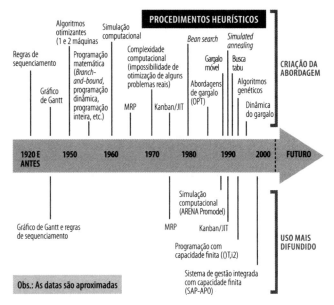

Fonte: Disponível em: <http//www.veraxc.com>. Acesso em: 02 maio 2012.

PLANEJAMENTO E CONTROLE **CAPÍTULO 5**

Depois que o carregamento foi feito, o sequenciamento do trabalho designado e a programação determinada, falta *monitorar* cada parte da operação para garantir que os objetivos e atividades traçados estejam correndo de acordo com o planejado. Qualquer desvio no plano deve sofrer uma intervenção para que a atividade volte ao planejado.

De uma forma geral, a administração da produção, ou gestão da produção, define controle como um esforço sistemático para comparar o desempenho com o padrão, os planos e as metas preestabelecidos para determinar se o desempenho está de acordo com esses padrões; caso contrário, é necessário tomar toda e qualquer ação corretiva necessária para garantir que os recursos da operação sejam utilizados da maneira mais eficaz e eficiente na realização dos objetivos.

O processo de controle é muito simples e pode ser visualizado na Figura 5.7 a seguir.

Figura 5.7   Processo de controle

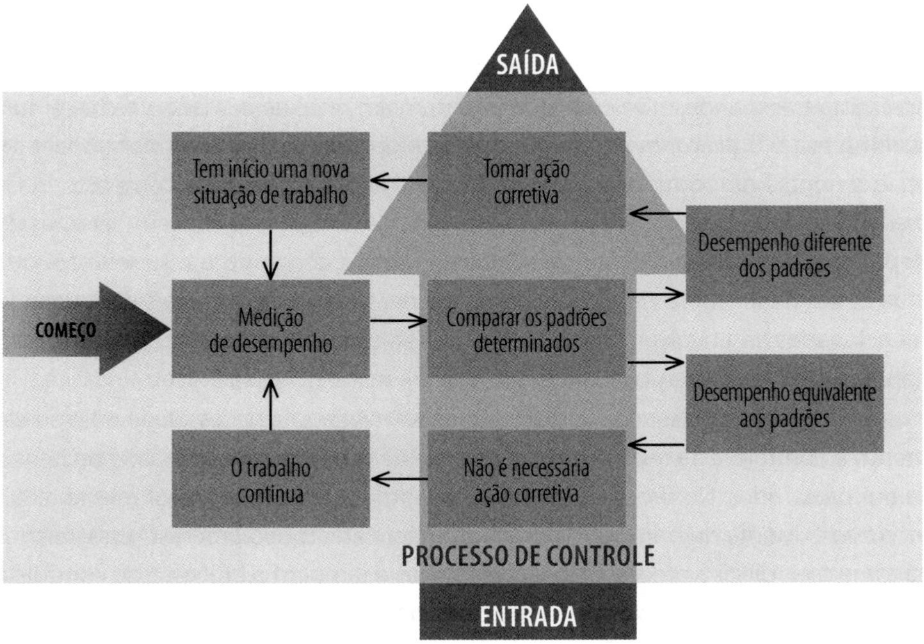

O modelo anterior nos permite compreender as funções básicas da atividade de monitoramento e controle. Vale salientar que esse modelo é simplificado e que as características técnicas de cada operação é que irão ditar o grau de dificuldade associado ao sistema de controle.

GESTÃO DA PRODUÇÃO E LOGÍSTICA

Resumo

Planejamento e controle dizem respeito à relação definida entre o mercado consumidor e o mercado produtor. As atividades de planejamento e controle, se bem trabalhadas, propiciam a interação entre os diferentes aspectos que relacionam oferta e demanda.

O planejamento é uma formalização daquilo que se pretende que ocorra em determinado momento no futuro. A elaboração de um plano não garante que um evento vá realmente ocorrer; é uma declaração de intenção de que ocorra.

Controle é um conjunto de ações que visam ao direcionamento do plano; por meio delas, é monitorado o que realmente ocorre e são feitas eventuais mudanças. O controle é o meio que se elabora para acompanhar o planejado, e quando há a necessidade de ajuste de rota isso será feito por meio de um sistema de ações corretivas. Uma sistemática para ações corretivas é fundamental para um bom sistema de planejamento e controle.

A natureza do planejamento e controle se altera com a alteração da característica *prazo da operação*. Ou seja, planejamento e controle têm sua natureza alterada ao longo do tempo.

De uma forma geral e resumida, a avaliação de uma operação qualquer apresenta três grandes níveis decisórios: o primeiro nível de comando na hierarquia da empresa é a *alta administração*, composta de sócios, superintendentes, diretores e gerentes de primeira linha; o segundo nível de comando é composto pelas *médias gerências* ou *gerências de nível intermediário*, às quais pertencem gerentes de departamento e chefes de área; um último nível de comando é a supervisão, que atua diretamente sobre o pessoal direto da operação. Todos os níveis de comando mencionados desenvolvem atividades relativas a planejamento e controle, embora a natureza do planejamento e controle seja diferente de nível para nível.

Outro fator a ser considerado, ainda envolvendo a necessidade de planejamento e controle, está relacionado ao volume de produção e á variedade de itens a serem produzidos. No processo de planejamento e controle, um fator relevante é a *incerteza* existente que, até certo ponto, é inerente ao próprio processo. Essa incerteza torna mais difícil o processo de planejamento – também o processo de controle.

Outro fator que interfere no processo de planejamento e controle é a característica da demanda existente. Existem dois tipos de demanda, a demanda dependente e a demanda independente. Demanda dependente é um tipo de demanda relativamente previsível devido à sua dependência de alguns fatores conhecidos. Em contrapartida, a dificuldade de gerenciar os estoques em uma empresa que, por exemplo, faz revenda de itens ligados à TI ou Informática é maior, e a análise da demanda é muito diferente. Não há como prever a quantidade consumida e tampouco as necessidades específicas

PLANEJAMENTO E CONTROLE **CAPÍTULO 5**

dos clientes. Nesse caso, as decisões são baseadas em previsões de demanda diante dos riscos que a própria empresa está disposta a correr: ela pode deixar de atender pedidos e assumir o custo de venda perdida se não tiver estoques suficientes ou assumir os riscos de colocar dinheiro em itens de estoque que não serão vendidos – e assim perderem seu capital de giro. Essa é a natureza dos itens com demanda independente.

Quatro são as atividades relacionadas a planejamento e controle no que se refere a volume e tempo: carregamento, programação, sequenciamento e monitoramento.

A atividade relativa a *carregamento* diz respeito à quantidade de trabalho alocado para um centro de trabalho. A atividade de *sequenciamento* nada mais é do que a tomada de decisão sobre a ordem em que as tarefas serão executadas. A terceira atividade é a *programação*; algumas atividades requerem que um cronograma seja feito para evidenciar o momento em que os trabalhos começam e o momento em que eles devem terminar – e a realização desse cronograma caracteriza a programação. Uma vez que o carregamento foi feito, o sequenciamento do trabalho designado e a programação determinada, falta *monitorar* cada parte da operação para garantir que os objetivos e atividades traçados estejam correndo de acordo com o planejado. Qualquer desvio do plano deve sofrer uma intervenção para que a atividade volte ao planejado.

Questões para discussão

1. Uma empresa do setor metalúrgico, produtora de itens usinados, recebeu uma série de pedidos de fabricação, conforme a tabela a seguir. O gestor da área de fabricação recebeu as OFs e não sabia qual a sequência que deveria ser colocada em operação. Para apresentar alternativas, foram realizados estudos nos quais utilizou-se técnicas diferenciadas para sequenciamento de produção. Tendo por base as informações apresentadas a seguir e usando as metodologias de sequenciamento primeiro a entrar, primeiro a sair; data prometida e operação mais curta, explique qual a técnica mais adequada nessa situação.

PEDIDOS	TEMPO DE PROCESSAMENTO (Dias)	DATA PROMETIDA (Dias)
A	7	9
B	3	5
C	6	8
D	2	7
E	1	3

Calcule para cada técnica de sequenciamento apresentada o tempo total do processo, o tempo médio de processo, o atraso total gerado e o atraso médio de cada trabalho.

2. Você é proprietário de uma gráfica e está analisando os pedidos colocados que devem ser processados na organização. Basicamente, o processamento envolve duas atividades conjugadas: impressão e encadernação. Seu objetivo é processar os pedidos de forma a minimizar o tempo total gasto para tal. Considerando que estão disponíveis uma máquina de cada modelo – uma para impressão e outra para encadernação –, faça um estudo e indique a sequência de pedidos que devem ser processados e o tempo total gasto para tal. Posteriormente, faça o mesmo estudo utilizando a regra de Johnson e compare as alternativas, indicando a mais adequada.

PEDIDOS	TEMPO DE PROCESSAMENTO (min.)	
	IMPRESSÃO	ENCADERNAÇÃO
A	55	46
B	35	65
C	25	42
D	57	40
E	50	60
F	53	70

Faça um esboço gráfico que permita a visualização da realização dos pedidos.

3. Com base em sua experiência anterior em marcar consultas médicas, reflita sobre o modo como os pacientes são programados para irem às suas consultas e responda:
   a. Quais são, em sua opinião, os objetivos de planejamento e controle do médico clínico que fará a consulta?
   b. Como o consultório médico em análise poderia ser aprimorado, melhorando assim seus objetivos de desempenho traçados?

PLANEJAMENTO E CONTROLE   **CAPÍTULO 5**

4. O que significa *planejamento* e *controle* para as seguintes atividades pro-fissionais/trabalhos?

   a. Controlador de tráfego aéreo;

   b. Instrumentista de centro cirúrgico.

5. Podemos afirmar que planejamento e controle significam as mesmas coisas? Havendo diferenças conceituais, comente sobre elas.

6. A empresa Saborosa Pizzas fabrica *pizzas* usando somente ingredientes congelados. Esses ingredientes são pedidos em um dia e entregues no início do dia seguinte. São necessários 15 minutos para fazer uma *pizza*, e a empresa garante um tempo de entrega de 30 minutos depois que a *pizza* é solicitada. Dessa forma, a empresa precisa ser capaz de fabricar e entregar as *pizzas* no período de 30 minutos após o telefonema do cliente. Qual é a razão TT:TA para essa operação?

6

PLANEJAMENTO E CONTROLE DE CAPACIDADE

Introdução
6.1 Desenvolvimento
6.2 A teoria das restrições
6.3 Paradigmas das operações industriais a serem rompidos
Resumo
Questões para discussão

Introdução

Uma das preocupações dos gestores das operações é prover capacidade produtiva suficiente para atender as expectativas da demanda atual e (por que não) futura. Quanto maior o equilíbrio entre a capacidade produtiva e as necessidades de mercado, menores serão os custos envolvidos e maior será a eficácia de sua operação. Pensando de forma estratégica, o planejamento e controle de capacidade pode também ser realizado de forma agregada, de forma a não discriminar os diferentes produtos que uma operação produtiva pode desenvolver.

Neste capítulo, será abordada a forma como as operações procuram conciliar a ideia de agregação do nível superior de planejamento com o nível de demanda a ser satisfeita.

6.1 Desenvolvimento

A capacidade de uma operação é o máximo de produção que se pode atingir (considerado o valor agregado) em determinado período de tempo em que o processo atua em condições normais de operação.

É muito comum que as operações trabalhem abaixo de sua capacidade máxima de processamento, ou seja, produzindo menos do que seria possível dentro de um regime de trabalho que considerasse toda a ocupação de recursos de produção. A decisão de operar abaixo da capacidade máxima pode advir de:

- Insuficiente demanda para preencher a capacidade;
- Política de atendimento rápido as necessidades dos clientes;
- Problemas gerenciais, como falhas de processo no suprimento de insumos;
- Problemas técnicos referentes à limitação de máquinas e equipamentos.

Toda e qualquer característica atuante que esteja limitando a capacidade da operação é denominada *gargalo da produção* pelos gestores da produção, ou seja, aquilo que impede a produção ou até mesmo a operação como um todo de fluir livremente.

O planejamento e controle de capacidade é a tarefa responsável por identificar a capacidade efetiva da operação produtiva, de forma que ela possa responder de modo eficaz a uma determinada demanda de mercado. Os aspectos do planejamento e controle de capacidade abordados neste livro estão ligados aos níveis de capacidade para médio e curto prazo. Não há pretensão de se abordar aspectos ligados ao plano estratégico da operação.

PLANEJAMENTO E CONTROLE DE CAPACIDADE   **CAPÍTULO 6**

No estudo do planejamento e controle de capacidade não haverá a preocupação de abordar aspectos ligados a cada produto em si, considerado individualmente. O planejamento e controle de capacidade é uma tarefa realizada de forma agregada, ou seja, mesmo que os produtos sejam diferentes serão agrupados de forma a se trabalhar a capacidade global da organização, o todo em termos de gestão da produção. Apenas para ilustrar, podemos considerar que uma montadora de automóveis tratará sua capacidade em termos de automóveis produzidos, independentemente de eles sejam *pick-ups*, *sedans*, populares ou luxuosos. Uma indústria do setor de vestuário considera em seu estudo o número de peças produzidas, independentemente da numeração do modelo ou do tipo de vestimenta, se calça, vestidos ou outros.

As decisões de planejamento e controle de capacidade são tomadas tendo por base os objetivos de desempenho traçados para a operação. Esses poderão estar relacionados a:

- Custos, pois serão afetados pelo equilíbrio ou não entre capacidade e demanda. Um excesso de capacidade pode representar alto nível de ociosidade produtiva e incremento de custos por rateio de custos fixos. Já uma escassez de capacidade pode representar não atendimento à demanda, o que por sua vez trará altos custos relacionados a vendas perdidas.
- A qualidade dos produtos, sejam eles bens ou serviços, pode ser afetada quando há escassez de capacidade – por exemplo, mediante a contratação de pessoal temporário sem qualificação ou treinamento adequado, o que pode tirar a operação de sua rotina e aumentar a probabilidade de desvios e não conformidades.
- A velocidade de resposta à demanda do cliente pode ser um diferencial competitivo se a operação conseguir manter estoque de produtos à disposição dos clientes ou se permitir processos agilizados que respondam mais rápido às solicitações de produção. Esse procedimento minimiza a ocorrência de filas na produção.
- A confiabilidade do fornecimento também será afetada se a operação trabalhar muito próximo de seu limite máximo de produção. Ao trabalhar perto de sua capacidade máxima de operação, a organização fica suscetível a perdas de produção e não atendimento da demanda, caso alguma interrupção inesperada ocorra.
- Flexibilidade, principalmente no que se refere a desvios de quantidades solicitadas; ela será afetada na medida em que não houver espaço para flutuações nas quantidades planejadas. Capacidade excedente é sempre bem-vinda quando os clientes solicitam um aumento em seus pedidos de produtos.

103

Para uma adequada tomada de decisão, os gestores das operações devem seguir os passos descritos a seguir:
- Medir a demanda e a capacidade agregadas;
- Identificar as políticas alternativas de capacidade;
- Escolher as políticas de capacidade mais adequadas ao tipo de operação.

Quando se trata de medir a demanda e a capacidade de produção de uma operação, normalmente se recorre aos departamentos de marketing ou vendas, os responsáveis pela informação relativa à demanda e à capacidade de operações da gestão de produção e operações.

Para que a informação advinda do setor de marketing ou vendas seja útil, ela deve apresentar três requisitos:
- Deve estar expressa em *unidade de medida operacional* e depois transformada em termos monetários. De nada adianta para o gestor de operações receber do marketing uma informação de que haverá acréscimo de demanda em 1,8 milhão de reais. Essa informação não pode ser convertida em necessidade de recursos de transformação ou a serem transformados. A informação deve ser fornecida em termos de unidades de produtos, horas de prestação de serviços etc.
- A demanda deve ter certo grau de precisão, pois de nada vale dizer que durante um determinado ano espera-se que a demanda cresça em 25%. Se o gestor confiar na informação, investindo no início do ano, mas verificando que a demanda veio apenas no final desse período, verá que gastou recursos financeiros preciosos em vão e tornou a operação ociosa por um ano. Se não investir e esperar ocorrer o aumento de demanda, poderá não ter tempo de preparação e perder a janela de investimentos. A demanda deve contar com a máxima precisão possível no tempo e em volume no tempo.
- Deve ser permitido o *uso de tendências de flutuações* em termos de volume, o que é muito importante. O gerente de operações de um banco deve ser capaz de usar dados históricos de demanda para dimensionar a quantidade de caixas em operação no banco. A variabilidade da demanda em função do dia do mês e dos horários deve permitir que se façam ajustes. Não há rigor ou igualdade de dados, mas permitir flexibilidade e atendimento à demanda é importantíssimo.
- Devem ser consideradas características de sazonalidade, as quais também são muito importantes. Reflita sobre a necessidade de uma equipe de recreação em um hotel fazenda. Na época de alta temporada, são necessários diversos

PLANEJAMENTO E CONTROLE DE CAPACIDADE **CAPÍTULO 6**

monitores para darem conta das atividades de recreação, haja vista que o hotel fazenda está com sua capacidade de ocupação quase no limite. Porém, na baixa temporada, não há necessidade de todas as equipes de recreação, pois a ocupação é menor e mais forte nos finais de semana. Esse equilíbrio permite minimizar custos e maximizar o uso dos recursos disponíveis.

Uma vez observada e mensurada a demanda cabe então medir a capacidade produtiva da operação. A grande dificuldade em se efetuar tal medição de capacidade está na complexidade dos processos produtivos. Quando a produção é padronizada e repetitiva é mais fácil medir a capacidade, embora em outros casos opostos também se meça a capacidade, mesmo com maior grau de dificuldade.

A seguir, um exemplo que ilustra a questão da capacidade da operação.

Exemplo 6.1 ONRA eletrodomésticos

A ONRA, indústria manufatureira de eletrodomésticos, tem em sua operação várias linhas de montagem individuais cujas capacidades precisam ser medidas para estudo de atendimento da demanda. A linha de liquidificadores monta três modelos diferentes, a saber: liquidificador de cinco velocidades (LQ5), liquidificador de três velocidades (LQ3) e o liquidificador processador LPX. O LPX pode ser montado em uma hora, o LQ5, em 0,85 hora, e o mais simples, o LQ3, em 0,70 hora. A área de montagem conta com 16 colaboradores que trabalham 44 horas por semana. Considerando que a demanda para unidades de LPX, LQ5 e LQ3 obedece, uma proporção de 2:4:3, pergunta-se, em termos de capacidade:

Qual o tempo para se montar um conjunto de 9 (2 + 4 + 3) unidades de liquidificadores?
O tempo será de (2 x 1,00) + (4 x 0,85) + (3 x 0,70) = 7,5 horas.

Qual será o número de unidades produzidas em uma semana?
A quantidade de unidades será [(16 x 44) / 7,5] x 9 = 844 unidades de liquidificadores.

Se o marketing informar que houve alteração no perfil da demanda de unidades, a qual passou para 1:3:5, qual será o tempo para montar nove unidades?
O tempo será de (1 x 1,00) + (3 x 0,85) + (5 x 0,70) = 7,0 horas.

Considerando a nova situação, qual será o número de unidades produzidas por semana?

A quantidade de unidades será [(16 x 44) / 7,0] x 9 = 905 unidades de liquidificadores.

Observemos então que uma informação precisa dada pelo setor de marketing, no que diz respeito ao *mix* de venda dos produtos, pode alterar a capacidade da operação de maneira significativa.

Ao estudar a capacidade, é necessário distinguir as diferentes visões que se pode ter da capacidade de produção, que dependem muito do observador. Vejamos um exemplo.

Exemplo 6.2 Estudo de capacidade para uma prensa hidráulica de 600 toneladas

Um importante fabricante de prensas hidráulicas fabrica prensas e distribui seu catálogo contendo informações sobre a capacidade das máquinas que possui. Entre as informações, aparece uma muito importante: a capacidade de produção da prensa. Para a prensa de 600 t, a capacidade é de 150 gpm, ou seja, a prensa tem uma *capacidade de projeto* de 150 golpes por minuto. Essa é a capacidade de produção da prensa livre, sem ferramental e sem a presença do operador, quando está ligada e trabalhando livremente, descendo e subindo sua parte superior; a medição foi feita no fabricante da máquina.

Entretanto, sabe-se que assim que a prensa chegar à fábrica onde será disponibilizada para operar, uma ferramenta denominada estampo será instalada na máquina, que juntamente com a prensa conformará peças metálicas para a fabricação de outros produtos. Haverá também a atuação de um operador de máquina para acionamentos, lubrificação da ferramenta, colocação e extração de peças e partes que ficam no estampo durante o processo de estampagem. Todas essas interferências geram tempo perdido de operação, pois o operador da máquina gasta tempo para pegar a peça, posicionar, checar se está correto o posicionamento e acionar a máquina. Uma vez acionada, a máquina faz seu ciclo e para aberta, a fim de que o operador retire a peça estampada e a posicione ao lado para efetuar um novo ciclo de carregamento da máquina. Se considerarmos essas perdas de tempos, a nova capacidade da máquina será de 135 gpm. Observe que houve uma redução na capacidade da máquina. Essa nova capacidade é o que se denomina *capacidade do sistema produtivo*. Porém, nem tudo acaba aí; por vezes, ocorrem ingerências como falta de material para produção, espera por empilhadeira para deslocamento da ferramenta, sucessivas trocas de ferramentas por falhas de programação ou ainda necessidades de mercado que culminam com uma redução do tempo de operação, o que

PLANEJAMENTO E CONTROLE DE CAPACIDADE **CAPÍTULO 6**

também reduz a capacidade da prensa, que passará a operar a 125 gpm. Essa capacidade é o que denominamos *capacidade efetiva* da prensa, ou seja, é o volume de produção real por hora trabalhada na prensa.

Temos então duas medidas: a proporção entre a capacidade do projeto e o volume de produção real, e proporção entre o volume de produção real e a capacidade do sistema. Elas são denominadas *utilização da máquina* e *eficiência de máquina*.

Utilização = Volume de produção real / Capacidade do projeto

$$\text{Utilização} = \frac{125}{150} = 0,833 \text{ ou } 83,3\%$$

Eficiência = Volume de produção real / Capacidade do sistema

$$\text{Eficiência} = \frac{125}{150} = 0,926 \text{ ou } 92,6\%$$

Após uma adequada compreensão da demanda e do estudo das capacidades de uma operação, o próximo passo é identificar as políticas alternativas de capacidade, haja vista que flutuações de demanda podem e costumam ocorrer. Existem poucas opções de políticas alternativas de capacidade, dentre as quais podemos mencionar três hipóteses:

- Manter as atividades constantes e não reagir às flutuações de mercado (política de capacidade constante);
- Alterar as atividades de produção, buscando ajustes da capacidade para atender as flutuações da demanda (política de acompanhamento da demanda);
- Propor alteração de demanda para ajustá-la à capacidade disponível, utilizando adiamentos, por exemplo (política de gestão da demanda).

Na prática das operações, as organizações usam combinações das três políticas apresentadas. A empresa assume uma dessas políticas como sua política dominante de acordo com sua estrutura e característica de operação, usando as demais de forma contingencial.

Na política de capacidade constante, podemos observar as seguintes características positivas:

- Número de colaboradores constante;
- Padrões de empregos estáveis;
- Mesmo tipo e padrão de processamento;
- Alta utilização do processo;
- Praticamente o mesmo volume de produção agregado por período de tempo;
- Alta produtividade com baixos custos unitários.

Evidentemente, também é necessário observar as seguintes características indesejáveis:

- Criação de estoques consideráveis em época de entressafra, por assim dizer;
- Manutenção de custos de estocagem consideráveis;
- Necessidade de realizar estoques para atender período de demanda latente com incerteza das vendas;
- Risco de ociosidade de recursos diante da incerteza da demanda e possível queda nas vendas;
- Risco de baixa produtividade em períodos de não venda;
- Custos elevados se comparados aos custos de oportunidade de vendas individuais perdidas.

Já a política de acompanhamento da demanda procura ajustar a capacidade a um nível bem próximo dos níveis de flutuação da demanda prevista. Esse procedimento é muito mais difícil de gerir do que a gestão da política de capacidade constante, pois envolve um número diferente de colaboradores, quantidade de máquinas diferentes, suprimentos de insumos em escalas mescladas e alternadas além de uma alta probabilidade de manter instalações inativas ou ociosas por longos períodos. Há ainda a preocupação de que os níveis de qualidade e os procedimentos de segurança sejam mantidos para preservação do nível de serviço prestado ao cliente.

Para ajustar a capacidade à demanda, podem ser usados os seguintes métodos de ajuste:

- *Horas extras* – caso a demanda aumente, pode-se realizar horas extras (até certo ponto) para suprir determinada falta de capacidade. Vale ressaltar que, via de regra, as horas extras são dispendiosas e raramente mantêm o mesmo patamar de produtividade.
- *Alteração do tamanho da força de trabalho* – havendo necessidade, pode-se contratar colaboradores para suprir aumentos de demanda e demitir

PLANEJAMENTO E CONTROLE DE CAPACIDADE **CAPÍTULO 6**

para equalizar a capacidade no caso de reduções sucessivas de demanda. O ponto crucial a ser enfatizado é que flutuações não simétricas da demanda para mais ou para menos acabam trazendo custos de contração e/ou demissão, que seriam desnecessários se houvesse outra política instalada.

- *Uso de pessoal em tempo parcial* – é quando se contrata pessoas como custo variável. Por exemplo, professores são contratados para dar aulas à medida que se formam turmas de alunos para as diferentes séries. Quando não há demanda e o curso não é aberto, os professores não são remunerados e ficam esperando outras turmas. O lado negativo é que os professores procuram operações que deem certa estabilidade e acabam deixando essas operações que só contam com períodos de atividade.

- *Subcontrações* – uma alternativa a ser considerada oportuna, desde que as atividades designadas aos subcontratados não façam parte do *core business* da empresa. Não é comum subcontratar área de desenvolvimento de produto, haja vista que todo o sucesso da empresa fica designado aos trabalhos de terceiros. Estrategicamente, não é desejável a dependência exagerada de outrem.

No caso da política de gestão da demanda, o mais comum é alterar a demanda mediante uma política de preços flutuantes. Considere uma rede hoteleira: na época de baixa temporada, ela promove promoções para atrair clientes com um preço baixo de pacotes e, dessa forma, manter-se financeiramente. Entretanto, o inverso é verdadeiro em períodos de férias e feriados: os preços dos pacotes são elevados e, mesmo mais altos, são comprados devido à grande demanda existente nesses períodos específicos. Ações de marketing também causam efeito semelhante ao efeito dos preços.

Quando a capacidade da operação está abaixo da demanda de mercado, uma abordagem muito usada para ajustar a capacidade e a demanda é a *teoria das restrições* que, na verdade, se relaciona de alguma forma à *teoria das filas*.

6.2 A teoria das restrições

Essa técnica se baseia no princípio que associa a capacidade de um sistema produtivo à menor de suas capacidades individuais – a qual pode ser sua restrição.

Tomemos por base a fila realizada por crianças de uma escola de ensino infantil em visita ao zoológico. Observamos que o ritmo da fila não é homogêneo e que há certo descompasso, causando inclusive dispersão acentuada e/ou tumulto por aglomeração em determinados momentos da caminhada pelo zoológico. Cabe aqui a pergunta para reflexão: quem está promovendo o ritmo ou velocidade de caminhada da fila? Seria a primeira criança da fila, a criança do meio ou a criança alocada na última posição da fila? Na verdade, a resposta não passa pelos questionamentos realizados. A velocidade da fila é dada pela criança mais lenta no caminhar, independentemente do fato de ela se encontrar na frente, no meio ou no final da fila. Se ela estiver na frente, o tumulto e aglomeração acontecerão para trás de onde ela estiver; se a criança estiver no meio, teremos dispersão à frente, pois as crianças serão mais rápidas, e tumulto atrás, por causa da lentidão colocada; se a criança for a última, teremos uma dispersão generalizada, e haverá o risco de quebra da fila. Esse modesto exemplo serve apenas para salientar que o sistema *fila para caminhada de visitação ao zoológico* tem sua velocidade ou capacidade de andar limitada pela restrição, que é a criança mais lenta do processo. Essa criança mais lenta seria o gargalo da operação.

De forma geral, as operações vistas como sistemas devem ter como meta ganhar dinheiro e conquistar mercado no momento atual, em momentos futuros e cada vez mais. Por analogia ao exemplo do zoológico, podemos inferir que qualquer coisa que dificulte ou impeça o atingimento dessa meta pode ser considerada a restrição do sistema.

Para maior entendimento da teoria das restrições, vamos analisar um caso de uma unidade de negócio que monta um produto acabado denominado PA, conforme demonstrado a seguir na Figura 6.1.

Figura 6.1   Estudo de capacidade pela teoria das restrições

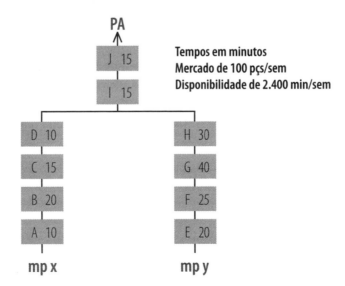

PLANEJAMENTO E CONTROLE DE CAPACIDADE   **CAPÍTULO 6**

Observe que a figura mostra um processo produtivo com as seguintes características de operação:

PA – Produto Acabado

Matérias-primas x e y, respectivamente mp **x** e mp y, mostradas na parte inferior dos fluxos.

- As diversas atividades responsáveis pelo processamento são representadas por letras e números ▢D▢10 no qual a letra representa a máquina a ser utilizada, e o número, o tempo-padrão da operação na máquina. Observando o fluxo no processamento da mp x, tem-se que na primeira operação A é a máquina e 10 representa o tempo em minutos para realizar a atividade na máquina A.

Conforme informações apresentadas na própria Figura 6.1, o mercado apresenta uma demanda de 100 peças por semana.

A manufatura tem disponível para operação um total de 2.400 minutos por semana, resultantes da disponibilidade da manufatura que corresponde a cinco dias por semana, oito horas por dia, com 60 minutos por hora de trabalho.

Nesse momento, a pergunta que caberia ao gestor de operações é: essa manufatura apresenta capacidade produtiva para 100 peças de PA por semana, em regime normal de operação?

A resposta é não, pois a atividade que limita o fluxo do produto, conforme já visto anteriormente, é a mais lenta de todo o processo – na verdade, a operação G, cujo tempo-padrão é de 30 minutos.

Vale salientar que para tal análise deve-se ter como premissa que o fluxo produtivo é contínuo e o processo encontra-se inicializado. Para produzir a primeira peça, demoraria muito mais do que 30 minutos; entretanto, uma vez cheia a linha de montagem ou processo, o tempo de transferência de uma atividade para outra seria desprezível e, assim, o ritmo de produção seria dado pela atividade G. A atividade G poderia então ser denominada de restrição ou gargalo, pois é ela que restringe, limita o fluxo da produção.

Assim, a capacidade dessa operação produtiva é de apenas 80 peças por semana, que na verdade é o resultado da divisão do tempo disponível pelo tempo da restrição.

$$\text{Capacidade de produção} = \frac{2400}{30} = \frac{80 \text{ pçs}}{\text{semana}}$$

Para que se atendesse a demanda solicitada de 100 peças por semana, seria necessário eliminar a restrição, reduzindo o tempo da operação ou duplicando o posto ou atividade G.

111

6.3 Paradigmas das operações industriais a serem rompidos

Desde muito tempo existem paradigmas dentro das operações; entre todos eles, podemos citar:

- *A máquina não pode parar* – é uma fala muito comum entre gestores de operações ligados à produção. Entretanto, dizer que a máquina não pode parar é amplo demais. Se avaliarmos a máquina A, cujo tempo-padrão de operação é de 10 minutos, podemos concluir que essa máquina pode ficar parada por certo período de tempo (um dia todo, por exemplo) e, mesmo assim, a capacidade de produção para 100 peças por semana não estaria comprometida. A máquina que não pode parar por um minuto sequer é a máquina G, pois ela sim é a restrição ou gargalo do processo como um todo.
- *Manutenção de máquinas* – deve ocorrer de acordo com a necessidade de cada máquina. Esse é outro paradigma que deve ser mudado. Se a máquina D está em manutenção e, por uma fatalidade, observa-se que a máquina G precisa de reparos, o responsável pela manutenção deve ordenar para que haja imediato deslocamento da equipe para cuidar dos reparos da máquina G. A máquina D tem todas as possibilidades de recuperar algum tempo adicional parado para a manutenção, porém a máquina G não o tem.
- *Projetos de melhoria* – devem sempre ser realizados. É comum que se façam projetos de melhoria em pontos da produção que não ofereçam risco ou até mesmo que não precisem dessa melhoria na prática. Vamos imaginar que cada lado do processo (um lado composto pelas máquinas A, B, C e D, e o outro, representado pelas máquinas E, F, G e H) seja supervisionado por chefias independentes. O supervisor-chefe das máquinas A, B, C e D pediu um trabalho de racionalização, e os engenheiros de processos ou engenheiros de racionalização conseguiram reduzir o tempo da máquina B para 10 minutos. Pergunta-se: qual o ganho atribuído para esse estudo e trabalho realizado? Houve aumento da capacidade da máquina? A resposta é sim, houve aumento da capacidade da máquina. Entretanto, qual benefício esse aumento de capacidade da máquina D trouxe para a organização? A resposta é: nenhum benefício. Projetos de melhoria devem ser pensados de forma global, com visão sistêmica. De nada adianta ganhar produtividade em uma máquina que não representa a restrição do sistema produtivo. As atividades de racionalização deveriam estar concentradas inicialmente na máquina G, e

PLANEJAMENTO E CONTROLE DE CAPACIDADE **CAPÍTULO 6**

depois em outra que se tornasse o gargalo, e assim por diante. Os gestores de área devem ter a percepção do todo e da parte do sistema.

* *Ingerências* – erros de planejamento e programação por vezes podem causar perdas de eficiência e paradas desnecessárias de máquinas; todas as áreas da operação devem estar cientes e conscientes de que ingerências não são admitidas na máquina G. Imagine que, por descuido, o operador da máquina G fique parado por apenas um minuto, esperando abastecimento de material; o que isso implicaria no final do dia? Perda de produção de uma peça e consequente perda de venda correlata, pois esse um minuto faria falta para que a peça número 16 fabricada no dia fosse concluída em sua totalidade.

Resumindo, devemos seguir os seguintes passos para conseguir melhorias efetivas no processo produtivo:

1. *Identificar a restrição* – é talvez o passo mais importante de todos, pois dessa identificação é que são definidas as demais ações ou passos a serem seguidos;

2. *Explorar a restrição* – ou seja, a restrição deve ser operada com o máximo de esforço coletivo possível. Todos devem saber que essa prioridade deve ter atendimento pronto e preciso. Manutenção, Planejamento, Programação e Controle da Produção (PPCP), engenharia industrial, qualidade assegurada, todos os setores da empresa devem permitir a máxima utilização do elemento **gargalo** do processo;

3. *Subordinar todo o sistema à restrição* – é uma decisão inteligente, pois de nada adiantaria a máquina E produzir 120 peças por semana se todas as peças não forem usadas. Desse total, ficariam 40 peças retidas antes da máquina G, pois ela apresenta capacidade de produção de apenas 80 peças por semana. Se fossem produzidas 120 peças na máquina E, haveria gasto desnecessário de material, o qual ficaria alocado no meio do processo à espera de transformação; esse gasto seria considerado pelo pessoal de planejamento, que faria solicitação de material para compras, uma vez que o material em estoque foi usado – e assim por diante, culminando com desembolso financeiro desnecessário por parte da empresa. Todo o sistema deve ser subordinado à restrição de forma a permitir um fluxo linear e enxuto de produção. Estoques exagerados em processo não são bem vistos.

4. *Elevar a capacidade da restrição* – é muito importante quando a demanda é latente e, portanto, ainda não foi atendida. Ao elevar a capacidade da

restrição, a empresa estará dando um salto em busca do atendimento das necessidades de mercado. Considere que a atividade G mencionada seja simples e que utilize apenas um balancim. Pode-se decidir pela compra de um novo balancim, o que consequentemente reduziria o tempo de operação à sua metade, agora 15 minutos. Dessa feita, a nova capacidade desse posto de trabalho seria de 160 peças por semana, e o gargalo existente na máquina G seria então superado.

5. *Voltar à etapa 1* – se a máquina G deixou de ser a restrição, certamente uma nova restrição deverá ser encontrada. Considerando ainda o mesmo exemplo, imagine que o novo tempo de produção da máquina G corresponda a 15 minutos; o gargalo sumiu? A empresa consegue atender o mercado, produzindo 100 peças por semana? A resposta é não! A operação agora tem como restrição a atividade F, que dura 25 minutos. Agora a capacidade aumentou para 96 peças por semana, mas ainda há restrição. A cada rodada do processo das etapas 1 a 5, ocorre um aumento de capacidade.

Imaginando agora que o maior tempo seja 20 minutos, podemos inferir que a capacidade produtiva é de 120 peças por semana, e daí então não teríamos mais gargalo, certo? Errado! Nesse momento, o gargalo seria o mercado.

Vale ressaltar que o pequeno caso apresentado anteriormente é bastante simples e não muito comum. Vamos usar a técnica da teoria das restrições e analisar um caso mais complicado, ilustrando decisões ligadas ao gerenciamento financeiro pela teoria ora abordada.

Estudo de caso – MegaTv

A MegaTv produz uma linha de televisores que apresenta três modelos distintos de televisores, a saber: 25", 25"P e 21", com diferencial para a tela plana do cinescópio caracterizado pela letra P no código. Os televisores são montados em Manaus – Distrito Industrial, armazenados e depois distribuídos para todo o Brasil. Existem diversas questões (apresentadas a seguir) que incomodam o diretor de operações da empresa, e por isso ele solicitou estudos à gerência de produção para que assim ela auxiliasse na tomada de decisões estratégicas que minimizassem o risco para a organização. A grande dúvida do diretor refere-se ao fato de que a empresa apresentou, nos últimos meses, atrasos consecutivos na entrega dos pedidos colocados. Em função dessa preocupação, ele solicitou que os estudos fossem feitos para determinar:

1. Se a empresa apresenta capacidade produtiva para os dados de produção semanal (expostos a seguir);

PLANEJAMENTO E CONTROLE DE CAPACIDADE **CAPÍTULO 6**

2. Qual seria o *mix* ideal de produção e venda – tendo por base os estudos realizados e os dados expostos – que permitiria o maior ganho bruto total possível para a organização;

3. Quais seriam, para o *mix* ideal de produção, os seguintes valores:
   3.1. O lucro líquido anual obtido;
   3.2. O retorno sobre o investimento – representado pela sigla ROI (considerar quatro semanas por mês e doze meses por ano).

Dados operacionais do processo:
- As letras nas atividades representam máquinas utilizadas no processo de manufatura, e existe apenas uma máquina de cada tipo;
- Os números nas atividades representam seu tempo em minutos;
- A fábrica trabalha oito horas por dia, cinco dias por semana, quatro semanas por mês e doze meses por ano.
- Pv representa o preço de venda, CN, o cinescópio e seu custo; PCB, a placa de circuito impresso e seu custo, e CAB, o cabeamento necessário e seu custo – são as matérias-primas que iniciam o processo, de forma resumida.
- DO representa a despesa operacional para manter a empresa operando, e I é o investimento realizado na manufatura.

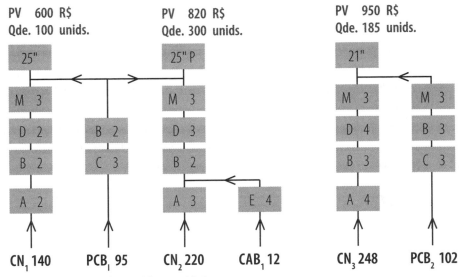

GESTÃO DA PRODUÇÃO E LOGÍSTICA

As respostas para as questões colocadas pelo diretor industrial da empresa poderiam ser assim elaboradas:

1. Quanto à capacidade instalada, existe a necessidade de se realizar um levantamento de carga de cada máquina para determinar se as máquinas apresentam carga de trabalho compatível com a disponibilidade. Tal estudo seria representado pela planilha a seguir.

PRODUTO	25"	100	25"P	300	21"	185	Tempo total para realização do *mix* de produção proposto
MÁQUINA	Tempo unid.	Tempo total	Tempo unid.	Tempo total	Tempo unid.	Tempo total	
A	2	200	3	900	4	740	1840
B	4	400	4	1200	6	1110	2710
C	3	300	3	900	3	555	1755
D	2	200	3	900	4	740	1840
M	0	0	4	1200	0	0	1200
M	3	300	3	900	6	1110	2310

Analisando a planilha anterior, se pode observar a existência de uma restrição produtiva que mostra que a manufatura não tem capacidade de atender ao mercado nas condições propostas, pois:

    a. O tempo disponível semanal para a manufatura é de 2.400 minutos, resultado do produto: Tdisp = 60 min x 8 h x 5 dias = 2.400 minutos por semana.

    b. Observe que as linhas anteriores – por máquina – representam o tempo que cada máquina leva para realizar o conjunto de atividades pertinentes; por exemplo, na linha da máquina A, temos:

A	2	200	3	900	4	740	1840

Nessa linha:
- 2 é o tempo que a máquina A leva para processar uma unidade do produto 25";
- 200 é o tempo que a máquina A leva para processar o total de peças solicitadas (no caso, 100 unidades);

116

PLANEJAMENTO E CONTROLE DE CAPACIDADE   **CAPÍTULO 6**

- 3 é o tempo que a máquina A leva para processar uma unidade do produto 25"P;
- 900 é o tempo que a máquina A leva para processar o total de peças solicitadas (no caso, 300 unidades);
- 4 é o tempo que a máquina A leva para processar uma unidade do produto 21";
- 740 é o tempo que a máquina A leva para processar o total de peças solicitadas (no caso, 300 unidades);
- E, finalmente, 1.840 é a soma total dos tempos para produção de todos os itens previstos na máquina A.

    c. Ao observarmos a planilha, podemos concluir que a máquina B é uma restrição do processo, pois ela precisaria de 2.710 minutos para produzir a totalidade das peças solicitadas; como o tempo disponível é de apenas 2.400 minutos, isso mostra que os atrasos existem devido à sua capacidade de produção insuficiente.

    d. As demais máquinas apresentam capacidade produtiva; portanto, todos os esforços da operação devem ficar centrados na operação da máquina B.

2. Para responder a essa questão, que se refere à determinação de qual seria o melhor *mix* de produção e venda para empresa, podemos ter uma variedade de combinações de produção e venda. Entretanto, essa decisão passa por uma análise financeira gerencial que será demonstrada a seguir. Se não há disponibilidade de tempo para produzir todos os itens solicitados, a pergunta que cabe é qual o *mix* ideal para a obtenção do melhor resultado financeiro e operacional. A teoria das restrições considera em sua técnica de gerenciamento a seguinte linha de raciocínio:

- Meta da empresa: ganhar dinheiro hoje, sempre e cada vez mais;
- Medições financeiras realizadas:
  - Investimento (I) é o montante de dinheiro gasto no momento de abertura da operação produtiva;
  - Despesa Operacional (DO) é o gasto total realizado em período certo período de tempo para manter a operação em funcionamento, considerados todos os gastos (como salários, combustíveis e energia). Somente não se encontram nesse bloco financeiro os custos das matérias-primas usadas na produção dos diferentes itens;

117

- Ganho Bruto (GB) é o valor agregado ao produto acabado, é a diferença entre o preço de venda e os custos dos materiais usados no produto. Por materiais, entendem-se matérias-primas e ou componentes;
- Lucro Líquido (LL) é a diferença entre o GB e a DO; é o valor ou montante que resta para a empresa depois de pagos todos os demais custos envolvidos;
- Retorno sobre o investimento (ROI) é o percentual relativo do lucro líquido sobre o investimento realizado no empreendimento;
- *Payback* é o inverso do ROI,. ou seja, é o tempo que demorará para que o investimento volte aos bolsos do investidor mediante o lucro líquido gerado.

Então, para obter o melhor desempenho financeiro, maximizando o uso da restrição, deve-se utilizar a máquina B e produzir um *mix* de produtos que permita à empresa a obtenção do maior GB total. Se a DO em tese no período é constante, ao maximizar o GB estaremos elevando o LL a seu maior patamar, com consequentes desdobramentos no próprio LL e no ROI.

A seguir, será apresentada uma metodologia para tal avaliação e uma planilha que condensa os dados das decisões tomadas.

Metodologia para determinação do MIX ideal de produção e venda:

Para determinação do *mix* ótimo de produção e venda, poderia ser considerado apenas o GB por aparelho – nada mais do que a diferença entre o preço de venda e o custo dos materiais usados na produção do item. Essa abordagem não é a melhor, pois não leva em consideração o tempo de operação necessário para produzir o mesmo item; tal abordagem estaria privilegiando uma decisão unicamente financeira, deixando de lado aspectos operacionais.

Se pensássemos apenas no tempo de operação para produzir cada item, essa ainda não seria a melhor abordagem, porque estaria privilegiando uma decisão unicamente operacional, desconsiderando os aspectos relativos às finanças, como o ganho do item. Poderíamos gastar tempo do gargalo – máquina B – produzindo um item rápido ou muito lento que tivesse um ganho inexpressivo.

A metodologia mais adequada leva em consideração a relação do ganho bruto permitido por unidade dos diferentes produtos e seus tempos de operação. Por exemplo, no caso do produto 25", o GB por aparelho comercializado é de R$ 365,00, e o tempo de operação de um item é de 4 minutos; assim, a divisão do ganho bruto pelo tempo do gargalo resulta em um indicador segundo o qual o uso da máquina

PLANEJAMENTO E CONTROLE DE CAPACIDADE   **CAPÍTULO 6**

B, que é a restrição da operação para manufaturar o item 25", proporciona um ganho bruto por minuto do gargalo equivalente a R$ 91,25; ou seja:

$$GBpmg = \frac{GBitem}{tgargalo} = \frac{R\$ 365,00}{4 \ min} = 91,25 \ R\$/min$$

A planilha seguinte mostra tal abordagem considerando todos os itens previstos para a manufatura.

PRODUTO	25"	25"P	21"
Pv	R$ 600,00	R$ 820,00	R$ 950,00
Mp	R$ 235,00	R$ 327,00	R$ 350,00
GB	R$ 365,00	R$ 493,00	R$ 600,00
Tg	4	4	6
GB/min	91,25	123,25	100,00

Observando a planilha anterior, verifica-se que o produto que apresenta o melhor ganho bruto por minuto utilizado do gargalo é o televisor de 25"P – valor de R$ 123,25/minuto trabalhado no gargalo.

Como o gargalo não permitirá que todos os itens desejados sejam produzidos, deve ser dada prioridade na produção para os itens 25"P, 21" e, por último, usando tempo remanescente da máquina, o item 25" – obedecendo essa sequência. Observe-se que essa metodologia permeia questões financeiras e operacionais.

Então, para o exercício proposto, teremos produção de:

- 1º – 300 unidades do produto 25"P com gasto de 1.200 minutos do tempo da máquina B;
- 2º – 185 unidades do produto 21", com gasto de 1.110 minutos do tempo da máquina B, e;
- 3º – Apenas 22 peças do item 25", pois sobram então 90 minutos de máquina para a produção do item, e como o tempo de operação é de 4 minutos por item, somente serão manufaturados 22 itens.

GESTÃO DA PRODUÇÃO E LOGÍSTICA

A planilha a seguir mostra um resumo desse cálculo. Observe que o tempo total de uso do gargalo é de 2.398 minutos, dentro dos 2.400 minutos disponíveis por semana.

ESCOLHA DO *MIX*							
PRODUTO	25"	22	25"P	300	21"	185	Tempo total ajustado
B	4	88	4	1.200	6	1.110	2.398

3. Para responder à questão número 3, que se refere à determinação de qual o lucro líquido anual e o ROI para o *mix* ideal de produção e venda, podemos assim expor:

   3.1. O LL anual obtido é resultado da subtração do GBt (Ganho Bruto Total) e da DO, ou seja:

   LL–DO

   LL = $\big(((22 * 365{,}00) + (185 * 600{,}00))= * 4 * 12\big) - (76.643{,}44 * 12)$

   LL = 11.892.920,04 R$

Vale lembrar que para os valores determinados nas tabelas anteriores sempre se considerou a semana como o período de análise, e para o cálculo do LL anual, devemos então multiplicar o GB semanal por quatro para chegar ao GB mensal, por 12 para chegar ao GB anual e, evidentemente, por 12 para chegar à DO mensal, a fim de que assim se mantenha a mesma regra de anualidade.

   3.2. O ROI nada mais é do que a divisão do LL pelo investimento realizado. Assim, pode-se afirmar que:

   ROI = LL/I

   ROI = 11.892.920,04/28.596.000,00 = 41,60%

Observa-se então que o retorno anual sobre o investimento realizado será de 41,60% ao ano.

Esse tipo de análise de capacidade é muito importante para o gerenciamento das organizações de manufatura, pois além da capacidade da operação, são analisados o *mix* ideal de produção e venda e, a situação financeira em que a empresa

PLANEJAMENTO E CONTROLE DE CAPACIDADE **CAPÍTULO 6**

opera no momento. A grande vantagem do uso da teoria das restrições reside no fato de permitir análises momentâneas, pontuais e precisas sem a necessidade de se esperar pela finalização de períodos de produção.

Resumo

Uma das preocupações dos gestores das operações é prover capacidade produtiva suficiente para atender as expectativas da demanda atual e – por que não – futura. Quanto maior o equilíbrio entre a capacidade produtiva e as necessidades de mercado, menores serão os custos envolvidos e maior será a eficácia de sua operação. Neste capítulo se abordou a forma como as operações procuram conciliar a ideia de agregação do nível superior de planejamento com o nível de demanda a ser satisfeita. A capacidade de uma operação é o máximo de produção que se pode atingir (considerado o valor agregado) em determinado período de tempo em que o processo atua em condições normais de operação. É muito comum que as operações trabalhem abaixo de sua capacidade máxima de processamento, ou seja, produzindo menos do que seria possível dentro de um regime de trabalho que considerasse toda a ocupação de recursos de produção. A decisão de operar abaixo da capacidade máxima pode advir de:

- Insuficiente demanda para preencher a capacidade;
- Política de atendimento rápido as necessidades dos clientes;
- Problemas gerenciais, como falhas de processos no suprimento de insumos;
- Problemas técnicos referentes à limitação de máquinas e equipamentos.

Toda e qualquer característica atuante que esteja limitando a capacidade da operação é denominada *gargalo da produção*, ou seja, aquilo que impede a produção ou até mesmo a operação como um todo de fluir livremente. O planejamento e controle de capacidade é a tarefa responsável por identificar a capacidade efetiva da operação produtiva, de forma que ela possa responder de modo eficaz a uma determinada demanda de mercado.

As decisões de planejamento e controle de capacidade são tomadas tendo por base os objetivos de desempenho traçados para a operação. Esses poderão estar relacionados a custos, qualidade dos produtos, velocidade de resposta à demanda do cliente, confiabilidade do fornecimento e flexibilidade. Para uma adequada tomada de decisão, os gestores das operações devem seguir os passos descritos a seguir:

- Medir a demanda e a capacidade agregadas;
- Identificar as políticas alternativas de capacidade;
- Escolher as políticas de capacidade mais adequadas ao tipo de operação.

121

GESTÃO DA PRODUÇÃO E LOGÍSTICA

Quando se trata de medir a demanda e a capacidade de produção de uma operação, normalmente se recorre aos departamentos de marketing ou vendas, os responsáveis pela informação relativa à demanda e à capacidade de operações da gestão de produção e operações. Uma vez observada e mensurada a demanda, cabe então medir a capacidade produtiva da operação. A grande dificuldade em se efetuar tal medição de capacidade está na complexidade dos processos produtivos. Quando a produção é padronizada e repetitiva, é mais fácil medir a capacidade, embora em outros casos opostos também se meça a capacidade, mesmo com maior grau de dificuldade. Após uma adequada compreensão da demanda e do estudo das capacidades de uma operação, o próximo passo é identificar as políticas alternativas de capacidade, haja vista que flutuações de demanda podem e costumam ocorrer. Existem poucas opções de políticas alternativas de capacidade, dentre as quais podemos mencionar três hipóteses:

- Manter as atividades constantes e não reagir às flutuações de mercado – política de capacidade constante;
- Alterar as atividades de produção buscando ajustes da capacidade para atender as flutuações da demanda – política de acompanhamento da demanda;
- Propor alteração de demanda para ajustá-la à capacidade disponível, utilizando adiamentos, por exemplo – política de gestão da demanda.

Quando a capacidade da operação está abaixo da demanda de mercado, uma abordagem muito usada para ajustar a capacidade e a demanda é a teoria das restrições, que na verdade se relaciona, de alguma forma, à teoria das filas.

Questões para discussão

1. Qual a diferença conceitual entre planejamento e programação da produção? Comente.
2. Ao comprar uma prensa hidráulica, observa-se que o fornecedor coloca no catálogo da máquina uma capacidade de operação da prensa, dizendo, por exemplo, que a máquina está em condições de operar a uma frequência de 60 golpes por minuto. É válido afirmar que essa é a capacidade que deve ser utilizada para estudo de capacidade produtiva da prensa na operação industrial?
3. Capacidades de projeto e efetiva são consideradas iguais se houver alto índice de automação nos processos industriais. Isso está certo ou errado? Justifique sua resposta.

4. Tendo por base aquilo que se estudou no Capítulo 6, faça uma redação comentando a quebra de paradigmas causada pela teoria das restrições; escolha um deles para tal redação.

5. Explique de que forma a teoria das restrições, técnica muito utilizada nas empresas de manufatura, pode ser usada para entender a capacidade de uma empresa supridora de serviços.

6. Uma empresa realizou investimentos na ordem de R$1.229.050 para montar sua operação. Ela opera na produção de quatro produtos (conforme demonstrado a seguir) e tem uma despesa operacional anual de R$ 338.600. Considerando um mês de quatro semanas, pede-se:

  a. Definir o *mix* de venda ideal, considerando o fluxo produtivo caracterizado a seguir, realizando os produtos X, Y, Z e W em jornada de 2.400 min/sem.

  b. Determinar qual o lucro líquido anual da organização.

  c. Definir qual o retorno sobre o investimento realizado.

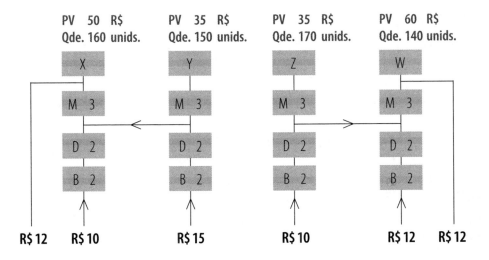

7

QUALIDADE COMO FERRAMENTA DE GESTÃO

Introdução
7.1 Desenvolvimento
7.2 A evolução da função qualidade
7.3 Sistemas da qualidade
7.4 A relação qualidade e produtividade
7.5 Programas de qualidade e a competitividade
7.6 Gestão financeira para a qualidade
7.7 Relacionamento entre os custos da qualidade
Resumo
Questões para discussão

GESTÃO DA PRODUÇÃO E LOGÍSTICA

Introdução

Até recentemente, a maioria das empresas brasileiras viveu uma cultura de repasse de custos, transferindo aos clientes toda a ineficiência operacional da cadeia produtiva e logística, desde a fonte da matéria-prima até a ponta da distribuição. Esse comportamento empresarial imaturo foi fortemente estimulado por um protecionismo caracterizado por reservas de mercado e barreiras alfandegárias, além de incentivos e isenções fiscais. Tal protecionismo condicionou a baixa competitividade das empresas brasileiras para enfrentar a concorrência estrangeira, que se acentua principalmente agora, com o advento da economia globalizada.

A atuação das empresas nesse mercado competitivo passou a exigir das organizações nacionais respostas rápidas e eficazes quanto aos seguintes aspectos: custos menores, qualidade e prazos de entrega melhores que os da concorrência externa, atualizações tecnológicas e padrões competitivos de qualidade e produtividade nos processos organizacionais.

É possível que uma empresa venha a ser competitiva em um mercado e não o seja em outro. Competição é uma forma de rivalidade entre duas ou mais empresas mediadas por um terceiro grupo. Considerando duas empresas concorrentes, o terceiro grupo poderá ser o comprador, o fornecedor, o potencial de força de trabalho ou outros, dependendo do ambiente em que ocorra a competição. Na abordagem adotada neste livro (até agora), a competição considera a busca de clientes ou compradores.

Vale ressaltar que, com base no que foi anteriormente exposto, existe uma forte influência exercida pela variável qualidade na competitividade das empresas e, até mesmo, de forma mais contundente, na própria sobrevivência das organizações. Uma empresa poderá melhorar seu gerenciamento, nivelando-se a padrões internacionais, implantando um adequado sistema da qualidade. Tal implantação permite que a empresa seja conduzida à análise e revisão de todos os seus níveis de desempenho: organização, processos e trabalho/executor.

Porém, tal implantação apresenta dificuldades de maior ou menor proporção, dependendo do momento vivido por cada empresa. Ainda é perceptível em muitas organizações a dificuldade de conceituar o termo qualidade; esse termo pode ser definido de muitas formas diferentes, em função da abordagem dada por diferentes autores.

7.1 Desenvolvimento

A qualidade tem sido considerada como um dos critérios de desempenho de produção. Em muitas organizações, há uma parte separada e identificável da função de produção, dedicada exclusivamente ao gerenciamento de qualidade.

QUALIDADE COMO FERRAMENTA DE GESTÃO   **CAPÍTULO 7**

A preocupação com a qualidade é atual, constituindo-se a chave de muitas organizações. Observa-se até mesmo uma "revolução da qualidade". Por essa razão, convém que se façam algumas considerações sobre a evolução da função qualidade e seu relacionamento com a produtividade. Em todo o mundo, funcionários e empresários cada vez mais vêm tomando consciência de que é preciso ter mais qualidade, eliminando desperdícios e melhorando o ambiente de trabalho. Um artigo publicado na *Folha de S. Paulo* descreve:

> Neste fim de século de muitas viradas, uma coisa fica clara: na política, nos negócios e na convivência entre as pessoas, não há mais lugar para truques, meias verdades e improvisação. O brasileiro recupera princípios esquecidos, exige honestidade, participa mais de perto dos problemas brasileiros que afetam o país. O cidadão é mais vigilante. E o consumidor exige qualidade e faz valer seus diretos.[1]

Essa exigência praticada pelos consumidores nos remete àquela reflexão *(veja o Capítulo 1)* sobre o amplo conceito de qualidade enquanto objetivo de desempenho da função produção.

7.2   A evolução da função qualidade

Originalmente, a inspeção do produto era praticada pelos consumidores nas feiras livres e no comércio de produtos artesanais; é uma modalidade de controle que vai existir enquanto existirem esses mercados artesanais. Já o controle da qualidade pela inspeção, praticada pelo próprio produtor ou prestador de serviços, existe desde antes da revolução industrial, quando era feito pelos artesãos, e prolongou-se até os primórdios do século 20. Quando as grandes empresas começaram a surgir, criaram a figura dos inspetores. No entanto, a inspeção não produz qualidade; a "qualidade por inspeção" nada mais é do que a separação dos defeitos antes que sejam percebidos pelos consumidores. Quanto mais rigorosa ou intensa a inspeção, mais defeitos se

---

1   SEBRAE. Qualidade Total. *Folha de S. Paulo*. Caderno Especial. São Paulo, mar. 1994, pág. 1.

encontravam. Essa etapa da evolução da função qualidade é denominada "a era da inspeção".

Com uma abordagem mais sistemática, que não apenas detecta mas também trata os problemas de qualidade, introduziu-se o conceito de controle da qualidade por amostragem. Esse conceito levou as organizações a utilizarem ferramentas estatísticas como o Controle Estatístico do Processo (CEP) e a especificarem padrões de qualidade e desempenho do processo, como a Capacidade do Processo (Cp) e a Capabilidade do Processo (Cpk). A essa etapa da evolução da função qualidade dá-se o nome de "a era do controle estatístico".

O próximo estágio evolutivo diz respeito à garantia da qualidade. "A era da garantia da qualidade" ampliou a responsabilidade da qualidade ao incluir outras funções além de operações diretas. Nessa era, começam a surgir os sistemas da qualidade, as equipes multifuncionais para solução de problemas, a análise do custo da qualidade e o planejamento da qualidade. E, finalmente, preocupando-se com o atendimento das necessidades e das expectativas dos clientes, surge então a filosofia da TQM (*Total Quality Management* – Administração da qualidade total, em português).

A TQM pode ser vista como uma extensão lógica da prática da qualidade e sua evolução (veja a Figura 7.1).

Figura 7.1   A administração da qualidade total e as abordagens anteriores

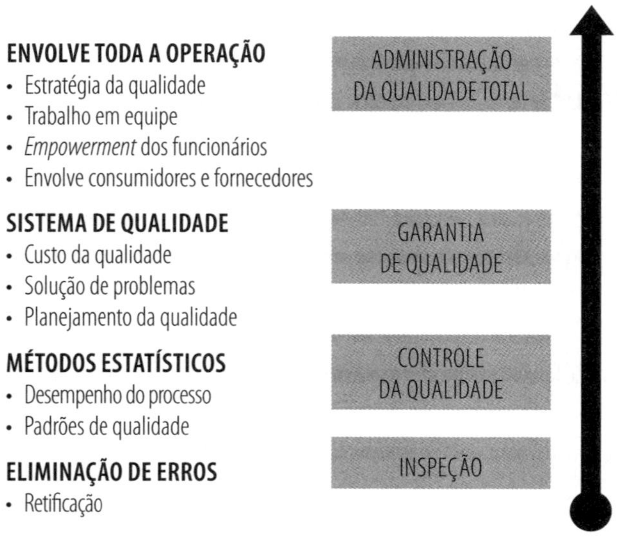

ENVOLVE TODA A OPERAÇÃO
- Estratégia da qualidade
- Trabalho em equipe
- *Empowerment* dos funcionários
- Envolve consumidores e fornecedores

ADMINISTRAÇÃO DA QUALIDADE TOTAL

SISTEMA DE QUALIDADE
- Custo da qualidade
- Solução de problemas
- Planejamento da qualidade

GARANTIA DE QUALIDADE

MÉTODOS ESTATÍSTICOS
- Desempenho do processo
- Padrões de qualidade

CONTROLE DA QUALIDADE

ELIMINAÇÃO DE ERROS
- Retificação

INSPEÇÃO

Fonte: SLACK, et al. 1996. p. 655.

QUALIDADE COMO FERRAMENTA DE GESTÃO **CAPÍTULO 7**

7.3 Sistemas da qualidade

Melhorar a qualidade não é fácil. Não é algo que ocorre simplesmente fazendo que todas as pessoas de uma organização "pensem em qualidade". Com o advento da divisão do trabalho e a consequente especialização, procedimentos diversos foram criados, inibindo a capacidade criativa e até mesmo a possibilidade de mudança das pessoas dentro das organizações. Segundo Slack,[2] há uma crença de que atualmente os operadores diretos[3] podem corrigir apenas 15% dos problemas de qualidade; os outros 85% são responsabilidade da administração porque decorrem do "sistema" – ou da falta de um.

Considerando os sistemas da qualidade utilizados no Brasil, é possível observar que as empresas nacionais contam com mais de um sistema disponível: algumas organizações de grande porte acrescentam aos requisitos básicos das normas ISO 9000 suas variações peculiares, e assim criam seus próprios requisitos normativos.

7.4 A relação qualidade e produtividade

Como observado anteriormente, a partir da etapa denominada "era da garantia da qualidade" é que surgem os sistemas da qualidade. Maximiano[4] aponta que, à medida que se viam forçadas a melhorar a qualidade de seus produtos e serviços, muitas empresas industriais de grande porte perceberam que também eram responsáveis pela qualidade de seus fornecedores. O controle da qualidade das matérias-primas e/ou componentes adquiridos recaía sobre o comprador, que assim tinha um duplo trabalho (e consequentemente os custos associados) de zelar pela própria qualidade e pela de seus fornecedores. Algumas das grandes montadoras de produtos finais resolveram então instituir programas de qualidade assegurada ou garantia da qualidade.

Por meio de um programa de garantia da qualidade, uma determinada empresa em sua respectiva cadeia produtiva procura aprimorar e controlar a administração da qualidade de seus fornecedores, e não apenas a qualidade de seus produtos e serviços. A empresa compradora passa a exigir que seus fornecedores atendam aos requisitos da norma; que tenham um departamento da qualidade, especificações

---

2   SLACK, N. et al. *Administração da produção*. São Paulo: Atlas, 1996. p. 655.

3   Operadores diretos são aqueles que participam diretamente da atividade de produção. O desempenho de sua atividade ocorre no campo operacional (N.A.).

4   MAXIMIANO, Antônio César Amaru. *Introdução à administração*. São Paulo: Atlas, 1995, p. 166.

para seus produtos, instrumentos e métodos de medição e ensaios (compatíveis com a necessidade requerida) além de procedimentos documentados explícitos para lidar com defeitos – e assim por diante. Ou seja, a empresa compradora passa a exigir que seu fornecedor tenha um sistema da qualidade implementado e mantido, para garantir a qualidade de seu suprimento pela sistematização das atividades executadas, e não apenas pela inspeção dos produtos e serviços.

Certificando-se de que seus fornecedores adotaram um sistema da qualidade, a empresa compradora pode então reduzir ao máximo ou até mesmo eliminar a inspeção da qualidade dos produtos que vêm de fora. Esse é um primeiro ganho de produtividade nas organizações, pois isso elimina atividades de inspeção que não agregam valor, reduz os custos de mão de obra para tais atividades e também o tempo de ciclo para o suprimento de materiais, redundando assim em uma diminuição dos estoques e um consequente ganho financeiro.

Um bom desempenho de qualidade em uma operação não apenas leva à satisfação de consumidores externos ou clientes externos. Esse desempenho torna mais fácil a vida das pessoas envolvidas na operação. Satisfazer os clientes internos[5] deve ser considerado tão importante quanto satisfazer os consumidores externos. A qualidade apresenta um relacionamento estreito com a produtividade, na medida em que reduz custo e aumenta a confiabilidade.

No que se refere à redução de custos, quanto menos erros ocorrerem em cada posto de trabalho ou unidade de produção, menos tempo será necessário para a correção e, consequentemente, haverá menos confusão e irritação. Por exemplo, imagine que um fornecedor envie um lote de peças identificadas erradas, ou seja, as peças fisicamente não correspondem à descrição feita na etiqueta de identificação. No momento do uso, ocorrerá a paralisação da linha de montagem, pois ao se descobrir o erro decorrerá um determinado tempo até que as devidas decisões sejam tomadas e as peças corretas sejam dispostas para montagem. Haverá assim um desconforto no relacionamento entre fornecedor e cliente, pois alguém deverá arcar com os custos da paralisação, uma vez que ocorrerá desperdício de tempo de funcionários e custos administrativos e logísticos para corrigir o problema. Outra prática relativa à redução de custos é o melhor aproveitamento da matéria-prima, uma vez

---

5   Cliente interno é a denominação utilizada para demonstrar a relação existente entre as diversas pessoas envolvidas em um fluxo produtivo: o recebedor de uma determinada atividade é considerado cliente daquele que lhe entregou o trabalho realizado. Quando um gerente operacional solicita ao departamento de suprimentos uma cotação qualquer, ele se torna cliente do departamento solicitado, que por sua vez deve fornecer um serviço que atenda à expectativa do gerente operacional (N.A.).

QUALIDADE COMO FERRAMENTA DE GESTÃO   **CAPÍTULO 7**

que não ocorre a falha ou erro no processo, não há o desperdício ou gasto indevido de material comprado.

No que tange ao aumento de confiabilidade, um erro como a identificação errada pode significar fornecimento cancelado e material devolvido, resultando em perda de faturamento e imagem negativa perante os clientes. Se não há uma incidência considerável de erros, não há o porquê de designar pessoal específico para corrigi-los e/ou efetuar conferências no momento do recebimento do material ou serviço. Assim, as pessoas passam a se concentrar nas próprias atividades, provocando uma melhor estabilidade de relacionamentos internos, além de um ganho considerável na eficiência da organização.

Pode-se entender então que as normas asseguram que os requisitos de mercado e as especificações técnicas de produtos sejam constantemente atendidos mediante controles adequados, uniformização e estabilidade dos processos e procedimentos. Ou seja, o produto pode até ser de tecnologia menos atualizada, mas o sistema garante um nível de qualidade uniforme.

7.5   Programas de qualidade e a competitividade

Muito se tem falado a respeito de competitividade empresarial mediante a qualidade dos produtos (bens e serviços) fornecidos; entretanto, para a obtenção de tal qualidade, muitas vezes é necessário alterar grande parte dos processos disponíveis nas organizações. Tais alterações ocorrem principalmente nas organizações de pequeno porte, cuja informalidade é uma constante. Os programas de qualidade e produtividade, iniciados no Brasil após 1990, serviram como orientadores de um grande processo de mudança nas organizações, e muitas delas tiveram resultados significativos com a implementação dos mesmos. Esses programas ofereceram uma bússola e resgataram novos objetivos motivacionais para as empresas, que vinham de um profundo ceticismo e de uma total descrença no futuro. Por isso mesmo, a qualidade foi erroneamente associada à necessidade de sobrevivência. Precisamos ampliar esse processo de transformação – assimilar mudanças mais complexas e duradouras – para poder competir em um mercado sem fronteiras.

Atualmente, tais sistemas da qualidade são exigidos pelas empresas de grande porte aos seus fornecedores, sejam elas nacionais ou multinacionais, visto que as atividades de importação e exportação estão cada vez mais frequentes e a garantia da qualidade via sistemas é requisito contratual. Outro aspecto importante é o que se refere ao relacionamento entre empresa e consumidor final, uma vez que o consumidor espera adquirir produtos de empresas com diferencial qualitativo. Esse diferencial é obtido pela demonstração de certificados da qualidade e selos de qualidade, que acompanham o produto final e garantem sua qualidade intrínseca.

Outro fator também relevante, fundamental para a existência da empresa, é o diferencial da qualidade organizacional, uma vez que o próprio mercado interno dá preferência a empresas que possuem sistemas de qualidade implantados e certificados por empresas especializadas, sejam elas nacionais ou internacionais. O nível de qualidade organizacional demonstra o comprometimento dos colaboradores para com a empresa e para com o ambiente onde ela está inserida.

Slack[6] argumenta que a administração da qualidade total (TQM) talvez seja a mais significativa das novas ideias que apareceram no cenário da administração nos últimos anos. O TQM exerceu forte impacto na maioria dos setores industriais, indo além do modismo recente. Há duas razões para isso: em primeiro lugar, as ideias de TQM exercem forte atração intuitiva sobre muitas pessoas – a maioria de nós deseja ser de "mais qualidade". Uma segunda razão para isso é o fato de que uma abordagem de TQM para melhoria pode resultar em fortes aumentos da eficácia operacional.[7]

Daft[8] descreve que Porter, em seu livro *Estratégia competitiva*, estudou diversas organizações e apresentou uma estrutura que descreve três estratégias competitivas para as empresas: liderança de baixo custo, diferenciação e foco. A estratégia da liderança de baixo custo tenta aumentar a participação no mercado pela ênfase no baixo custo em comparação com os concorrentes. Dispondo de uma estratégia de liderança de baixo custo, a organização procura agressivamente instalações eficientes e reduções de custos, além de utilizar fortes controles para fabricar produtos com mais eficiência que os concorrentes. Essa estratégia tem por base a prática da estabilidade em vez da prática de correr riscos ou procurar novas oportunidades para inovação e crescimento. Uma empresa com uma posição de baixo custo pode trabalhar com preços inferiores aos dos concorrentes e continuar oferecendo qualidade comparável, obtendo ainda um lucro razoável. Em uma estratégia de diferenciação, as organizações procuram usar alguma coisa que distinga seus produtos ou serviços dos outros do mesmo setor. Uma organização pode fazer uso de propaganda, características diferenciais de produtos, nível de serviço melhor ou até mesmo de nova tecnologia para fazer que seu produto seja percebido como único. Essa estratégia geralmente visa a clientes que não estejam especialmente preocupados com preços, e por isso pode ser bastante lucrativa. Empresas que utilizam essa estratégia precisam

---

6 SLACK, 1996, p. 50.
7 A expressão "eficácia operacional" é empregada no sentido de produtividade operacional.
8 DAFT, Richard L. *Teoria e projeto das organizações*. Rio de Janeiro: LTC, 1999, p. 35.

QUALIDADE COMO FERRAMENTA DE GESTÃO   **CAPÍTULO 7**

de grande capacidade de marketing e de colaboradores criativos que disponham de tempo e de recursos para buscar inovações. A terceira estratégia de Porter, a estratégia do foco, faz com que a empresa concentre-se em um mercado regional específico ou em um determinado grupo de compradores. A organização tentará obter uma vantagem de baixo preço ou uma vantagem de diferenciação dentro de um mercado estritamente definido.

Uma abordagem interessante a respeito de competitividade e desempenho das organizações é feita por Rummler e Brache:[9] os autores dizem que "tudo no ecossistema interno e externo de uma organização (clientes, produtos e serviços, sistemas de recompensa, tecnologia, estrutura da organização e assim por diante) está conectado. Para melhorar o desempenho individual e da organização, precisamos entender essas conexões." Ainda segundo os autores, devemos atuar nas organizações em três níveis de desempenho: o nível de organização, o nível de processo e o nível de trabalho/executor. O nível de organização enfatiza o relacionamento da organização com o mercado e a estrutura básica das principais funções compreendidas pela organização. As variáveis que afetam o desempenho desse nível incluem as estratégias, os objetivos e as medidas relacionadas à organização, à estrutura da organização e ao emprego de recursos.

O nível de processo permite uma visão do fluxo de trabalho – ou seja, o modo como ele é feito. As organizações produzem seus bens e serviços por meio de uma infinidade de processos de trabalho interfuncionais, como o processo de criação de novos produtos, *merchandising*, produção, vendas, distribuição e faturamento (para dar apenas alguns exemplos).

Pode-se afirmar que uma organização é tão boa quanto seus processos e, para tal, deve-se garantir que os processos sejam instalados para atender às necessidades do cliente e ainda responder aos requisitos da organização. No nível de trabalho/executor, o último deles, entende-se que os processos são executados e gerenciados por indivíduos que fazem trabalhos variados. As variáveis de desempenho gerenciadas nesse nível incluem a contratação e a promoção, as responsabilidades e padrões do cargo, o *feedback*, as recompensas e o treinamento. Assim, pode-se entender que os membros da comunidade gerencial de uma organização devem usar seu conhecimento para prevenir problemas na organização e aperfeiçoá-la continuamente, atuando nos três níveis de desempenho.

---

9   RUMMLER, Geary A.; BRACHE Alan P. *Melhores desempenhos das empresas*. São Paulo: Makron Books, 1994, p. 19.

Em 1990, foi lançada no Brasil a Política Industrial e de Comércio Exterior.[10] O Programa Brasileiro de Qualidade e Produtividade (PBQP) faz parte dessa política. O programa é destinado a promover a qualidade e a produtividade no país e, pelo seu caráter mobilizador, influenciou de forma associada a pressão competitiva derivada da inserção internacional e as estratégias empresariais de ajuste às novas condições da economia. A importância da qualidade e, especialmente, do gerenciamento da qualidade total, tem sido mundialmente reconhecida como um grande fator integrador de muitos aspectos de melhoria da produção. Reconhecendo isso, várias instituições vêm estimulando a melhora da qualidade por meio da criação de prêmios da qualidade, que geralmente é um troféu dado em reconhecimento à excelência na gestão das organizações.

Os prêmios mais conhecidos, nos diversos pontos, são:

- *Prêmio Deming:* foi instituído pela União dos Cientistas e Engenheiros Japoneses em 1951 e era outorgado, no início, apenas às empresas japonesas. Mais recentemente, passou a ser oferecido também às empresas estrangeiras bem-sucedidas na aplicação de "controle da qualidade amplo" baseado em controle estatístico da qualidade. Segundo Slack[11], existem diversas categorias de vencedores, incluindo indivíduos, fábricas e divisões. Há também dez categorias principais de avaliação: política e objetivos; organização e sua operação; educação e sua extensão; disseminação de informação; análise; padronização; controle; garantia de qualidade, efeitos e planos futuros. Todo ano, os pretendentes ao prêmio candidatam-se e submetem aos avaliadores uma descrição detalhada sobre suas práticas de qualidade. Essa atitude já é benéfica à empresa, pois ao realizar tais práticas, consequentemente melhoram a qualidade organizacional. Depois da avaliação, classificam-se as melhores, e inspetores visitam suas instalações para aferir as práticas de qualidade. As visitas funcionam como um processo de auditoria, havendo, entre as atividades, apresentações da empresa, entrevistas com questionários e reuniões com os diversos níveis da hierarquia da empresa, inclusive com qualquer pessoa da área operacional.
- *Prêmio Nacional da Qualidade Malcolm Baldridge:* Nos Estados Unidos, no início dos anos 1980, o Centro Norte-Americano de Produtividade e Qualidade recomendou que um prêmio anual similar ao Prêmio Deming fosse

---

10 CONFEDERAÇÃO NACIONAL DAS INDÚSTRIAS. *ISO 9000 como instrumento de competitividade:* a experiência brasileira. Rio de Janeiro: CNI, DAMPI, 1996, p. 19.

11 SLACK, 1996, p. 668.

QUALIDADE COMO FERRAMENTA DE GESTÃO **CAPÍTULO 7**

instituído no país. O prêmio recebeu o nome de Prêmio Nacional da Qualidade Malcolm Baldridge. O propósito da premiação era estimular as empresas norte-americanas a melhorar a qualidade e a produtividade, reconhecer realizações, estabelecer critérios para um esforço mais amplo de qualidade e fornecer orientação sobre a melhoria da qualidade. As principais categorias examinadas são: liderança, informação e análise, planejamento estratégico da qualidade, utilização de recursos humanos, garantia da qualidade dos produtos e serviços, resultados da qualidade e satisfação do consumidor. Os critérios de avaliação e premiação são semelhantes àqueles do Prêmio Deming.

- *Prêmio Europeu da Qualidade:* durante o processo de disseminação da qualidade, em 1988, 14 empresas da Europa Ocidental organizaram a Fundação Europeia para Administração da Qualidade; um de seus objetivos mais importantes era o reconhecimento de realizações em qualidade. Considerando tal objetivo, em 1992 instituiu-se o Prêmio Europeu da Qualidade, outorgado anualmente aos expoentes mais bem-sucedidos da administração da qualidade total na Europa Ocidental. O prêmio é atribuído a várias empresas que demonstrem excelência na administração da qualidade, bem como um processo estruturado de melhoria contínua. Para receber o prêmio, as empresas devem demonstrar que sua abordagem de administração da qualidade tem contribuído significativamente para satisfazer as expectativas dos consumidores, funcionários e outros interessados pela empresa durante os últimos anos. As empresas vencedoras têm *status* de modelo de excelência por conta da qualidade, a partir do qual as outras companhias podem mensurar os próprios níveis de qualidade e motivação para a melhoria contínua. O modelo europeu é fundamentado na ideia de que a satisfação do consumidor, funcionários e o impacto na sociedade são atingidos pelo conjunto da liderança, política de direção e estratégia, administração de pessoas, recursos e processos – o que leva, finalmente, à excelência nos resultados da empresa.
- *Prêmio Nacional da Qualidade – PNQ:* o Prêmio Nacional da Qualidade, nasceu como parte do Subprograma I do Comitê Nacional de Qualidade e Produtividade (PBQP). O PNQ também é um reconhecimento, na forma de um troféu, à excelência na gestão das organizações sediadas no Brasil, e é administrado pela Fundação para o Prêmio Nacional da Qualidade (FPNQ), entidade privada sem fins lucrativos, criada em 1991. Conforme a FPNQ, o prêmio busca promover um amplo entendimento dos requisitos para alcançar a excelência do desempenho e, portanto, a melhoria da

135

competitividade, além da ampla troca de informações sobre métodos e sistemas de gestão que alcançaram sucesso e sobre os benefícios decorrentes da utilização dessas estratégias.

A participação no prêmio ocorre em uma das cinco diferentes categorias de premiação: grandes empresas, médias empresas, pequenas e microempresas, organizações sem fins lucrativos e órgãos da administração pública.

O prêmio está baseado em um conjunto de sete critérios para a excelência do desempenho, criados a partir do compartilhamento de experiências entre organizações dos setores público e privado. Tais critérios permitem um diagnóstico global, no que se refere ao sistema de gestão do desempenho. Esses critérios de avaliação totalizam pontos e estão assim divididos: liderança, estratégias e planos, clientes e sociedade, informações e conhecimento, pessoas, processos e resultados da organização.

7.6 Gestão financeira para a qualidade

Juran, citado em Lorenzetti,[12] dizia que a qualidade deve ser administrada de maneira análoga às finanças. Sua "trilogia" é uma analogia com a "trilogia da gestão financeira": planejar, controlar e melhorar. O administrador financeiro planeja, preparando a peça orçamentária; controla, verificando o cumprimento do estabelecido no orçamento. e dedica-se a projetos especiais de melhoria: os estudos de redução de custos. O mesmo deve acontecer com a administração da qualidade: planejar para a qualidade, controlar a qualidade e aperfeiçoar a qualidade.

Segundo Slack,[13] qualquer pessoa da organização contribui para a qualidade. Existe um grande impacto de cada funcionário sobre a qualidade, bem como a ideia da responsabilidade pessoal na obtenção da qualidade correta. Qualquer pessoa em uma operação tem o potencial de prejudicar seriamente a qualidade dos produtos ou serviços recebidos pelos consumidores. Em alguns casos, funcionários podem afetar diretamente a qualidade, como aqueles funcionários envolvidos fisicamente no processo de fabricação e aqueles que atendem diretamente os consumidores. Estes têm a capacidade de cometer erros que serão imediatamente percebidos pelos consumidores. Entretanto, outros tantos funcionários menos diretamente envolvidos na produção de bens e serviços podem também gerar problemas: são os casos do digitador que tecla um dado errado, provocando a falta de produtos para o cliente ou

---

12 LORENZETTI, Dagoberto Helio. *Gestão da qualidade e da produtividade em empresas japonesas no Brasil: um estudo de caso*. Projeto de pesquisa. Universidade Paulista: São Paulo. 1997. p. 31.

13 SLACK, 1996, p. 658.

QUALIDADE COMO FERRAMENTA DE GESTÃO **CAPÍTULO 7**

um fornecimento exageradamente elevado por ter digitado um zero a mais no final do número, e do projetista que não investiga as condições sob as quais os produtos serão usados na prática e percebe somente depois que o local de instalação e o produto efetivamente produzido são incompatíveis e necessitam de remodelação, entre outros tantos exemplos.

Cada uma dessas pessoas pode disparar uma cadeia de eventos que dará origem a produtos e serviços de má qualidade, identificados pelos consumidores no final do processo. Assim, podemos também observar que todos podem melhorar a qualidade ao "não cometerem erros".

Daí então a necessidade de implantação e manutenção de um sistema, bem como o adequado treinamento de todos os envolvidos, visando definir e cobrir todas as facetas da operação de uma organização. Porém, essa implementação e manutenção têm um determinado preço a ser pago. Os custos da qualidade podem não ser pequenos, sejam eles de responsabilidade dos indivíduos ou de uma área de controle da qualidade. Assim, o gerenciamento da função qualidade deve avaliar todos os custos e benefícios associados com a qualidade.

7.7   Custos da qualidade

Os custos da qualidade são classificados em custos de prevenção, avaliação, falha interna e falha externa.

a. **Custos de prevenção:** são aqueles custos incorridos na prevenção de problemas, falhas e erros. Incluem atividades como:

a.1. Planejamento da qualidade, processo e produto.

a.2. Identificação de problemas potenciais e correção do processo antes da ocorrência de má qualidade.

a.3. Projeto e melhoria do projeto de produtos, serviços e processos para reduzir os problemas de qualidade.

a.4. Avaliação da qualidade do fornecedor.

a.5. Consultorias contratadas, seja para suporte ou auditoria.

a.6. Treinamento e desenvolvimento, visando à capacitação de recursos humanos.

a.7. Manutenção preventiva.

b. **Custos de avaliação**: são aqueles associados ao controle da qualidade, que visam a checar se ocorreram problemas ou erros durante e após a criação do produto ou serviço. Podem incluir assuntos como:

137

GESTÃO DA PRODUÇÃO E LOGÍSTICA

b.1. Adoção de programas de controle estatístico do processo e planos de amostragem.
b.2. Tempo e esforço exigidos para inspecionar insumos, processos e produtos acabados.
b.3. Inspeção do processo e teste de dados.
b.4. Investigação de problemas de qualidade e elaboração de relatórios da qualidade.
b.5. Condução de pesquisas junto a consumidores e de auditoria da qualidade.

c. Custos de falhas internas: os custos de falhas internas estão associados aos erros que são sempre detectados na operação interna. Podem incluir assuntos como:
c.1. Custos de peças e materiais refugados.
c.2. Custos de peças e materiais retrabalhados.
c.3. Tempo de produção perdido em razão de erros.
c.4. Falta de concentração decorrente do tempo gasto na correção de erros.
c.5. Manutenção corretiva.
c.6. Reprocesso/reteste.
c.7. Perdas de produtividade por desvios de engenharia.

d. Custos de falhas externas: são aqueles custos detectados fora da operação, já pelo consumidor final. Incluem:
d.1. Perda de confiança do consumidor, o que afetará futuros negócios.
d.2. Consumidores aborrecidos por eventual perda de tempo.
d.3. Litígio (ou pagamento de indenização para evitá-lo).
d.4. Custos de garantia.
d.5. Custos para a empresa que fornecer em excesso
d.6. Devoluções.

7.8 Relacionamento entre os custos da qualidade

Segundo uma visão tradicional da qualidade, os custos com as falhas reduzirão à medida que o dinheiro gasto em avaliação e prevenção aumentar. Considera-se

QUALIDADE COMO FERRAMENTA DE GESTÃO **CAPÍTULO 7**

que há um valor ótimo de esforço de qualidade a ser aplicado em qualquer situação que minimize o custo total da qualidade. Argumenta-se que deve haver um ponto a partir do qual o custo de melhoria da qualidade torna-se maior do que os benefícios obtidos. Porém, uma organização que assume esse modelo tradicional (visão tradicional), aceita a ideia de que a falha e a má qualidade são aceitáveis. Nesse momento, a empresa reconhece que o ponto "ótimo" é onde haverá ainda erros e falhas.

Uma organização que já conta com um programa de qualidade total consolidado tem por objetivo reduzir as falhas de todos os custos conhecidos e desconhecidos, adotando a prevenção da ocorrência de erros. É recomendável buscar o equilíbrio entre os tipos diferentes de custos da qualidade na administração. Slack[14] afirma que, das quatro categorias de custos, duas (custos de prevenção e de avaliação) recebem influência gerencial, enquanto as outras duas (custos internos e externos de falhas) mostram as consequências das mudanças nas outras duas. Portanto, deve-se evitar que as falhas ocorram, enfatizando a prevenção. Assim, tem-se a ideia de que, inicialmente, o custo total da qualidade pode ser elevado à medida que também aumentarem os investimentos em alguns aspectos de prevenção – principalmente quanto ao treinamento. Entretanto, reduções do custo total podem rapidamente ocorrer, em detrimento a reduções significativas dos custos de erros (falhas internas e externas); nesse caso, existirá uma compensação de custos ao longo do tempo.

Resumo

Muitas empresas brasileiras viveram (e outras tantas ainda vivem) em uma cultura de repasse de custos, transferindo aos clientes toda a ineficiência operacional da cadeia produtiva e logística, desde a fonte da matéria-prima até a ponta da distribuição. Entretanto, a competição global provocou mudanças nesse cenário, que ficou muito mais competitivo. A atuação das empresas nesse mercado competitivo passou a exigir das empresas nacionais respostas rápidas e eficazes quanto aos seguintes aspectos: custos menores, qualidade e prazos de entrega melhores que os da concorrência externa, atualizações tecnológicas e padrões competitivos de qualidade e produtividade nos processos organizacionais.

É possível que uma empresa venha a ser competitiva em um mercado e não o seja em outro. Competição é uma forma de rivalidade entre duas ou mais empresas mediadas por um terceiro grupo. Se houver duas empresas concorrentes, o terceiro grupo poderá ser o comprador, o fornecedor, o potencial de força de trabalho

---

14   SLACK, 1996, p. 661.

ou outros, dependendo do ambiente em que ocorra a competição. Na abordagem adotada neste livro (até este ponto), a competição ocorre na busca de clientes ou compradores.

Vale ressaltar que, com base no que foi anteriormente exposto, existe uma forte influência exercida pela variável qualidade na competitividade das empresas, e até mesmo, de forma mais contundente, na sobrevivência das mesmas. A forma de uma empresa melhorar seu gerenciamento, nivelando-se a padrões internacionais, é a implantação de um adequado sistema da qualidade. A qualidade tem sido considerada um dos critérios de desempenho de produção. Em muitas organizações, há uma parte separada e identificável da função de produção, dedicada exclusivamente ao gerenciamento de qualidade. Apesar da "socialização da qualidade", não há definições claras ou consensuais sobre aquilo que "qualidade" significa. A definição mais usual é a da ASQC, praticamente a mesma fornecida pela norma ISO 8402 – Gestão da qualidade e garantia da qualidade – Terminologia, ou seja: qualidade é "a totalidade de formas e características de um produto ou serviço que possua a capacidade de atender plenamente a uma dada necessidade".

Originalmente, a inspeção do produto era (e ainda é) praticada pelos consumidores nas feiras livres e no comércio de produtos artesanais. Quando as grandes empresas começaram a surgir, criaram a figura dos inspetores. No entanto, a inspeção não produz qualidade; a "qualidade por inspeção" nada mais é do que separar os defeitos antes que esses sejam percebidos pelos consumidores. Com uma abordagem mais sistemática, que não apenas detectou mas também lidou com os problemas de qualidade, introduziu-se o conceito de controle da qualidade por amostragem. O próximo estágio evolutivo remete à garantia da qualidade. "A era da garantia da qualidade" ampliou a responsabilidade da qualidade ao incluir outras funções além de operações diretas. E, finalmente, preocupando-se com o atendimento das necessidades e das expectativas dos clientes, surge então a filosofia do TQM (*Total Quality Management* – Administração Total da Qualidade, em português).

Melhorar a qualidade não é fácil; não é algo que ocorre simplesmente fazendo que todas as pessoas de uma organização "pensem em qualidade". Por meio de um programa de garantia da qualidade, uma determinada empresa em sua respectiva cadeia produtiva procura aprimorar e controlar a administração da qualidade de seus fornecedores, e não apenas a qualidade de seus produtos e serviços.

A qualidade apresenta um relacionamento estreito com a produtividade, na medida em que reduz custo e aumenta a confiabilidade. Pode-se entender então que, por meio de controles adequados, uniformização e estabilidade dos processos e procedimentos, as normas asseguram que os requisitos de mercado e as especificações

QUALIDADE COMO FERRAMENTA DE GESTÃO **CAPÍTULO 7**

técnicas de produtos sejam constantemente atendidos. Ou seja, o produto pode até ser de tecnologia menos atualizada, mas o sistema garante ser nível de qualidade uniforme. Muito se tem falado a respeito de competitividade empresarial por meio da qualidade dos produtos (bens e serviços) fornecidos; entretanto, para a obtenção de tal qualidade, muitas vezes tem-se que alterar grande parte dos processos disponíveis nas organizações. A importância da qualidade e, especialmente, do gerenciamento da qualidade total, tem sido mundialmente reconhecida como um grande fator integrador de muitos aspectos de melhoria da produção. Reconhecendo isso, várias instituições vêm estimulando a melhora da qualidade com a criação de prêmios da qualidade – normalmente um reconhecimento na forma de um troféu à excelência na gestão das organizações. Os prêmios mais conhecidos, nos diversos pontos, são: Prêmio Deming, Prêmio Nacional da Qualidade Malcolm Baldridge, Prêmio Europeu da Qualidade e Prêmio Nacional da Qualidade – PNQ.

Juran, citado em Lorenzetti,[15] dizia que a qualidade deve ser administrada de maneira análoga às finanças. Sua "trilogia" é uma analogia com a "trilogia da gestão financeira": planejar, controlar e melhorar. O administrador financeiro planeja, preparando a peça orçamentária; controla, verificando o cumprimento do estabelecido no orçamento, e dedica-se a projetos especiais de melhoria: os estudos de redução de custos. O mesmo deve ocorrer com a administração da qualidade: planejar para a qualidade, controlar a qualidade e aperfeiçoar a qualidade. Os custos relativos à qualidade podem não ser pequenos, sejam eles de responsabilidade dos indivíduos ou de uma área de controle da qualidade. Assim, o gerenciamento da função qualidade deve avaliar todos os custos e benefícios associados com a qualidade. Esses custos da qualidade são classificados como custos de prevenção, avaliação, falha interna e falha externa. Uma organização que conta com um programa de qualidade total consolidado tem por objetivo reduzir as falhas de todos os custos conhecidos e desconhecidos, adotando a prevenção da ocorrência de erros.

Questões para discussão

1. É possível afirmar que o conceito de qualidade no mundo moderno é uniforme e padronizado? Comente.
2. Para que uma empresa tenha qualidade é realmente fundamental que ela realize altos investimentos em recursos físicos e treinamento, ou é

---

15   LORENZETTI, 1997, p. 31.

possível a manutenção de um bom nível de qualidade apenas com mudanças culturais e investimentos de menor monta?
3. Qualidade é uma função de chão de fábrica. Escritórios e pessoal da administração não interferem no nível de qualidade de uma organização. Isso está certo ou errado? Justifique sua resposta.
4. Um sistema da qualidade, como a ISO 9000, garante que as empresas produzam bons produtos. Essa afirmativa está correta?
5. O que são custos da qualidade? Explique cada modelo usando um exemplo prático.
6. Explique como a função qualidade pode mudar a competitividade de uma operação de manufatura e de uma operação supridora de serviços.

8

GLOBALIZAÇÃO

Introdução
8.1 Estrutura do macroambiente
8.2 Forças evolutivas
8.3 Um modelo conceitual da globalização
8.4 Impacto dos fatores ambientais
8.5 Evolução das operações globalizadas
Resumo
Questões para discussão

Introdução

Aproximadamente até o final dos anos 1970 e início dos anos 1980, as fronteiras nacionais isolavam as organizações das pressões competitivas estrangeiras – o que não ocorre nos dias de hoje. Com a abertura comercial da década de 1990, perdeu-se quase que totalmente o sentido de definição dos limites de operação de uma organização.

As mudanças previstas por especialistas, tanto no poder econômico e nas expectativas dos clientes como na localização geográfica, que continuamente transformam a natureza dos mercados, são fatores que obrigam a repensar a logística, a qual desempenha um papel de grande importância nas organizações. Desenvolvida dentro de áreas geográficas, controlada por uma área funcional específica – marketing ou produção –, sua gestão era definida por essa restrição, focada no atendimento das necessidades da função que controlava.

A abertura dos mercados, as forças tecnológicas, as políticas macroeconômicas e os custos globais têm impulsionado o processo de globalização (como pode ser visto a seguir na Figura 8.1).

A crescente competitividade exige aumento no desempenho dos componentes da rede logística, assim como a busca por obter vantagem sobre os concorrentes estimula a redefinição do cenário, tornando as redes logísticas mais complexas e impactando diretamente sobre os custos e riscos operacionais. Novas pressões associadas às limitações do mercado interno e a forte concorrência externa, que também incluem a duplicação de estoques, a incompatibilidade das infraestruturas logísticas e a limitada capacidade de reação às mudanças na cadeia de suprimentos, estão mudando as definições e estruturas operacionais utilizadas pelas empresas, que buscam metas de produtividade, redução de custos e inovação tecnológica, entre outras estratégias, para se tornar um concorrente a nível mundial.

Novas definições que diferem daquelas que determinavam as atividades relacionadas ao fluxo logístico, as ferramentas conceituais e gerenciais agora aplicadas à gestão da distribuição física fornecem interessantes soluções, além de refletirem uma nova visão de logística e operações globais.

Figura 8.1   O macroambiente

8.1 Estrutura do macroambiente

Não é nossa intenção discutir em detalhes todos os fatores macroeconômicos geradores de um mercado competidor, os quais também moldam a globalização, mas sim dar uma breve descrição dos fatores apresentados na Figura 8.1.

8.1.1 Ambiente político/legal

Por meio de suas agências reguladoras, as políticas dos governos podem afetar de maneira positiva ou negativa um negócio, criando oportunidades ou limitações estratégicas.

As agências reguladoras foram criadas para fiscalizar a prestação de serviços públicos praticados pela iniciativa privada. Além de controlarem a qualidade na prestação do serviço, estabelecem regras para o setor. Atualmente, existem dez agências reguladoras, implantadas entre dezembro de 1996 e setembro de 2001:[1]

- Agência Nacional de Telecomunicações – ANATEL
- Agência Nacional de Petróleo – ANP
- Agência Nacional de Energia Elétrica – ANEEL
- Agência Nacional de Saúde Suplementar – ANS
- Agência Nacional de Vigilância Sanitária – ANVISA
- Agência Nacional de Águas – ANA
- Agência Nacional do Cinema – ANCINE

---

1   Exemplos de agências reguladoras brasileiras. Disponível em: <http://www.brasil.gov.br/sobre/o-brasil/estrutura/agencias-reguladoras>. Acesso em: 13 mar. 2013.

- Agência Nacional de Transportes Aquaviários – ANTAQ
- Agência Nacional de Transporte Terrestre – ANTT
- Agência Nacional de Aviação Civil – ANAC

8.1.2 Economia

A maioria dos gestores das empresas estão acostumados a pensar em termos de economia interna ou nacional, mas o ambiente econômico é composto de interconexões complexas entre economias de diferentes países, formado por um ambiente de economia internacional, que afeta intensamente a eficácia da operação nas empresas e influencia suas escolhas estratégicas. Taxas de juros e inflação, por exemplo, afetam a disponibilidade e o custo de capital, a possibilidade de expansão, os preços, os custos e a demanda dos consumidores pelos produtos. As taxas de desemprego afetam a disponibilidade de empregos e os salários que uma empresa deve pagar, bem como a demanda de produtos. As condições econômicas modificam-se ao longo do tempo e são difíceis de serem previstas. Os mercados em alta ou em baixa vêm e vão. Os períodos de crescimento acelerado podem ser seguidos por uma recessão.

8.1.3 Tecnologia

Uma empresa que não incorporar as novas tecnologias não será bem-sucedida no mercado atual. Os avanços tecnológicos criam novos produtos, novas necessidades, técnicas de produção e maneiras de administrar e comunicar. À medida que a tecnologia evolui, novos setores industriais, mercados e nichos competitivos aparecem. A tecnologia de comunicações e informações criou uma nova estrutura empresarial, e assim surgiram novas técnicas de produção com sistemas de informação administrativos computadorizados, que tornam a informação disponível em tempo real. Tais avanços tecnológicos criaram inovações nos negócios, e as novas estratégias desenvolvidas levaram as empresas a obterem vantagens competitivas.

8.1.4 Demografia

A demografia é a mensuração das várias características das pessoas que compõem grupos ou outras unidades sociais. Grupos de trabalho, organizações, países, mercados ou sociedades podem ser descritos estatisticamente no que se refere a idade, sexo, tamanho da família, renda, educação, ocupação e assim por diante. O crescimento da população influencia o tipo e a composição da força de trabalho; portanto, as empresas devem considerar os dados demográficos de sua força de trabalho na formulação de suas estratégias de recursos humanos.

GLOBALIZAÇÃO   **CAPÍTULO 8**

8.1.5   Ambiente social e cultural

As tendências sociais implícitas no modo como as pessoas pensam e agem têm importantes implicações na administração da força de trabalho, nas ações corporativas sociais e nas decisões estratégicas sobre produtos e mercados. Empresas que querem se garantir com uma boa vantagem competitiva são aquelas que atualmente consideram essas tendências e introduzem políticas mais tolerantes com referência à licença-maternidade e paternidade, ao horário de trabalho flexível, às culturas locais e às questões ambientais.

8.2   Forças evolutivas

Todas as empresas operam em um macroambiente, definido pelo ambiente externo que exerce influência sobre as decisões estratégicas. Forças evolutivas têm levado o mercado globalizado a assumir novas características, tais como a formação de blocos econômicos, as aquisições, as associações e fusões entre empresas e o licenciamento de produtos.

Três principais forças atuam diretamente nessa evolução:

- A integração de funções internas – incluindo a gestão da distribuição física, do marketing etc. – por toda a organização.
- A cooperação crescente entre as áreas de logística de diferentes elos na cadeia de suprimentos (integração setorial).
- A busca por melhorias na integração geográfica, que vai além das tradicionais áreas de atividade econômica para abranger o mundo inteiro como fonte potencial de clientes, conhecimento, tecnologia, matérias-primas etc.

8.3   Um modelo conceitual da globalização

Nos anos 1980, devido à globalização e também em consequência do aumento da competição, as organizações mudaram radicalmente sua estrutura de operações. Entretanto, a globalização não diz respeito a apenas fazer negócios além das fronteiras nacionais; também significa aumentar a competição para quase todo tipo de organização.

Os gerentes devem estar atentos ao fato de que enfrentam concorrentes no mercado interno e externo, e, se almejam o crescimento da organização, a ampliação das operações para além das fronteiras nacionais será a estratégia lógica. Essa constatação tornou as organizações mais enxutas e flexíveis a partir dos anos 1990.

147

GESTÃO DA PRODUÇÃO E LOGÍSTICA

Para muitas, a chave para a reestruturação bem-sucedida tem sido o foco nas competências básicas ou atividades estrategicamente importantes, bem como a fuga de funções não básicas.

Esse modelo apresenta os maiores fatores e forças motrizes por trás do processo de globalização (veja a Figura 8.2). Esses fatores afetam empresas e produtos de maneiras e graus diferenciados, o que facilita a compreensão do processo de globalização, priorizando a importância de vários fatores e desenvolvendo estratégias alternativas.

Figura 8.2   Processo de globalização

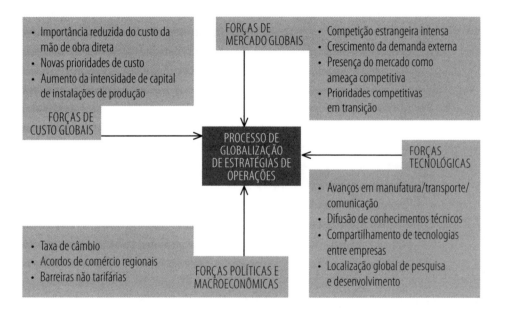

O Quadro 8.1 apresenta uma breve explicação das forças que atuam no processo estratégico da globalização, segundo Martel.[2]

---

2   MARTEL, A.; VIEIRA, D. R. *Análise e projeto de redes logísticas*. São Paulo: Saraiva, 2010. p. 2-3.

GLOBALIZAÇÃO **CAPÍTULO 8**

Quadro 8.1 Forças do processo de globalização

ABERTURA DOS MERCADOS

Esse processo se faz sentir de diversas maneiras:

- Pela intensificação da concorrência internacional nos mercados locais;
- Pelo crescimento da demanda internacional;
- Pela semelhança crescente entre os clientes;
- Pela necessidade de se posicionar globalmente, para que se tenha condições de enfrentar os ataques da concorrência e de lançar novos produtos em âmbito global;
- Pela necessidade da presença de produtos de luxo nos mercados.

FORÇAS TECNOLÓGICAS

As novas tecnologias da informação e da comunicação transformaram o planeta em uma aldeia global.

A melhoria e a desregulamentação dos transportes diminuem os custos das trocas internacionais.

As tecnologias flexíveis de produção e movimentação facilitam a personalização dos produtos. A necessidade de adotar as mais avançadas tecnologias de ponta faz que as empresas se instalem nas proximidades das fontes de desenvolvimento tecnológico, da mesma forma que os custos crescentes para o desenvolvimento de tecnologias estimulam as empresas a compartilharem seus custos.

CUSTOS GLOBAIS

A expansão dos mercados permite a realização de economias de escala.

A busca de mão de obra barata estimula as empresas a confeccionarem seus produtos nos países em desenvolvimento. Porém, não se pode afirmar com toda certeza que essa seja uma estratégia lucrativa, sobretudo no caso de indústrias com um alto nível de automação. A vantagem competitiva dos países em relação à mão de obra se altera rapidamente, e os custos referentes à transferência de uma planta fabril para outros países podem ser bastante elevados. Além disso, a infraestrutura logística inadequada e a elevada carga tributária de algumas nações podem resultar em altos custos diretos — porém, cabe notar também que as subvenções e as vantagens fiscais oferecidas por determinados governos podem ser muito atrativas.

FORÇAS POLÍTICAS E MACROECONÔMICAS

A criação de blocos comerciais se traduz pela eliminação de diversas barreiras tarifárias. No entanto, a implantação de blocos comerciais com diversos países tem proporcionado a flexibilidade necessária para que as empresas se protejam e aproveitem as flutuações das taxas cambiais. A globalização tem impacto direto na logística, levando as empresas a participarem cada vez mais das redes integradas de produção e distribuição globais.

149

O Quadro 8.2 apresenta uma breve comparação do que é e do que não é globalização.

Quadro 8.2 Globalização x não globalização

O QUE É GLOBALIZAÇÃO?	O QUE NÃO É GLOBALIZAÇÃO?
Processo no qual a organização busca foco em suas competências, utilizando conhecimentos e recursos espalhados pelo globo.	Globalização não significa ter escritórios de vendas espalhados pelo mundo ou vender internacionalmente.
A globalização permite o desenvolvimento de soluções locais.	Globalização não é domínio exclusivo de grandes empresas com potencial financeiro.
A globalização cria sinergia e economia de escala entre as organizações, combinando volume de compras e consolidando distribuição e produção para tornar a empresa mais eficiente.	Globalização não significa atender a todos os clientes e segmentos de mercado, vendendo todos os produtos.
Globalização significa transitar pelas diferentes culturas, entendendo e respeitando suas crenças, aspectos econômicos, história e idioma.	Globalização não é organizar um grupo de indivíduos tomando decisões centralmente sem conhecer a cultura, o idioma e a história das regiões onde se pretende atuar.
	A globalização não significa redução de empregos.

Fonte: BERTAGLIA, P. R., 2003, p. 13.[3]

O Quadro 8.3 fornece um breve resumo das forças que são preponderantes no processo de globalização.

Quadro 8.3 Forças do processo de globalização

Forças de mercado globais	Não se pode ignorar o potencial dos mercados estrangeiros. Em primeiro lugar, é preciso enfrentar concorrentes estrangeiros para gerar um balanço competitivo e proteger o mercado interno, garantir o conhecimento em outros mercados, além do doméstico. Para muitos produtos e indústrias, a penetração em mercados globais depende da posse de instalações e/ou redes de distribuição e fornecimento para responder à demanda de clientes em todas as dimensões competitivas relevantes de custo, qualidade, serviço e flexibilidade.

---

3   BERTAGLIA, P. R. *Logística e gerenciamento da cadeia de abastecimento*. São Paulo: Saraiva, 2009.

150

GLOBALIZAÇÃO **CAPÍTULO 8**

Forças tecnológicas	O sucesso competitivo vem mais e mais dependendo da rapidez e efetividade com as quais uma empresa incorpora novos produtos e tecnologias de processo ao projeto e à produção de seus produtos.
Forças de custo globais	À medida que critérios ganhadores de pedidos nos mercados mudam de considerações de custo de produção para qualidade, velocidade de entrega e customização, fatores como transporte, telecomunicações e infraestrutura do fornecedor assumem importância crescente na determinação da localização das atividades da produção.
Forças políticas e macroeconômicas	Inúmeros fatores políticos e macroeconômicos (como taxa de câmbio, volatilidade, acordos comerciais regionais, mercados abertos e acordos de comércio) traçam continuamente o ambiente de manufatura global.

8.4   Impacto dos fatores ambientais

Os gerentes de logística podem optar por atuar em apenas uma área, mas não estão isentos da competição externa e, devido às mudanças constantes nos ambientes de negócio, as quais extrapolam os limites nacionais, devem planejar rapidamente adequações significativas nos sistemas que gerenciam. A Figura 8.3 apresenta as quatro forças (segundo Dornier, p. 43[4]) que interferem no ambiente de negócio e levam as empresas a ajustarem suas estratégias e táticas de logística constantemente: o mercado, a concorrência, a evolução tecnológica e a regulamentação governamental, sendo que as duas principais forças movimentadoras da globalização são a busca por novos mercados e os esforços contínuos para a redução dos custos.

---

4   DORNIER, P.-P. et al. *Logística e operações globais:* texto e casos. São Paulo: Atlas, 2000.

Figura 8.3 Fatores ambientais que afetam a logística

8.5 Evolução das operações globalizadas

Muitas organizações foram motivadas a expandir-se para além das fronteiras nacionais a fim de obter vantagens de custo sobre as concorrentes. O processo evolutivo pode abranger desde atividades limitadas, como realizar compras ou exportar para um determinado mercado, até uma atuação mundial, sem limites nacionais.

A evolução é gradual, iniciando-se com importações e exportações de produtos. Ao observar a disponibilidade de recursos ou um mercado atrativo, a organização pode aumentar seu grau de envolvimento por meio de licenciamento de uso de tecnologia, processos ou marcas para organizações nos países de interesse, assim como a constituição de sociedades ou *joint ventures* com empresas estrangeiras, penetrando assim em certos mercados de interesse, como exemplificado no Quadro 8.4.

Quadro 8.4 Níveis de operações

CLASSE DE ORGANIZAÇÃO	ENVOLVIMENTO	
Negócio internacional	Mínima ou moderadamente envolvida em operações externas.	Importa e exporta. Faz acordos – licenciamento ou alianças.
Organização multinacional	Altamente envolvida em operações externas, com investimentos diretos.	Subsidiárias operam independentemente.
Empresa global	Altamente envolvida em operações externas, com investimentos diretos.	Subsidiárias operam interdependentemente.

À medida que resultados favoráveis se apresentam, aumentam o interesse e o envolvimento das organizações em relação aos investimentos diretos, que podem incluir o início de operações próprias ou compra da totalidade de empresas no exterior. Os obstáculos políticos a essa estratégia são assim reduzidos, pois elimina-se gradativamente as barreiras protecionistas com a criação de blocos comerciais com interesses comuns, o que reduz significativamente as tarifas e outras barreiras ao comércio transnacional entre os países-membros. O Quadro 8.5 relaciona os principais blocos constituídos.

Quadro 8.5   Blocos econômicos

BLOCO		PAÍSES PARTICIPANTES	CONSTITUÍDO EM
BENELUX	Embrião da União Europeia	Bélgica, Holanda e Luxemburgo.	1958
ASEAN	Associação de Nações do Sudeste Asiático	Sudeste asiático: Tailândia, Filipinas, Malásia, Cingapura, Indonésia, Brunei, Vietnã, Mianmá, Laos, Camboja.	1967
PACTO ANDINO	Comunidade Andina de Nações	Bolívia, Colômbia, Equador e Peru.	1969
SADC	Comunidade para o Desenvolvimento da África Austral	Formada por 15 países da região sul do continente africano.	1992
MERCOSUL	Mercado Comum do Sul	Brasil, Argentina, Paraguai e Uruguai.	1991
UE	União Europeia	Alemanha, França, Reino Unido, Irlanda, Holanda, Bélgica, Dinamarca, Itália, Espanha, Portugal, Luxemburgo, Grécia, Áustria, Finlândia e Suécia.	1992
APEC	Cooperação Econômica Ásia-Pacífico	Estados Unidos da América, Japão, China, Formosa (também conhecida como Taiwan), Coreia do Sul, Hong Kong (região administrativa especial da China), Cingapura, Malásia, Tailândia, Indonésia, Brunei, Filipinas, Austrália, Nova Zelândia, Papua Nova Guiné, Canadá, México, Rússia, Peru, Vietnã e Chile.	1993
NAFTA	Tratado Norte--Americano de Livre Comércio	Canadá, Estados Unidos e México.	1994

GESTÃO DA PRODUÇÃO E LOGÍSTICA

Resumo

A organização que busca vantagem competitiva, ou seja, meios que garantam sua manutenção e crescimento em um mercado dinâmico, globalizado e interconectado no qual as necessidades implicam alinhar e criar diferenciais estratégicos, enfrenta uma acirrada disputa no mercado mundial, no qual todas as empresas estão buscando novos mercados ou melhores recursos, redução do risco ou oposição à concorrência. Os executivos responsáveis pelas operações logísticas devem adotar estratégias, acompanhadas de mudanças de mentalidade, que representem maior valor e proporcionem os resultados esperados por seus *stakeholders*, realizando uma criteriosa análise do ambiente futuro para a seleção do produto/mercado, objetivando sua efetiva participação no mercado de interesse.

Questões para discussão

1. Fatores macroambientais obrigaram muitas empresas a reavaliar o papel da logística, priorizando a integração organizacional em busca de melhor desempenho. Em oposição, ainda é comum encontrarmos aquelas cujos processos logísticos estão sob a responsabilidade da área comercial, área industrial ou outras áreas. Analise de que forma essa gestão departamentalizada pode comprometer o fluxo logístico.
2. A ausência de uma área especializada em gestão da logística reflete um equívoco comum, a pouca importância dada aos custos e riscos operacionais, em consequência pode comprometer a empresa na obtenção de uma vantagem competitiva. Identifique os fatores preponderantes para minimizar os custos e riscos em uma organização.
3. A integração logística é desafiadora para qualquer organização que deseja alcançar vantagem competitiva com uma estrutura enxuta e flexível; a resistência daqueles que detêm o poder sobre as operações logísticas é natural, e cabe à alta administração coordenar tal integração para obter plenos benefícios. De que maneira as forças podem facilitar na busca de tais benefícios?
4. O desenho de um novo modelo logístico depende fundamentalmente do tamanho da empresa e em quantos segmentos de negócios ela está inserida. Nas decisões deve-se considerar a complexidade de sua cadeia de suprimentos. Explique a sequência das forças evolutivas.
5. Ao analisar a cadeia de valor de uma empresa varejista especializada em cosméticos, qual o ponto de partida para a evolução de suas operações globais?
6. Quais os objetivos de um bloco econômico?

9

LOGÍSTICA

Introdução
9.1   Breve histórico
9.2   Conceito de logística
9.3   Importância da logística
9.4   A logística na empresa
    9.4.1   Objetivos
    9.4.2   Operações e logística
    9.4.3   Fluxos das operações
Resumo
Questões para discussão

Introdução

A logística, embora seja conhecida há muitos anos, é uma área relativamente nova da gestão integrada em comparação com os campos de finanças, marketing e produção. As empresas têm se engajado na integração dos processos logísticos por esses serem um fator de sucesso em todos os setores organizacionais, e para isso foram forçadas a desenvolver estratégias para projetar processos e produtos que atendam às necessidades de um mercado globalizado, maximizando a utilização de recursos. A novidade nessa área resulta do conceito de gerenciamento coordenado das atividades relacionadas (em vez da prática histórica de gerenciar essas atividades separadamente) e também do fato de que a logística adiciona valor aos produtos ou aos serviços, o que é essencial para as vendas e a satisfação dos clientes. A Figura 9.1 a seguir mostra como funciona uma rede de logística interna.

Figura 9.1   Rede logística interna

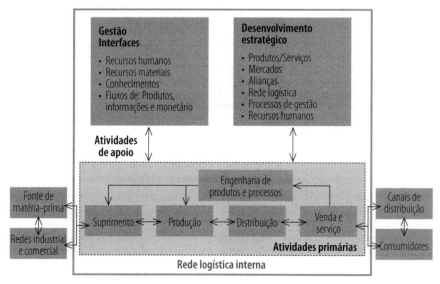

Fonte: Adaptado de MARTEL; VIEIRA, 2010.[1]

O conjunto de atividades primárias associado às atividades de apoio, as quais permitem a aquisição e gestão dos recursos necessários à sua boa condução, formam o *sistema logístico empresarial*.

---

1   MARTEL, A.; VIEIRA, D. R. *Análise e projeto de redes logísticas*. São Paulo: Saraiva, 2010. p. 8.

LOGÍSTICA **CAPÍTULO 9**

9.1   Breve histórico

O surgimento da logística confunde-se com o surgimento do próprio homem, desde os tempos mais remotos: o primeiro relato da construção de um armazém, utilizado para estocar parte da colheita da época, data de 1.800 a.C. Mas foi durante a Segunda Guerra Mundial que a logística demonstrou sua importância durante a invasão da Europa pelas tropas aliadas. Outro exemplo, agora já em 1991, foi a movimentação de recursos durante a Guerra do Golfo.

Conforme Ballou,[2] o desenvolvimento da logística ocorreu em três eras: antes de 1950, de 1950 a 1970 e após 1970. O Quadro 9.1 resume tal desenvolvimento.

Quadro 9.1   Histórico

ANTES DE 1950	As empresas fragmentavam a administração da logística entre departamentos como produção, marketing e até financeiro.
DE 1950 A 1970	Período de desenvolvimento, ambiente empresarial propício às novidades do pensamento administrativo, impulsionado por estudos sobre os custos do transporte aéreo e as novas condições econômicas e tecnológicas.
APÓS 1970	Anos de crescimento, princípios básicos estabelecidos com benefícios aparentes que foram impulsionados pela crise do petróleo. As funções da logística foram afetadas pela busca de produtividade e qualidade.

Estudiosos pioneiros identificaram a natureza da distribuição e como ela diferia da natureza da demanda criada pelo marketing, a exemplo dos trabalhos de Arch Shaw em 1912 e de Fred Clark em 1922; mas para isso também houve uma grande influência da Segunda Guerra Mundial.

Quadro 9.2 Estudiosos da logística

GERENCIAMENTO COORDENADO DA LOGÍSTICA	1844	Julie Dupuit (engenheiro francês)
PRIMEIRO LIVRO-TEXTO	1961	Edward W. Smykay, Donald J. Bowersox e Frank H. Mossman

---

2   BALLOU, R. H. Gerenciamento da cadeia de suprimentos: planejamento, organização e logística empresarial. Porto Alegre: Bookman, 2001. p 27-34.

157

GESTÃO DA PRODUÇÃO E LOGÍSTICA

9.2 Conceito de logística

9.2.1 Definições

Conforme o dicionário *Webster's*, logística é "o ramo da ciência militar que lida com a obtenção, a manutenção e o transporte de materiais, pessoal e instalações", ou seja, um contexto puramente militar.

Conforme o Conselho de Administração Logística (CLM, sigla do inglês *Council of Logistics Management*),

> logística é o processo de planejamento, implementação e controle do fluxo eficiente e economicamente eficaz de matérias-primas, estoque em processo, produtos acabados e informações relativas desde o ponto de origem até o ponto de consumo, com o propósito de atender às exigências dos clientes. [3]

Essa última definição é mais adequada aos objetivos empresariais, salvo duas exceções: ela causa a impressão de estar preocupada apenas com a movimentação física de materiais, mas também beneficiando os prestadores de serviço. E ainda implica a noção de que os profissionais de logística estão preocupados com o fluxo de mercadorias internamente: pode-se entender que sua responsabilidade vai do fluxo de produtos ao processo de produção, não havendo necessidade de que os profissionais de logística lidem com os detalhes do processo de produção, como controle de estoque em produção, programação de máquinas ou de controle de qualidade das operações; definitivamente, esse é um grave equívoco e não contribui para os objetivos empresariais.

Martel,[4] observa que:

> Além da rede logística, o sistema incorpora todas as atividades de apoio necessárias para que a empresa planeje e controle a aquisição, o desenvolvimento, o desdobramento, a utilização e a alocação de seus

---

3 BALOU, 2001, p. 21.
4 MARTEL; VIEIRA, 2010. p. 9.

recursos, sejam eles humanos, financeiros, materiais ou relativos à informação.

9.2.2 A missão

A missão do sistema logístico é definida em termos de produtos/mercados e critérios de desempenho a serem atendidos e estabelecidos. Portanto, "a missão da logística é dispor a mercadoria ou o serviço certo, no lugar certo, no tempo certo e nas condições desejadas, ao mesmo tempo em que fornece a maior contribuição à empresa".[5]

A Figura 9.2 apresenta a relação entre o plano funcional, do qual fazem parte as principais funções logísticas, e o plano estrutural, que engloba atividades responsáveis pelo cumprimento da missão logística.

Figura 9.2 Plano estrutural

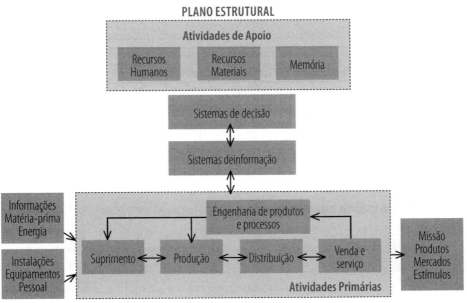

Fonte: Adaptado de MARTEL; VIEIRA, 2010, p. 10.

---

5   BALOU, 2001, p. 21.

9.3 Importância da logística

A logística diz respeito à criação de valor – valor para clientes e fornecedores da empresa e para seus acionistas. O valor em logística é expresso em termos de tempo e lugar. Produtos e serviços não têm valor algum a menos que estejam sob a posse do cliente quando (tempo) e onde (lugar) ele deseja consumi-los.

A efetividade das atividades da logística pode ser avaliada pelo reconhecimento do cliente, ou seja, sua disposição em pagar por um produto ou serviço um valor superior ao custo de sua obtenção, ou seja, a logística adiciona valor para o cliente.

Quando uma empresa incorre em custos para movimentar os produtos em direção aos clientes ou tornar um estoque disponível de maneira oportuna, o valor que não estava lá antes foi criado para o cliente. Esse valor é equivalente ao valor criado pela produção ao entregar um produto com qualidade a preço baixo.

Normalmente, um negócio gera quatro tipos de valor em produtos ou serviços: forma, tempo, lugar e posse. A logística é responsável pela criação de dois deles: tempo e lugar.

Forma: valor criado pela manufatura à medida que as entradas são transformadas em saídas de maior valor.
Tempo: é de responsabilidade da logística o atendimento no prazo determinado, nem antes nem depois.
Lugar: a garantia das entregas nos pontos determinados pelo cliente.
Posse: de responsabilidade do marketing, engenharia e finanças, os quais criam valores que estimulam o consumidor a adquirir o produto.

9.4 A logística na empresa

Tradicionalmente as empresas se organizam em torno de marketing e produção. *Marketing* significa vender algo, e *produção* significa fazer algo.

Considerando outras atividades como tráfego, compras, contabilidade e engenharia pertencentes às áreas de suporte, um modelo simples da organização de uma empresa pode ser observado no Quadro 9.3.

LOGÍSTICA **CAPÍTULO 9**

Quadro 9.3 Modelo simples

PRODUÇÃO	SUPORTE	MARKETING
	TRÁFEGO	
PRODUZIR ALGO	**COMPRAS**	VENDER ALGO
TEMPOS DE PRODUÇÃO E COMPRAS	**CONTABILIDADE** **ENGENHARIA**	TEMPOS DE DEMANDA

As atividades de suporte afetam de maneiras diferentes a eficiência e a eficácia da relação entre o marketing e a produção. Por isso, essas áreas não podem ser negligenciadas no estudo da logística (mais detalhes dessas relações nos Quadros 9.4 e 9.5). O marketing e a produção/operações, por exemplo, quando amplamente concebidos e coordenados, podem realizar um trabalho eficaz de gerenciamento das atividades logísticas sem criar uma entidade organizacional adicional; entretanto, uma área funcional separada pode ser a maneira mais eficaz de alcançar a coordenação desejada.

Quadro 9.4 Produção X Marketing

PRODUÇÃO	MARKETING
A gestão de operações tem a responsabilidade da produção e entrega de produtos físicos e serviços.	A preocupação do marketing é colocar seus produtos e serviços em canais de distribuição convenientes de forma a facilitar o processo de troca.
MINIMIZAR CUSTOS ✕	**MAXIMIZAR RECEITAS**

Essa diferença, nos objetivos, pode levar à fragmentação do interesse e da responsabilidade pelas atividades logísticas como um todo, comprometendo os custos e a qualidade dos produtos ou serviços.

161

Quadro 9.5   Interfaces da logística

PRODUÇÃO /OPERAÇÕES		LOGÍSTICA		MARKETING
Atividades • Controle de qualidade • Programação da produção • Manutenção do equipamento • Planej. da capacidade • Mensuração do trabalho	**Interface** • Programação da produção • Localização da planta • Compras	**Atividades** • Transportes • Estoques • Processamento de pedidos • Manuseio de materiais	**Interface** • Padrões de serviço ao cliente • Precificação • Embalagem • Localização do varejo	**Atividades** • Promoção • Pesquisa de mercado • Mix de produto • Gerenciamento da equipe de vendas
Produção Interface com a logística		Atividades que dão ao produto ou serviço valor de tempo e lugar		**Marketing** Interface com a logística
Valor de Forma				**Valor de posse**

Podemos observar no Quadro 9.5 as atividades que formam interface com marketing, produção/operações e logística. Basicamente, uma atividade de interface é aquela que não pode ser efetivamente administrada dentro de uma área funcional. Normalmente, é criada de uma forma arbitrária que separa as atividades da empresa em um número limitado de divisões organizacionais. Gerenciar as atividades de interface por uma única função pode resultar em baixo desempenho para a empresa por meio da subordinação das metas mais abrangentes da empresa às metas da função individual.

9.4.1   Objetivos

Na área logística, as metas devem estar alinhadas com o objetivo maior da empresa. Para tanto, deve ser desenvolvido um conjunto de atividades logísticas que resultem no maior retorno possível sobre o investimento ao longo do tempo. Essas metas podem ter duas dimensões: o *impacto do projeto logístico sobre a receita* e o *custo do projeto logístico.*

Deveria ser de perfeito conhecimento do profissional de logística a quantidade de receita adicional gerada com as melhorias incrementadas na qualidade dos serviços prestados aos clientes, porém, essa receita geralmente não é conhecida com

LOGÍSTICA **CAPÍTULO 9**

muita exatidão, devido à dificuldade em sua apuração. Frequentemente, tendo-se como base um nível de serviços aceitável pelo cliente, fixa-se algum valor determinado, como vendas ou outro pertinente.

Nesse ponto, o objetivo logístico pode ser minimizar os custos para alcançar o nível de serviço desejável em vez de maximizar o lucro ou o retorno sobre o investimento.

Diferentemente da receita, os custos logísticos podem ser apurados com a utilização de práticas contábeis. São os custos operacionais e os custos de capital.

Quadro 9.6 Custos operacionais e custos de capital

CUSTOS OPERACIONAIS	CUSTOS DE CAPITAL
São aqueles periodicamente recorrentes ou aqueles que variam diretamente com os níveis de atividades.	São as despesas que ocorrem apenas uma vez e não mudam com as variações normais nos níveis de atividades.
Exemplos: salários, despesas de armazenagem e administrativas e outras despesas indiretas.	*Exemplos*: investimento privado em frota de caminhões, o custo de construção de armazéns e a aquisição de equipamentos de movimentação.

9.4.2 Operações e logística

Quaisquer processos físicos que aceitam entradas e utilizam recursos para transformá-las em saídas com maior valor agregado fazem parte das operações. Trata-se, mais especificamente, de um processo de planejamento, implementação e controle de um fluxo físico e de informações efetivo e eficiente quanto ao custo, desde o ponto de origem até o ponto de consumo, visando a atender as necessidades dos clientes.

Como anteriormente mencionado, logística é a gestão de fluxos entre funções de negócio; tradicionalmente restrita à simples entrada de matéria-prima ou ao fluxo de saída de produtos acabados, hoje inclui todas as formas de movimentação de produtos e informações.

Dois tipos de eventos dão origem à maioria dos fluxos de produtos:

- pedidos de clientes ou vendas que, em razão da disponibilidade de estoque, podem dar origem a ordens de compra, produção ou serviço referentes à separação, preparação, expedição e entrega, e também à capacidade das atividades ocupadas.

163

GESTÃO DA PRODUÇÃO E LOGÍSTICA

- pedidos aos fornecedores ou compras desencadeiam os processos internos de aquisição, as atividades de entrega dos fornecedores e todas relacionadas ao recebimento.

9.4.3 Fluxos das operações

Para garantir a satisfação da demanda de seus mercados, uma organização deve estruturar os produtos que oferece conforme alguns ou todos os fluxos físicos do quadro a seguir.

Quadro 9.7   Fluxos físicos

MATÉRIAS-PRIMAS	Do ponto de estocagem da fonte original até a entrega.
PRODUTOS SEMIACABADOS	Vindos de unidades de manufatura próprias ou de fábricas ou armazéns dos fornecedores.
FERRAMENTAS OU MÁQUINAS	De uma unidade de manufatura para outra.
PRODUTOS ACABADOS ENTRE PLANTAS	Armazéns próprios, armazéns dos clientes, ou de empresas de serviços logísticos.
ITENS CONSUMÍVEIS E PEÇAS DE REPOSIÇÃO	De armazéns para os veículos dos técnicos em reparos, ou para as unidades dos clientes onde os equipamentos estão instalados.
EQUIPAMENTOS DE SUPORTE DE VENDAS	Estantes e *display*, quadros de propaganda, catálogos etc.
EMBALAGENS VAZIAS	Dos pontos de entrega para os pontos de carregamento.
PRODUTOS VENDIDOS OU COMPONENTES DEVOLVIDOS	Dos pontos de entrega para o ponto inicial de armazenagem ou manufatura (fluxo reverso).
PRODUTOS USADOS A SEREM RECICLADOS	Reutilizados ou postos à disposição (fluxo reverso).

LOGÍSTICA **CAPÍTULO 9**

Os fluxos podem ocorrer em dois sentidos: diretos ou reversos, como mostra o Quadro 9.8.

Quadro 9.8 Fluxos logísticos

	LOGÍSTICA INTERNA	LOGÍSTICA EXTERNA
FLUXOS DIRETOS	• Interplantas • Planta/armazém • Armazém/armazém	• Com forncedores (fornecimento de materiais e componentes) • Com clientes (produtos, peças de reposição, materiais promocionais e de propaganda)
FLUXOS REVERSOS		• Com forncedores (embalagem, reparo) • Com fabricantes (eliminação, reciclagem) • Com clientes (excesso de estoque, reparos)

Resumo

A logística, apresentada inicialmente como um ramo das atividades militares, demonstrou com o passar dos anos – e com a consequente globalização – uma necessária evolução dos processos de gestão das operações logísticas. A efetiva busca pela competitividade, por meio da otimização dos custos, levou os gestores a repensarem o papel da logística, e assim as operações de logística passaram a ser encaradas como um fator fundamental para a satisfação dos clientes, bem como a noção de que todos os departamentos têm seu grau de responsabilidade.

Questões para discussão

1. A gestão integrada certamente é um dos fatores de sucesso em todos os setores organizacionais. O que é fundamental para que se atinja tal sucesso?
2. Tendo como referência o conceito de logística sob o ponto de vista empresarial, cite os possíveis obstáculos que poderão comprometer a gestão da logística.
3. Explique as atividades de interface existentes em uma cadeia logística.
4. Sob o ponto de vista dos *stakeholders* uma organização ou unidade de negócios deve ter as metas da logística alinhadas com os objetivos organizacionais. O que garante tal alinhamento?

165

5. Descreva operações utilizando como exemplo uma empresa que você conhece.
6. Quando nos referimos ao conceito de logística sob o ponto de vista empresarial, quais são as exceções?

10

ESTRATÉGIA DA LOGÍSTICA

Introdução
10.1 Desdobramento do planejamento estratégico
10.2 Modelo estratégico
10.3 As três dimensões das operações de logística
10.4 Relacionamento entre as três dimensões
10.5 Estratégias de abastecimento
10.6 Integração vertical
Resumo
Questões para discussão

GESTÃO DA PRODUÇÃO E LOGÍSTICA

Introdução

Estratégias e planos fazem parte do planejamento estratégico de uma organização, o qual está relacionado ao processo de desenvolver e construir estratégias e administrar a empresa de acordo com as decisões e os objetivos estabelecidos a médio e longo prazos.

Conforme diz Bertaglia,[1] as organizações que adotam o planejamento estratégico, preocupando-se com o futuro, buscam claramente definir onde querem estar em certo período de tempo. Em vez de ficar constantemente reagindo às oscilações do mercado e aos posicionamentos da concorrência, a organização toma suas decisões orientadas pela estratégia desenvolvida, compondo as atividades operacionais de curto prazo e, ao mesmo tempo, projetando seu futuro.

Essa estratégia é criada para direcionar os investimentos futuros em recursos destinados a manter ou gerar um novo mercado por meio da introdução de seus produtos, tendo como base a análise de seus pontos fortes e fracos, de sua situação competitiva e daquilo que pode e deve ser feito para melhorar o relacionamento com os clientes e o posicionamento de mercado.

As organizações estão em constante mudança, pressionadas pelas forças econômicas, competitivas, políticas e ambientais. Os acordos comerciais multilaterais, a globalização, a evolução da tecnologia e a mudança de hábitos dos consumidores são variáveis externas que colocam as organizações em xeque, desafiando suas decisões e sua capacidade de construir estratégias vencedoras e de sobrevivência.

Segundo Ballou,[2] definir as diretrizes estratégicas para a empresa é um processo geralmente conduzido pela alta gerência, no qual as diretrizes globais são delineadas e traduzidas para um plano de ação corporativo, a fim de atender aos objetivos financeiros, de crescimento, de participação no mercado e outros. O plano de ação corporativo é dividido em subplanos para as áreas funcionais, tais como marketing, produção e logística.

Esses subplanos exigem que muitas decisões específicas sejam tomadas. Em relação à logística, essas decisões incluem, entre outras, localização de armazéns, estabelecimento de políticas de estoque, projeto do sistema de entrada de pedido e seleção dos modais de transportes. Muitas delas podem ser apoiadas pela aplicação de vários conceitos logísticos e de qualidade, além de técnicas de tomada de decisão disponíveis aos profissionais de logística, como a gestão de fluxo – da compra de matérias-primas à

---

1 BERTAGLIA, P. R. *Logística e gerenciamento da cadeia de abastecimento*. São Paulo: Saraiva, 2009. p. 39.
2 BALLOU, R. H. *Gerenciamento da cadeia de suprimentos: planejamento, organização e logística empresarial*. Porto Alegre: Bookman, 2001. p. 34.

entrega do produto acabado ao cliente –, que acarreta enormes gastos para empresas do mundo inteiro. Esse cenário pode melhorar com a aplicação de novas técnicas gerenciais, tais como *Just In Time* (JIT), gestão da qualidade total (TQM – *Total Quality Management*) e os sistemas flexíveis de manufatura (FMS – *Flexible Manufacturing Management*). Consequentemente, com o uso dessas técnicas, a complexidade e o volume das atividades logísticas aumentarão.

10.1   Desdobramento do planejamento estratégico

O processo de globalização tem apresentado grandes desafios estratégicos e situações de mercado cada vez mais complexas – realidades a serem enfrentadas por todas as organizações. Preocupações com um ambiente de incertezas com altos riscos e competição intensa, novos concorrentes, variação na participação de mercado, regras governamentais, acordos comerciais, demanda instável e problemas financeiros devem ser o foco de concentração das organizações quando da elaboração do planejamento estratégico.

Conforme Harrison:

> Administração estratégica é um processo pelo qual as organizações analisam e aprendem com seus ambientes internos e externos, estabelecem a direção estratégica, criam estratégias que pretendem mover a organização naquela direção e implementam essas estratégias, tudo em um esforço para satisfazer a seus principais públicos interessados.[3]

O desdobramento da estratégia corporativa determinará quais estratégias serão adotadas pelas áreas funcionais da organização, como marketing, produção e operações.

A criação da estratégia corporativa começa com uma expressão clara dos objetivos da empresa; portanto, refere-se aos planos da alta administração para alcançar resultados consistentes com a missão e os objetivos gerais da organização, relacionados a lucros, sobrevivência, aspectos sociais, retorno sobre o investimento, participação no mercado ou metas de crescimento – os quais devem estar bem definidos.

Isso exige atentar para os quatro componentes da boa estratégia: clientes, fornecedores, concorrentes e a empresa em si.

---

3   HARRISON, J. S. *Administração estratégica de recursos e relacionamentos*. Porto Alegre: Bookman, 2005. p. 26

Pode-se encarar a estratégia sob três pontos de vantagem:
- A formulação da estratégia – quando se desenvolve a estratégia;
- Implementação da estratégia – quando se coloca a estratégia em ação; e
- Controle estratégico – processo de modificar a estratégia ou sua implementação.

As estratégias são geradas e implementadas em diferentes níveis nas organizações:
- **Estratégias corporativas:** estão ligadas aos objetivos estabelecidos pela direção da empresa. Nesse nível são definidos os objetivos para as unidades de negócio que formam a organização.
- **Estratégias de negócio:** têm a responsabilidade de transformar as estratégias corporativas em objetivos funcionais e estratégias individuais por unidade de negócio. Identificam ainda quais métodos devem ser adotados no nível individual de negócios para que possam ser competitivos.
- **Estratégias funcionais:** ocorrem no nível operacional da organização. São os meios pelos quais as estratégias corporativas e de negócio são implementadas.

Esse esquema ilustra o modelo da administração estratégica.

Figura 10.1   Modelo da administração estratégica

Fonte: WRIGHT, P. L.; KROLL, M. J.; PARNELL, J., 2000.[4]

---

4   WRIGHT, P. L.; KROLL, M. J.; PARNELL, J. *Administração estratégica:* Conceitos. 4. ed. São Paulo: Atlas, 2000.

ESTRATÉGIA DA LOGÍSTICA **CAPÍTULO 10**

Segundo Harrison,[5] três perspectivas da administração estratégica são fundamentais para o desenvolvimento das redes logísticas, como pode ser visto a seguir.

Quadro 10.1 Perspectivas da administração estratégica

	PERSPECTIVA TRADICIONAL	VISÃO BASEADA EM RECURSOS	VISÃO DO PÚBLICO INTERESSADO
ORIGEM	Economia, outras disciplinas de administração e empresas de consultoria.	Economia, competências diferenciadas e capacidade gerencial geral.	Ética empresarial e responsabilidade social.
VISÃO DA EMPRESA	Uma entidade econômica.	Um conjunto de recursos, habilidades e aptidões.	Uma rede de relações entre a empresa e o público interessado.
MÉTODO DE FORMULAÇÃO DA ESTRATÉGIA	Análise da situação dos ambientes interno e externo, visando à formulação da missão e das estratégias.	Análise dos recursos, habilidades e aptidões organizacionais; aquisição de recursos, habilidades e aptidões superiores.	Análise de poder econômico, influência política, direitos e exigências do público interessado.
FONTE DE VANTAGEM COMPETITIVA	Melhor adaptação da organização a seu ambiente, tirando vantagem de seus pontos fortes e oportunidades, superando pontos fracos e ameaças.	Posse de recursos, habilidades e aptidões que sejam valiosos, raros e difíceis de serem imitados pelos concorrentes.	Ligação superior ao público interessado, gerando confiança e boa vontade, reduzindo a incerteza, melhorando os acordos comerciais e, por fim, melhorando o desempenho da empresa.

---

5   HARRISON, 2005.

10.2 Modelo estratégico

De maneira simples, o sistema logístico pode ser dividido em dois segmentos, como no quadro a seguir.

Quadro 10.2 Sistema logístico

LOGÍSTICA DE ENTRADA	LOGÍSTICA DE SAÍDA
Envolve o fornecimento de todos os materiais e componentes necessários para a fabricação dos produtos.	Engloba a forma como os produtos manufaturados movem-se a partir da montagem final, por meio da distribuição e armazenagem até as mãos dos consumidores.

Os segmentos entrada e saída não podem ser tratados isoladamente, pois é o fluxo global que resulta na satisfação dos clientes finais.

10.3 As três dimensões das operações de logística

O modelo de logística global é composto de três dimensões: a funcional, a setorial e a geográfica. Esse modelo serve de ferramenta para otimizar e gerenciar o fluxo de materiais.

Quadro 10.3 Três dimensões do modelo de logística global

FUNCIONAL	Enfatiza a natureza interfuncional da logística.	O processo logístico cruza as áreas funcionais, e assim permite a criação de importantes interfaces.
SETORIAL	Integração entre empresas.	Refere-se aos esforços de parceiros da cadeia de suprimentos para coordenar e gerenciar suas atividades como uma única entidade.
GEOGRÁFICA	Difere da gestão de operações domésticas.	Identifica e analisa as diferenças entre as nações; analisa a importância do transporte e distribuição em relação às distâncias; observa a dificuldade na gestão de mercados dispersos.

ESTRATÉGIA DA LOGÍSTICA **CAPÍTULO 10**

10.4 Relacionamento entre as três dimensões

Para identificar a melhor orientação para uma empresa, e considerando a maximização da lucratividade – o objetivo de qualquer sistema logístico–, pode-se analisar as três dimensões do modelo logístico.

Quadro 10.4   Análise das três dimensões do modelo logístico

LOGÍSTICA ORIENTADA PARA RECURSOS	É o gerenciamento dos diversos recursos necessários para a fabricação de produtos a serem entregues aos clientes finais.	Foco no relacionamento entre as dimensões funcionais e geográficas.
LOGÍSTICA ORIENTADA PARA A INFORMAÇÃO	Refere-se à gestão da informação como fonte de vantagem competitiva.	Foco no relacionamento entre as dimensões setorial e geográfica.
LOGÍSTICA ORIENTADA PARA O USUÁRIO	O sistema logístico é analisado, em conjunto com os parceiros da cadeia de suprimentos, com o objetivo de aperfeiçoá-lo.	Mantém-se o foco no usuário, de maneira que se ganhe flexibilidade na resposta às necessidades do cliente.

Devido à natureza dinâmica do ambiente de negócio, as empresas não podem ser excelentes em todas as dimensões o tempo todo.

10.5 Estratégias de abastecimento

Organizações visionárias têm se preparado para competir melhor na nova economia e estão aliando o poder da Internet às modernas estruturas de processos para eliminar as barreiras funcionais e corporativas, incluindo as restrições geográficas. Tais empresas também vêm aumentando a velocidade das operações para satisfazer às exigências dos clientes e consumidores.

Conforme Bertaglia:

> A cadeia de abastecimento é um dos caminhos nos quais as organizações têm apostado para revolucionar e melhorar os serviços aos clientes. As cadeias de demanda e de abastecimento criam caminhos de

173

comunicação mais efetivos entre parceiros, fornecedores, fabricantes, distribuidores e clientes. A distribuição e o atendimento ao cliente são utilizados como armas estratégicas num mercado de acirrada competição. Os relacionamentos puramente transacionais estão evoluindo para o relacionamento colaborativo, no qual as partes se comunicam para obter resultados que adicionem valor à cadeia de abastecimento.[6]

A cadeia de abastecimento cria caminhos de comunicação mais efetivos entre parceiros, fornecedores, fabricantes, distribuidores e clientes, baseados muito mais em processos de negócio do que simplesmente em produto. Cabe acrescentar também que a mudança do conceito transacional puro para o enfoque de alianças colaborativas está cada vez mais evidente, o que determina o nível de relacionamento, levando em conta os elementos estratégicos.

10.6   Integração vertical

As estratégias de abastecimento formam uma integração vertical, que corresponde a um aumento do escopo das atividades da empresa dentro do mesmo segmento industrial, o qual se estende tanto para o início da cadeia como para seu final. O processo pode ser total ou parcialmente integrado. Uma integração vertical somente é interessante se aumentar de forma significativa a posição competitiva da empresa.

- *Atrativos da integração do ponto de vista do fornecedor.* Esse tipo de integração vertical trará benefícios quando o volume necessário for realmente grande, de tal forma que possa capturar as eficiências dos fornecedores.
- *Atrativos do ponto de vista da distribuição.* Para que uma organização produtiva implemente o seu próprio canal de distribuição deve considerar que uma integração com a distribuição e o varejo apresente menor custo aos distribuidores independentes.
- *Desvantagens da integração vertical:*
  - Investimentos adicionais

---

6   BERTAGLIA, 2009. p. 3-5.

ESTRATÉGIA DA LOGÍSTICA **CAPÍTULO 10**

- Fontes fixas de fornecimento
- Baixa flexibilidade
- Capacidade da cadeia
- Necessidade de diferentes habilidades
- Dificuldade para introdução de novos produtos

Resumo

A estratégia é um conceito comum às atividades empresariais, sejam administrativas ou de operações. O nível mais alto dentro de uma estrutura organizacional é o estratégico, pois nesse nível são desenvolvidos os planos de longo prazo, que têm por objetivo o posicionamento estratégico no futuro, orientando os planos nos níveis tático, médio prazo, operacional e curto prazo. Portanto, o alinhamento entre os planos estratégicos, táticos e operacionais é fundamental para que se obtenha os resultados planejados. O mesmo alinhamento deve se estender ao longo da cadeia de suprimentos para que se obtenha uma real integração colaborativa.

Questões para discussão

1. Sendo o planejamento estratégico um posicionamento que minimiza ações reativas futuras, qual a sua importância para as operações logísticas?
2. Como as estratégias implementadas em diferentes níveis numa organização podem afetar a logística?
3. Analise o modelo da Administração estratégica e formule uma estratégia para a Gestão Logística.
4. A empresa AlphaGama é um tradicional fabricante de equipamentos para a indústria farmacêutica, tais como misturadores, tanques, esteiras etc. Analisando as dimensões do modelo logístico, como deve ser desenvolvida a estratégia de abastecimento da empresa?
5. As operações modernas têm levado ao aumento da velocidade das transações em uma cadeia logística. De que maneira a integração vertical e suas implicações podem favorecer o desempenho dessas operações?
6. Sem duvidas a globalização tem impacto fundamental sobre o planejamento estratégico. De que maneira as operações logísticas podem ser afetadas?

11

REDE LOGÍSTICA: PROJETO E FLUXO

Introdução
11.1 Conceitos
11.2 Escolha de um sistema de planejamento e controle
    11.2.1 Tipos de redes de suprimento
    11.2.2 Governança das redes de suprimento
11.3 Capital social e humano
11.4 Redes interorganizacionais e intraorganizacionais
    11.4.1 Redes interorganizacionais
    11.4.2 Redes intraorganizacionais
11.5 Concepção das redes logísticas
11.6 Orientação para redes logísticas
Resumo
Questões para discussão

GESTÃO DA PRODUÇÃO E LOGÍSTICA

Introdução

Considere o seguinte exemplo: o projeto de uma rede foi negligenciado por muitos anos, quando as relações entre oferta e demanda eram inicialmente discutidas por economistas; os diferenciais, como custos de transporte e de localização de instalações, eram considerados inexistentes ou iguais entre concorrentes, mas afetavam diretamente o custo e a capacidade de prestação de serviços aos clientes.

Assim, no começo da década de 1990, as empresas foram rodeadas por sistemas complexos que tomaram conta de quase todos os aspectos operacionais. A percepção de que as relações sociais facilitam a troca de recursos despertou o interesse pelo papel do capital social. Essa nova perspectiva direcionou as empresas a obterem vantagens sustentáveis em longo prazo, identificando e valorizando recursos difíceis de serem imitados. Capra,[1] destaca que as empresas foram criadas com fins específicos: ganhar dinheiro para os acionistas, administrar e distribuir poder político, transmitir conhecimento etc., mas são comunidades sociais que interagem umas com as outras para constituir relacionamentos, ajudando-se mutuamente. A concepção e compreensão das empresas como redes não lineares complexas ajudam a lidar com um novo ambiente empresarial.

O autor ainda compara as teorias de Taylor, Fayol e Senge. Enquanto Taylor, no início do século 20, com sua teoria científica da administração defendia que as organizações eram concebidas como um conjunto de partes que se interligavam de maneira precisa e específica, Fayol, com a teoria clássica, concebia que as organizações eram estruturas formais ligadas por linhas claras de comunicação, coordenação e controle. Senge[2] não discorda sobre o ganho em eficiência e produtividade alcançado por Taylor e Fayol com suas teorias; entretanto, acrescenta que as empresas contemporâneas administradas com uma visão puramente mecanicista não sobreviverão ao ambiente econômico, devido a sua complexidade e mudanças rápidas.

De Geus[3], destaca que empresas resistentes e longevas apresentam duas características: uma forte noção de comunidade e identidade coletiva e um conjunto de características que englobam a abertura para o meio externo, a tolerância à entrada de novos indivíduos e novas ideias, adaptando-se às novas circunstâncias.

Reis[4] complementa:

---

1   CAPRA, F. *As conexões ocultas* – ciência para uma vida sustentável. São Paulo: Cultrix, 2002. p. 111.
2   TAYLOR; FAYOL; SENGE apud CAPRA, 2002, p 115.
3   DE GEUS apud CAPRA, 2002, p 116.
4   REIS, D. R. D. *Gestão da inovação tecnológica*. Barueri: Manole, 2008. p. 42.

REDE LOGÍSTICA: PROJETO E FLUXO **CAPÍTULO 11**

O desenvolvimento ou a adoção de novas tecnologias é hoje, na sua essência, um processo de colaboração intensiva entre vários tipos de entidades, que formam uma complexa teia de atividades inovadoras. A inovação tecnológica numa envolvente multi-institucional requer grande facilidade de estabelecer relações interpessoais e interempresariais, ultrapassando assim o tradicional formalismo das relações institucionais.

11.1 Conceitos

Uma rede é um conjunto de pessoas ou empresas, tecnicamente denominadas nós ou atores (*nodes*), interligadas por meio de relações dos mais diversos tipos, denominadas laços ou arcos (*lines ou edges*). As relações estabelecidas podem ser bilaterais, quando entre duas empresas, ou multilaterais, quando envolvem várias empresas. Em ambos os casos há um compartilhamento de recursos. Uma rede pode ser estabelecida por um grupo de funcionários engajados em um projeto ou por empresas que buscam trocar informações, desenvolvimento, pesquisa, tecnologia e capital social ou humano.

Segundo Harisson,[5] redes de empresas são estabelecidas por meio de contratos mais sociais do que legais. Normalmente uma organização focal se posiciona no eixo central da rede e facilita a coordenação das atividades empresariais para um amplo leque de outras organizações. Cada empresa se concentra no que faz de melhor, permitindo o desenvolvimento de competências distintas.

O conjunto de atividades primárias da rede logística de uma empresa têm a forma de um conjunto de nós e arcos situados no território geográfico coberto pela empresa, como pode ser observado na Figura 11.1.

---

5   HARRISON, 2005.

Figura 11.1   Nós e arcos

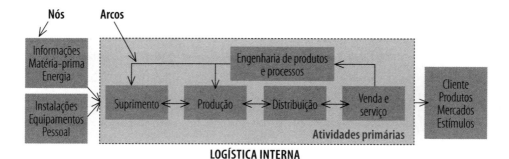

Exemplos de nós e arcos:

NÓS	ARCOS
Fontes de suprimentos	Transporte
Fábricas	Movimentação
Armazéns	Troca de Dados
Pontos de Venda	Troca de Informação
Mercados	Desembaraço Fiscal
Portos	Troca de Propriedade
Processamento	Transferência de Fundos

Essas atividades implicam intervenção de um grande número de parceiros: fornecedores, empresas de transporte, armazéns, distribuidores, bancos etc.

Conforme Martel:[6]

> Uma rede pode assumir várias formas, no ambiente de uma determinada concorrência, a capacidade da empresa de fornecer preços, tempos de resposta e serviços capazes de aumentar sua participação no mercado e, consequentemente sua rentabilidade, depende,

---

6   MARTEL; VIEIRA, 2010. p. 11.

em larga escala, da estruturação "dos nós e arcos da rede logística.

Martel apresenta também três exemplos de formação de redes logísticas, exemplificados pelas figuras a seguir. Na Figura 11.2, pode-se observar a formação de uma rede na qual a fabricação e montagem de uma família de produtos destinados a um determinado mercado ocorre em uma fábrica.

Figura 11.2 Produtos destinados a um único mercado

Na Figura 11.3, representa-se uma rede na qual a produção e distribuição descentralizada de uma família de produtos é destinada a diversos mercados.

Figura 11.3 Produtos destinados a vários mercados

A Figura 11.4 apresenta uma rede na qual o suprimento é consolidado por uma vasta rede de pontos de serviço.

Figura 11.4 Suprimentos consolidados

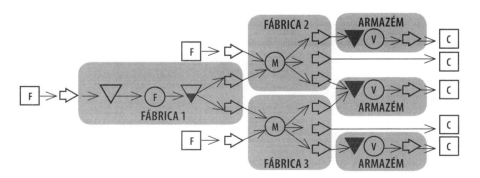

11.2 Escolha de um sistema de planejamento e controle

A gestão de redes de suprimento tem um grande potencial para melhorar o desempenho das redes – o que é percebido pelo cliente final. Assim, podem melhorar e alinhar as várias competências presentes na rede com as várias atividades que precisam ser executadas para satisfazer seus clientes por meio de uma melhor distribuição de atividades, conforme as competências de seus atores.

A escolha e implantação de um sistema de planejamento e controle de fluxos para uma rede são procedimentos inseridos na engenharia de processos, e devem seguir algumas regras:

- Decomposição do conjunto de produtos nas categorias de artigos a serem gerenciados de uma mesma maneira, em função dos processos de demanda, fontes de suprimento, preços etc.;
- Políticas de controle dos fluxos na rede por categoria de artigos;
- Políticas de estocagem e de coleta nos armazéns;
- Métodos de previsão da demanda por categoria;
- Regras utilizadas para proteger-se do risco, por meio de estoques de segurança, prazos de segurança, demanda superestimada etc.;
- Métodos de cálculo do tamanho dos lotes de suprimento ou de produção por categoria;
- Métodos de alocação dos estoques em caso de carência;
- Regras de atribuição e de gestão do espaço nos armazéns;
- Regras de programação das coletas nos armazéns;
- Regras de carregamento dos caminhões e de elaboração das rotas de entrega.

A Figura 11.5, com base no gerenciamento de operações, apresenta uma análise em três níveis: operações, processos e recursos.

Slack,[7] observa que processos longos causam desperdícios, atrasos e acúmulo de estoques. Processos fisicamente reconfigurados para reduzir a distância percorrida e a cooperação entre a equipe podem ajudar a enxugar o fluxo, da mesma forma que assegurar a sua visibilidade ajuda a fazer melhorias para facilitar o fluxo. Às vezes, isso significa utilizar tecnologias de pequena escala, que podem reduzir as flutuações no fluxo.

---

7   SLACK, N. et al. *Gerenciamento de operações e de processos*. Porto Alegre: Bookman, 2008. p. 38.

REDE LOGÍSTICA: PROJETO E FLUXO **CAPÍTULO 11**

Figura 11.5   Gerenciamento de operações e de processos

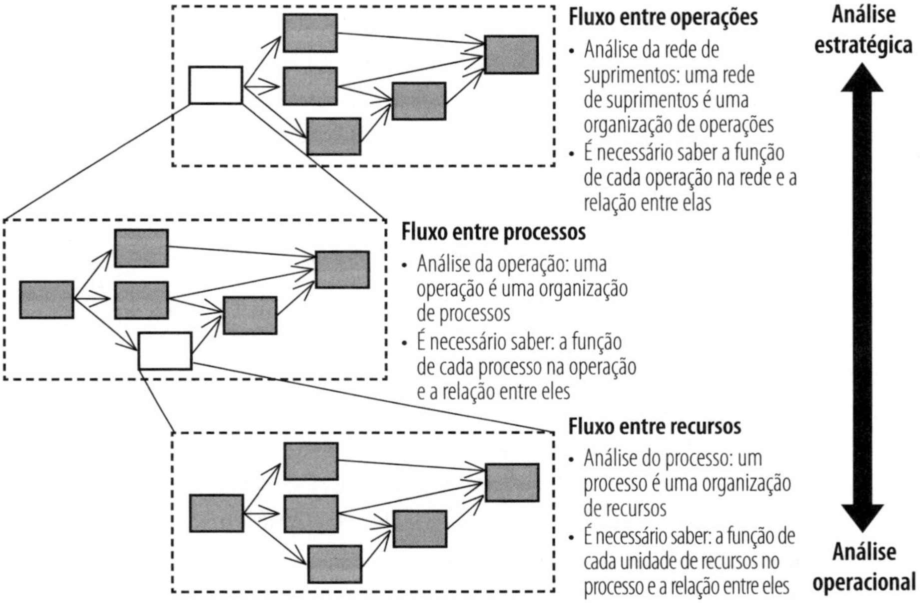

Fluxo entre operações
- Análise da rede de suprimentos: uma rede de suprimentos é uma organização de operações
- É necessário saber a função de cada operação na rede e a relação entre elas

Análise estratégica

Fluxo entre processos
- Análise da operação: uma operação é uma organização de processos
- É necessário saber: a função de cada processo na operação e a relação entre eles

Fluxo entre recursos
- Análise do processo: um processo é uma organização de recursos
- É necessário saber: a função de cada unidade de recursos no processo e a relação entre eles

Análise operacional

Fonte: SLACK, N. et al., 2008.

Podemos observar que a gestão de redes de suprimento é a administração integrada dos processos principais de negócios desde o nível estratégico até o operacional, ligados a fluxos físicos, financeiros e de informações, englobando desde os produtores originais de insumos básicos até o consumidor final no fornecimento de bens, serviços e informações, de forma a agregar valor para todos os *stakeholders* – que, como já visto, são os clientes, sejam eles intermediários ou finais, os acionistas, os funcionários, a sociedade e o governo.

11.2.1 Tipos de redes de suprimento

Segundo Corrêa,[8] há vários tipos de rede de suprimento, e seu grau de complexidade só é identificado a partir do conhecimento sobre as empresas participantes da rede, seu número e suas competências, desde as estruturas mais simples às mais complexas. A chave é identificar quais atores são cruciais para o sucesso da empresa focal e alocar atenção e recursos especiais prioritariamente para essas redes.

---

8   CORRÊA, H. L. *Gestão de redes de suprimento*: integrando cadeias de suprimento no mundo globalizado. São Paulo: Atlas, 2010.

- *Redes simples de bens* – nesse tipo de rede, um produtor individual lida diretamente com o consumidor final. Nesse caso, o controle é muito simples, de baixa complexidade, e está nas mãos do fabricante por este ter contato direto com o cliente a jusante e a montante.
- *Redes de bens com múltiplos escalões* – essas redes são mais complexas, porque necessitam de armazéns de distribuição e pontos de venda para que níveis viáveis de escala sejam atingidos no transporte a clientes localizados a distâncias maiores. Existe uma maior preocupação com os fluxos logísticos e de informações pelos vários níveis e com a gestão dos múltiplos estoques envolvidos.
- *Redes complexas de bens* – situação enfrentada pela maioria das grandes empresas – e de grande complexidade. A empresa tem várias unidades produtivas, uma complexa rede de fornecedores e subfornecedores e, ao mesmo tempo, uma complexa rede de distribuição, que tem ramificações com vendas diretas ao varejo e vendas a estruturas de distribuição mais intrincadas, passando por grandes distribuidores e atacadistas que, enfim, fazem o produto chegar ao varejo.
- *Redes complexas de serviços* – serviços também têm suas redes de suprimento, e sua gestão também é bastante complexa. Além das complexidades das redes complexas de bens, há um fator adicional: muitas vezes não só a empresa focal tem contato direto com o cliente, mas seus fornecedores e fornecedores dos fornecedores também o têm.
- *Arranjos produtivos locais* – configuração que tem ganhado muita visibilidade em termos de redes de suprimentos, e mais complexa por acrescentar a dimensão espacial; são os chamados "arranjos produtivos locais" ou, na língua inglesa, *clusters*. Trata-se da ideia do quanto as redes de suprimentos de um mesmo determinado setor industrial concentram-se territorialmente em certa região.

11.2.2 Governança das redes de suprimento

A crescente globalização das redes de suprimento tem tido seu significado questionado em relação a uma real criação de valor, pois essa globalização implica fluxos internacionais de materiais e informações de maior complexidade logística.

Governança refere-se à forma como uma organização é gerenciada e controlada pela autoridade que exerce a liderança. Em uma rede de suprimentos, não existe uma clara "autoridade" exercendo liderança e, diferentemente de uma empresa isolada, nela há inúmeros atores (os nós da rede) com seus próprios objetivos.

REDE LOGÍSTICA: PROJETO E FLUXO **CAPÍTULO 11**

Além disso, seus gestores sofrem diferentes pressões de seus *stakeholders*, o que dificulta a gestão da rede como um todo e seu alinhamento com os objetivos comuns.

A responsabilidade deve ser de algum dos participantes da própria rede. Dentre os nós da rede, há os que são mais fortes por serem compradores mais importantes, detentores de tecnologia ou por outra competência ou característica relevante, e também aqueles que são menos fortes, os coadjuvantes da rede. Portanto, a tarefa de assumir atividades gestoras da rede toda, induzindo comportamentos nos seus vários nós, será de um dos nós fortes – já os nós mais fracos dificilmente terão poder para induzir comportamento nos outros. A partir daí pode-se estabelecer as seguintes proposições:

- *Proposição 1* – A iniciativa e a responsabilidade por iniciativas de gestão de redes de suprimento em geral recaem sobre os elos mais fortes da rede.
- *Proposição 2* – Iniciativas de gestão de redes de suprimento visam principalmente a substituir as relações "ganha-perde", dentro da rede, por relações "ganha-ganha".
- *Proposição 3* – Nas relações tradicionais do tipo "ganha-perde", geralmente os elos mais fortes acabavam no lado ganhador, e os mais fracos acabavam no lado perdedor.
- *Proposição 4* – Os elos fortes das redes, que contam com maior probabilidade de êxito, têm relativamente pouco interesse em disparar iniciativas de gestão de rede, visto que não são aparentemente os maiores beneficiários (pelo menos no curto prazo).
- *Proposição 5* – Iniciativas dos elos fortes para desenvolver uma lógica de gestão de redes de suprimentos são mais prováveis de ocorrerem quando uma externalidade relevante põe em risco a rede como um todo e, por conseguinte, a até então segura posição dos nós fortes.

11.3 Capital social e humano

Conforme Lin, citado em Lazzarini,[9] a participação em redes permite que indivíduos ou empresas se beneficiem de seu capital social e humano. O capital social é distinguido do capital humano da seguinte forma:

Capital Social: Recursos inseridos em uma estrutura social que são obtidos e/ou mobilizados por meio de ações com um determinado propósito. Fruto de ações coletivas.

---

9   LAZZARINI, S. G. *Empresas em rede*. São Paulo: CENGAGE Learning, 2008, p. 29.

Capital humano: Resultante de investimentos pessoais em educação e qualificação para o trabalho; caracteriza-se pelo esforço individual em busca de conhecimento e aumento no rendimento de uma tarefa.

11.4 Redes interorganizacionais e intraorganizacionais

O estudo das redes segue duas linhas. A rede interorganizacional baseia-se em relacionamentos entre empresas ou organizações de forma geral. Já a rede intraorganizacional refere-se à rede de indivíduos nas organizações.

11.4.1 Redes interorganizacionais

Tais redes permitem às empresas permanecerem especializadas em determinada área de atuação, mantendo um alto desempenho e inovação. As relações ou laços estabelecidos podem ser verticais ou horizontais, como ilustrado na Figura 11.6 a seguir.

Figura 11.6 Redes horizontais e verticais

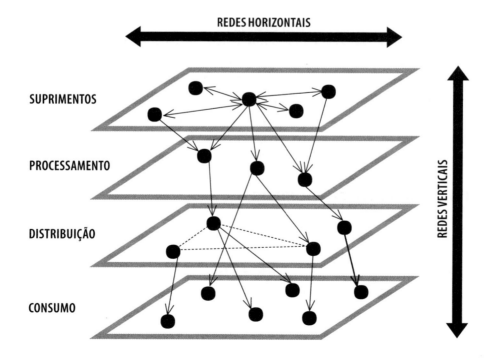

11.4.1.1 Redes verticais

Uma rede de laços verticais nada mais é do que um sequenciamento que permite o gerenciamento interdependente entre os diversos atores envolvidos: cada ator a montante fornece um produto ou serviço que é insumo do outro ator a jusante.

11.4.1.2 Redes horizontais

Redes horizontais são estabelecidas entre empresas pertencentes a setores complementares e apresentam dois tipos de interdependência entre seus atores: a interdependência de agregação *(pooled)* e a interdependência recíproca. Na interdependência de agregação, as relações de interdependência são fracas, ainda que haja interesses comuns; não é necessário que essa relação seja intensa, podendo ser até momentânea. Já na interdependência recíproca, as relações de interdependência são fortes; tratam-se de alianças em que são compartilhados recursos.

11.4.1.3 *Netchains*, constelações e conselhos entrelaçados

Netchains são redes que exibem um conjunto complexo de relações verticais e horizontais, e constelações são grupos de empresas que cooperam entre si, mas competem com outros grupos do mesmo segmento. Já os conselhos entrelaçados são aquelas redes estabelecidas por empresas de capital aberto nas quais o conselho pode ser composto de pessoas internas ou externas à empresa.

11.4.2 Redes intraorganizacionais

São as redes de relacionamento dos mais diversos tipos que contribuem para o fluxo de informações e decisões das empresas. Algumas são formais explícitas, e outras tão informais que podem não ser identificadas, como pode ser observado na Figura 11.7.

As redes estruturadas formalmente são conjuntos de regulamentos que definem as relações entre as pessoas. Tarefas e funções limitadas contratualmente são apresentadas nos documentos da empresa.

As redes informais apresentam-se sob formas não verbais por meio das quais são trocados conhecimentos; materializam-se nas pessoas que têm alguma prática em comum e, se referenciadas nas redes formais, usam a criatividade quando se deparam com novas situações.

Figura 11.7 Redes formais e informais

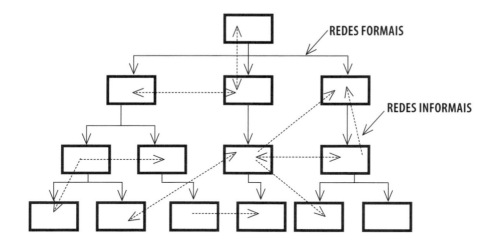

11.5 Concepção das redes logísticas

Uma rede logística abrange todo o conjunto de instalações, próprias ou de parceiros, de suprimento, produção, distribuição e venda. Seu projeto exige a coleta e a análise de uma grande quantidade de dados com base em dados públicos, sistemas de informações, tecnologia e ferramentas de gestão, a fim de minimizar o esforço necessário para a operação da rede, maximizando assim as vantagens competitivas. Também deve ser observada a capacidade da oferta das instalações e a demanda regional, para que assim seja determinado o nível de serviço ou estoques e toda a tecnologia necessária para sua manutenção. Empresas com operações globalizadas devem observar questões como taxas de câmbio, tarifas alfandegárias, barreiras não tarifárias e subvenções disponíveis, além dos preços de transferência e dos impostos corporativos.

A elaboração de uma estratégia de rede logística que considere todos esses fatores é extremamente complexa e exige uma metodologia capaz de captar a essência do problema. Uma visão integrada na gestão da rede com foco em suas características-chave fornece uma perspectiva valiosa e pode auxiliar nas tomadas de decisão.

Dornier,[10] apresenta dois conceitos, a modularização e a postergação (descritos a seguir), que auxiliam na configuração de uma rede logística – cujo início está no projeto de um produto e, em consequência, seu processo. A orientação do projeto de novos produtos que maximiza o uso de componentes

---

10   DORNIER, P. P. et al., 2000. p. 422.

REDE LOGÍSTICA: PROJETO E FLUXO **CAPÍTULO 11**

padronizados possibilita maior economia de recursos e reduz a necessidade de tempo. Tais conceitos visam a alcançar vantagens competitivas por meio da economia de escala e escopo, também descritas a seguir:

- *Modularização* – Trata de diferentes produtos finais, montados a partir de subconjuntos padronizados.
- *Postergação* – Trata de adicionar valor ao produto o mais próximo possível da demanda do cliente final.
- *Economia de escala* – Está relacionada à economia de custo derivado do volume de fabricação do mesmo produto.
- *Economia de escopo* – Está relacionada à economia de custo derivado da variedade fabricada.

11.6   Orientação para redes logísticas

O posicionamento dos nós *(nodes)* de uma rede logística determina seu potencial para atender às prioridades competitivas, que incluem as opções de custos, qualidade, serviço e flexibilidade, bem como a habilidade para reagir às mudanças de um ambiente globalizado e dinâmico. Basicamente, são três as opções para o posicionamento em uma rede:

- *Foco no mercado* – A empresa se posiciona próximo a seus clientes, instalando suas plantas em diferentes mercados.
- *Foco no produto* – Buscando a economia de escala, a empresa desenvolve produtos de uma família específica para atender ao mercado ao qual se instalou.
- *Foco no processo* – A localização das instalações é definida pela especialização da região em determinados processos.

Um dos maiores desafios para uma empresa é tomar a decisão pela melhor localização na rede logística e sobre os recursos que a levarão a obter vantagens competitivas. É de extrema importância conhecer e analisar as complexidades tecnológicas exigidas pelo produto para o correto posicionamento da empresa em um local que disponha das competências necessárias, racionalizando assim a alocação de recursos entre diferentes instalações. Portanto, duas dimensões devem estar claras para se tomar a decisão de posicionamento na rede: a complexidade da tecnologia do processo necessária ao produto e as competências locais disponíveis, como pode ser observado a seguir na Figura 11.8.

Segundo Dornier,[11] essas dimensões são assim definidas:

Complexidade da tecnologia do processo – é a dificuldade necessária para a realização bem-sucedida de uma operação em particular; mais difícil será imitar o produto. A instalação que satisfaz às necessidades deve ser inovadora e orientada para a tecnologia.

Medidas indicativas da complexidade de um processo:
- *Número de passos.* Essa medida é uma representação da complexidade do produto. Quanto maior o número de operações separadas, maior a complexidade do processo para esse produto.
- *Características físicas do produto e necessidades ambientais.* O tamanho do produto está relacionado à complexidade, considerando-se que quanto menor o produto, mais difícil será desempenhar uma operação específica. Algumas operações requerem certas especificações ambientais que complicam as condições operacionais.
- *Pedidos de mudança de engenharia.* Pedidos de mudança de engenharia tipicamente especificam uma mudança nos materiais a serem usados na fabricação do produto, no processo de manufatura empregado ou na especificação do próprio produto. Por definição, quanto maior o número de pedidos de mudança, maior a complexidade do produto.

Competência local – é definida como a habilidade de uma instalação de manufatura em gerenciar a atual operação e absorver um novo produto relacionado aos produtos existentes. Quanto maior a competência instalada, maior a capacidade em gerenciar economias de escopo.

Medidas indicativas da competência local:
- *Razão entre engenheiros e trabalhadores operacionais.* Essa medida captura a dimensão humana da planta em termos do número de pessoas dedicadas às diferentes funções de aplicação relativas à execução dessa função. A hipótese é de que quanto maior a razão, maior a facilidade para ajustar-se a um novo produto – e assim, mais rapidamente a operação de manufatura intermediária poderá começar. Além disso, com mais departamentos dedicados, maior será a capacidade para corrigir e/ou melhorar passos específicos da operação.
- *Idade da instalação, idade média das máquinas e razão entre máquinas e engenheiros.* Essa medida captura o estado da tecnologia no local.

---

11   DORNIER, P. P. et al., 2000. p. 441-446.

A hipótese é de que quanto mais antiga for a instalação, mais adiantada estará na curva de aprendizado. Por outro lado, quanto mais velhas as máquinas, menor a habilidade para inovar em um processo (ou produto) mais complexo de forma eficiente. Finalmente, a hipótese é de que quanto maior a razão de máquinas para engenheiros, mais avançada é a tecnologia no local.

- *Flexibilidade*. A flexibilidade é definida como a habilidade de uma planta em responder eficazmente a circunstâncias em transição. Quanto maior a flexibilidade, mais fácil introduzir novos produtos e programar mudanças aos produtos existentes.

Figura 11.8   Matriz de alocação de novos produtos

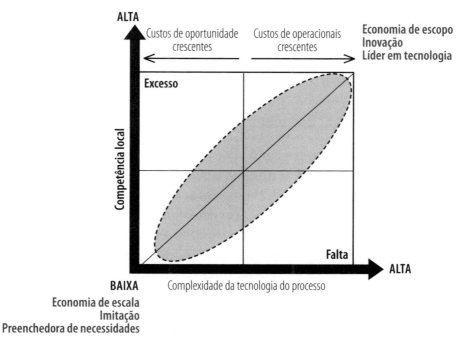

Fonte: Adaptado de DORNIER, P. P. et al., 2000.

A matriz apresentada na Figura 11.8 demonstra as possibilidades de deslocamento em uma rede logística com a análise da relação entre a competência local e a complexidade da tecnologia do processo, bem como as implicações em termos de custos operacionais e de oportunidade.

GESTÃO DA PRODUÇÃO E LOGÍSTICA

A seguir, um quadro representando o impacto que o deslocamento das facilidades nas áreas de excesso e falta tem nos custos:

ÁREA DE EXCESSO PARA A DIAGONAL	ÁREA DE FALTA PARA A DIAGONAL
• Redução dos custos operacionais	• Aumento dos custos operacionais
• Aumento dos investimentos	• Redução no investimento
• Redução de custos de oportunidade	• Redução no custo de oportunidade
• Estratégia de imitação	• Estratégia de inovação
• Economias de escala	• Economias de escopo

A diagonal representa o posicionamento em que a empresa deve manter suas instalações otimizando seus recursos. As áreas em excesso e em falta representam, respectivamente, posicionamentos em que existe muita competência local para uma baixa necessidade tecnológica e posicionamentos em que existe pouca competência local para uma alta necessidade tecnológica.

Resumo

De certa forma, a globalização tem obrigado as empresas a buscarem um maior relacionamento fora de suas fronteiras organizacionais, sejam essas nacionais ou internacionais. Esses novos relacionamentos apresentaram novas e mais complexas variáveis para a empresa, com impacto direto sobre seus custos operacionais e, por consequência, em seu nível de competitividade. A compreensão dessas variáveis é de fundamental importância para as empresas, pois elas precisam apresentar resultados econômicos para seus *stakeholders*. Portanto seu planejamento, posicionamento e controle em uma rede são fundamentais para sua efetiva participação. Contudo, não se pode esquecer que, em uma rede integrada, todos os atores devem compreender a importância de terem objetivos comuns e alinhados, qual sua participação e contribuição, o que se espera em troca e qual colaboração deve ser intensa.

Questões para discussão

1. Analisando a matriz de alocação de novos produtos posicione duas empresas, uma de tecnologia em sistemas de transmissão de dados e outra de montagem de brindes para empresas.

REDE LOGÍSTICA: PROJETO E FLUXO   **CAPÍTULO 11**

2. Uma pequena empresa familiar vem apresentando um aumento significativo na demanda de seus produtos nos últimos dois anos. Para garantir o atendimento dos pedidos decide contratar a sua empresa para assessorá-la nessa nova etapa. Elabore um plano de fluxo de operações que minimize as falhas no atendimento da nova demanda.

3. Os custos, a velocidade, a confiabilidade, as frequências e a qualidade são essenciais na gestão de suprimentos. Fatores que influenciam a quantidade e localização de unidades logísticas necessárias para uma rede de atendimento ao cliente. Como a utilização ou combinação dos meios de transporte levar a otimização de uma rede?

4. O que significa "arranjo produtivo local"? Descreva o funcionamento e ilustre com um exemplo de rede que considere um bom exemplo de arranjo produtivo local.

5. Pesquise situações reais em que empresas, ao projetar seu produto, considerem sua rede de fornecedores.

6. Qual a orientação da rede logística quando organizada em arranjos produtivos locais? Justifique sua resposta.

12

DISTRIBUIÇÃO

Introdução
12.1 Planejamento e controle da distribuição
12.2 Elementos da distribuição
12.3 Escolha do canal
12.4 A importância dos canais
    12.4.1 Visão funcional
    12.4.2 Modelo de utilidade, modelo de postergação e modelo de especulação
12.5 Tipos de mercado
12.6 Considerações sobre a distribuição física
12.7 Otimização da distribuição
    12.7.1 Distribuição enxuta
    12.7.2 Estrutura da distribuição enxuta
    12.7.3 Aplicações
    12.7.4 Estrutura de otimização
Resumo
Questões para discussão

Introdução

As principais funções da distribuição são a negociação de fretes, a seleção de rotas e do meio de transporte, incluindo os serviços oferecidos e sua qualidade, a verificação das normas existentes, a determinação do tipo de operação da empresa de transporte e a execução de transportes internacionais. A distribuição física tem como principal preocupação garantir que os produtos para venda cheguem a seu usuário final com a qualidade preservada.

Produtos e materiais são movimentados ao longo da cadeia logística por meio de modelos simples ou complexos, fluindo entre empresas de manufaturas para os centros de distribuição e também para o varejo e os clientes. Pode-se conceber um modelo simples, que pode ocorrer em um único local, ilustrado na Figura 12.1.

Modelos mais complexos apresentam vários locais produtivos e vários centros de distribuição, intermediários, operadores logísticos e centros de consumo. Há a necessidade de identificar como e por quem esses materiais e produtos são movimentados e a eficiência com que são realizadas as movimentações. Segundo Bertaglia, a distribuição física tem impactos importantes não somente nos custos, mas também na qualidade dos serviços prestados, principalmente no cumprimento dos prazos de entrega dos produtos aos clientes.

12.1 Planejamento e controle da distribuição

A distribuição é um processo associado ao movimento de material de um ponto de produção ou armazenagem até o cliente. Nesse processo, a principal preocupação são os bens acabados ou semiacabados, ou seja, produtos que a empresa oferece para venda e nos quais não planeja executar processamentos posteriores.

As atividades abrangem as funções de gestão e controle de estoque, manuseio de matéria-prima ou produtos acabados, transporte, armazenagem, administração de pedidos, análises de locais e redes de distribuição, entre outras. A empresa deve decidir qual o modelo mais adequado para organizar e controlar seu sistema de distribuição, se centralizado ou descentralizado, assim como deve decidir sobre o nível de cobertura de estoque a ser mantido (e onde ele estará alocado) e o tipo de sistema computadorizado de planejamento da distribuição, além de encontrar formas efetivas de implementá-lo. A logística reversa também deve ser considerada quando da escolha de um modelo de distribuição.

A decisão por um modelo deve levar em consideração as características do produto, como a necessidade de manuseio diferenciado (sua refrigeração, por exemplo) e sua disponibilidade para o mercado consumidor. Esses fatores exercem impacto direto nos custos de distribuição.

Figura 12.1   Modelo de distribuição

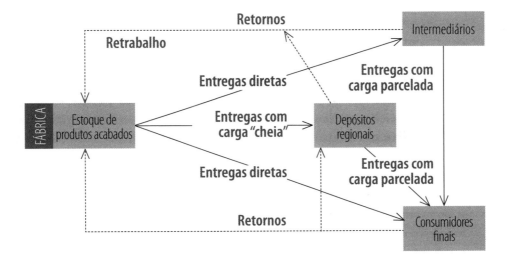

Existem três alternativas básicas que podem ser empregadas para a configuração do canal de distribuição:
- Entrega direta a partir dos estoques da fábrica;
- Entrega direta a partir de vendedores ou da linha de produção;
- Entrega feita utilizando um sistema de depósito.

Dois fatores estão diretamente relacionados ao custo de distribuição: o volume transportado e a distância a ser percorrida.

12.2   Elementos da distribuição

De maneira genérica, pode-se dizer que a distribuição física é composta de recebimento, armazenagem e expedição.
- *Recebimento* – tem seu início quando da liberação do veículo para descarga de produtos ou materiais destinados ao armazém ou centro de distribuição, após o controle, contagem ou pesagem e comparado ao documento de transporte. Dependendo da origem e do tipo de produto, são necessárias análises de qualidade por meio de amostragens, que eventualmente podem

ser feitas antes que o produto seja totalmente descarregado. Os recebimentos podem ser classificados de acordo com sua origem – se importados, transferidos entre fábricas e armazéns ou centros de distribuição, se provenientes de terceiros ou da devolução de clientes.

- *Armazenagem* – após o recebimento, os itens são armazenados em locais específicos no armazém ou no centro de distribuição.
- *Expedição* – corresponde ao processo de separar os itens armazenados em um determinado local, movimentando-os para outro lugar com o objetivo de atender a uma demanda específica. Fazem parte dessa operação atividades como carregar e pesar o veículo, emitir documentação e liberar veículos.

12.3 Escolha do canal

Segundo Bowersox,[1] o canal é o meio pelo qual um sistema de livre mercado realiza a transferência de propriedade de produtos e serviços. O autor reforça que a diversidade e complexidade das relações no canal dificultam sua descrição e a generalização dos desafios enfrentados no desenvolvimento de uma estratégia abrangente para o canal, definido tecnicamente como um grupo de entidades interessadas que assume propriedade de produtos ou viabiliza sua troca durante o processo de comercialização.

A escolha de um canal de distribuição é fundamental por duas razões:
- O tipo de canal escolhido afeta todas as outras variáveis no *mix* de marketing, um dos quais é a distribuição física.
- A escolha de canais de distribuição compromete a empresa por um longo período de tempo.

Uma vez que o canal de distribuição é definido, a empresa deve identificar os caminhos que os produtos devem seguir para melhor servir às estruturas logísticas e de vendas. Para obter êxito nessa etapa, o profissional de logística deve garantir a disponibilidade dos produtos requeridos pelos clientes à medida que eles os requisitem – e fazer isso a um custo razoável. O canal engloba os recursos logísticos que incluem as instalações de armazenagem, diferentes meios de transporte e estoque. Isso requer que todos adotem uma nova forma de cooperação, desenvolvendo diferentes maneiras de integrar as atividades para a redução dos custos de operação de distribuição e armazenagem. Nesse sentido, as alianças logísticas surgem como uma

---

[1] BOWERSOX, D. J. *Logística empresarial:* o processo de integração da cadeia de suprimento. São Paulo: Atlas, 2007. p. 89.

DISTRIBUIÇÃO **CAPÍTULO 12**

boa alternativa em busca de novas competências logísticas, além do fato de que essa vantagem pode ser utilizada para obter e manter a fidelidade do cliente.

12.4 A importância dos canais

Segundo Dornier,[2] existem basicamente três visões distintas quanto à importância dos canais: a funcional, a utilidade do consumidor e o modelo de postergação e especulação.

12.4.1 Visão funcional

A visão funcional dos canais de distribuição relaciona-se com os modelos interorganizacionais focados nos mecanismos que regulam as relações entre organizações, como ilustra a Figura 12.2. Falando genericamente, os desejos e necessidades dos clientes são considerados variáveis exógenas às quais os membros do canal se adaptam. A ideia principal é espalhar as funções entre os atores do canal com base no mínimo custo. O modelo funcional tenta responder a dois conjuntos básicos de questões apresentadas por Bowersox:[3]

- Qual é o *mix* funcional mais eficiente? Qual é a combinação mais eficiente entre funções, em termos econômicos? Como as funções deveriam ser alocadas entre fabricante e distribuidor?
- Qual a implicação que esse *mix* funcional tem sobre a estrutura do canal, considerando fatores como o número de camadas, número de intermediários em cada camada e número de canais e intermediários?

A estrutura do canal depende das respostas a essas questões e assumirá as seguintes características:

- *Comprimento* – Quantos intermediários existem?
- *Largura* – Quantos intermediários existem no nível definido?
- *Multiplicidade* – Quantos tipos de canais são empregados para disponibilizar o produto?

---

2   DORNIER, 2000.

3   BOWERSOX, 2007, p. 93.

GESTÃO DA PRODUÇÃO E LOGÍSTICA

12.4.2 Modelo de utilidade, modelo de postergação e modelo de especulação

O modelo de utilidade do consumidor enfatiza o papel das funções de marketing diferenciadas de acordo com o segmento de mercado; elas baseiam-se em paradigmas microeconômicos, cujo ponto focal é o equilíbrio entre o mercado e a alocação de recursos, com o objetivo de alcançar o máximo lucro por meio da combinação ótima de variáveis de tomada de decisão (ver Figura 12.3). A base para análise são as variáveis de marketing: preço, produto, promoção e posição.

Dois modelos associados ao grau de risco e ganho especulativo podem ajudar na análise: o modelo de postergação e o especulativo, como ilustra a Figura 12.4.

- A postergação permite que a diferenciação do produto seja adiada, e o estoque é acumulado o mais tarde possível – ou seja, pedidos recebidos no estágio de estoque não diferenciado semiacabado.
- A especulação envolve a transformação do produto o mais cedo possível, a fim de atingir economias de escala. A escolha por esse modelo pressupõe assumir maior risco econômico.

Figura 12.2 Modelo funcional

Figura 12.3 Utilidade do consumidor

Fonte: Adaptado de Bowersox, 2007, p. 90-92.

Fonte Adaptado de Bowersox, 2007, p. 90-92.

DISTRIBUIÇÃO **CAPÍTULO 12**

Figura 12.4   Modelo de especulação e modelo de postergação

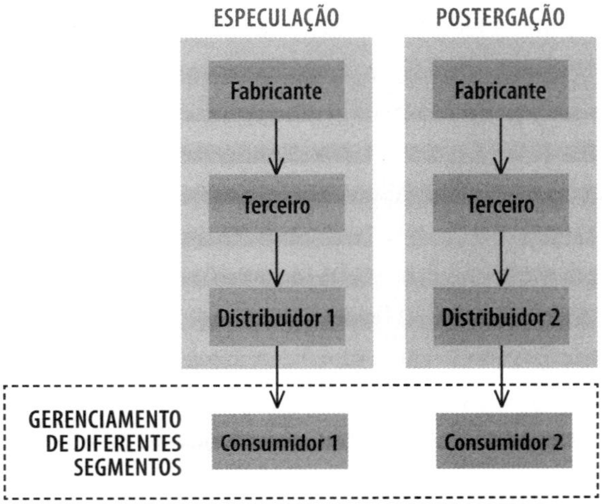

```
         ESPECULAÇÃO              POSTERGAÇÃO

         ┌──────────┐            ┌──────────┐
         │ Fabricante│            │ Fabricante│
         └────┬─────┘            └────┬─────┘
              ↓                        ↓
         ┌──────────┐            ┌──────────┐
         │  Terceiro │            │  Terceiro │
         └────┬─────┘            └────┬─────┘
              ↓                        ↓
         ┌──────────┐            ┌──────────┐
         │Distribuidor 1│        │Distribuidor 2│
         └────┬─────┘            └────┬─────┘
              ↓                        ↓
  ┌─────────────────┐  ┌──────────┐  ┌──────────┐
  │  GERENCIAMENTO  │  │Consumidor 1│  │Consumidor 2│
  │  DE DIFERENTES  │  └──────────┘  └──────────┘
  │    SEGMENTOS    │
  └─────────────────┘
```

Fonte: Adaptado de Bowersox, 2007, p. 90-92.

12.5   Tipos de mercado

As empresas atendem basicamente dois tipos de clientes, e o seu sistema de distribuição física precisa ser suficientemente flexível para suprir suas necessidades sem comprometer os custos.

O usuário final e/ou consumidor industrial e o intermediário constituem esses dois tipos de mercado e são apresentados no Quadro 12.1.

Quadro 12.1   Tipos de consumidor

			COMPRAS	MERCADO
USUÁRIO FINAL	Consumidores finais	Aquele que usa o produto para satisfazer suas necessidades.	Pequenas quantidades	Grande número
	Consumidores industriais	Aquele que cria novos produtos.	Grandes quantidades	Pequeno número
INTERMEDIÁRIO	Aquele que oferece o produto para revenda.		Grandes quantidades	

12.6 Considerações sobre a distribuição física

Dada a complexidade na escolha das alternativas básicas, existem algumas considerações adicionais:

- Que serviço de transportes deve ser utilizado para movimentar os produtos?
- Que procedimentos de controle devem ser empregados para os itens de inventário?
- Onde devem localizar-se os depósitos, quais dimensões devem ter e quantos armazéns são necessários?
- Que arranjos para comunicação de pedidos devem existir? Que comunicações pós-pedido são necessárias?
- Que nível de serviço deve ser providenciado para cada item de produto?

12.7 Otimização da distribuição

A sincronização é a melhor forma de otimizar o fluxo de produtos, serviços e informação ao longo da cadeia de distribuição. Os clientes sempre esperam receber seu pedido com qualidade perfeita, nas quantidades exatas, no prazo e exatamente onde necessário.

O aumento da concorrência torna a busca por preços menores o objetivo de muitas empresas, que buscam fontes de suprimento e produção com o menor preço, criando cadeias de suprimentos pelo mundo todo, tornando a distribuição de produtos mais complexa (contudo, sem erros ao planejar) e deslocando produtos pelas cadeias de suprimentos. A distribuição nessa época sensível aos preços tem de evoluir para enfrentar as ameaças competitivas e as realidades dos mercados globais.

Segundo Zylstra,[4] as operações de distribuição são particularmente suscetíveis a tendências de globalização devido à ligação direta com o atendimento ao cliente, ao pequeno valor agregado e aos altos custos da própria distribuição. Mudanças nos planos rapidamente impactam no atendimento ao cliente e/ou nos custos. Somente planos otimizados, executados sem falhas, atingem os padrões extremamente restritos da distribuição para o serviço e para o custo. Para minimizar o impacto desses fatores, existe o conceito da *distribuição enxuta*.

---

4 ZYLSTRA, K. D. *Distribuição lean: a abordagem enxuta aplicada à distribuição, logística e cadeia de suprimentos.* Porto Alegre: Bookman, 2008. p. 20.

Mudanças de plano, pela própria dinâmica do mercado, requerem uma abordagem dirigida, tornando-se um grande desafio no processo de otimização da distribuição, exigindo ainda mais habilidade da organização para atingir os objetivos de desempenho.

A abordagem da distribuição enxuta tem como objetivo a melhoria do processo e do desempenho, e está focada na redução do *lead time*, na redução dos tamanhos de lote e no aumento da confiabilidade; esses fatores fornecem a flexibilidade e a simplicidade necessárias para se alcançar resultados consistentes. Essa abordagem difere da abordagem de planejamento, baseada na previsão de tamanhos de lote fixos.

A Figura 12.5 ilustra o processo tradicional de planejamento que tem por base as previsões de consumo histórico. Sua maior característica é empurrar a produção.

Figura 12.5   Abordagem tradicional

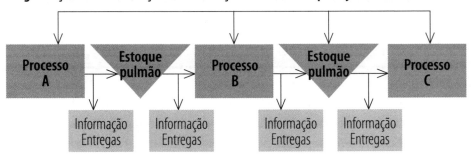

A Figura 12.6 ilustra o processo de sincronização enxuta, no qual um recurso só é ativado quando recebe a informação sobre uma determinada necessidade, ou seja, a produção é puxada, e o Quadro 12.2 compara a abordagem tradicional e a sincronização enxuta.

Figura 12.6   Sincronização enxuta

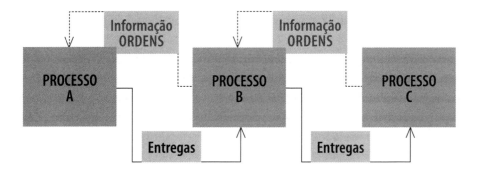

Quadro 12.2   Comparação

OTIMIZAÇÃO BASEADA NA PREVISÃO (Figura 12.5)	A PRÁTICA ENXUTA (Figura 12.6)
Reprogramam pedidos e estoques no plano para reduzir custos.	Criar operações de distribuição flexíveis que respondam às necessidades de mercado variáveis.

Aperfeiçoar a distribuição exige que se utilizem metodologias favoráveis ao planejamento com antecipação. Entretanto, as previsões estão sujeitas à incerteza, e as mudanças de previsão desencadeiam um efeito cascata de aumentos em outros custos, como aqueles relativos ao estoque, provocados por uma tentativa de reduzir os custos de aquisição.

As previsões raramente são perfeitas e podem ser afetadas por variações externas ou internas. Esses erros podem ocorrer por vários motivos: os clientes podem exigir mudanças; as operações podem ter dias bons e ruins e os fornecedores podem não entregar, entre muitos outros fatores que afetam o plano diário ou a previsão. Uma abordagem alternativa para o planejamento e a otimização tem de acomodar a variação que cria instabilidade em planos dirigidos pela previsão.

No Quadro 12.3, são apresentadas sugestões de iniciativas de melhorias na distribuição, segundo Zylstra.[5]

---

5   ZYLSTRA, 2008, p. 30.

DISTRIBUIÇÃO **CAPÍTULO 12**

Quadro 12.3   Iniciativas de melhorias na distribuição

INICIATIVA	DESCRIÇÃO	DESVANTAGENS
MELHORAR A PREVISÃO	Colaborar com os clientes e trabalhar com vendas para fazer previsões exatas de produtos e refletir os pedidos dos clientes esperados para o planejamento de curto prazo.	Todas as previsões estão erradas, requerendo muito tempo para revisão e replanejamento. Programas operacionais nos níveis mais baixos não são estáveis ou fixos e também não são responsivos às demandas dos clientes.
REDUZIR O FRETE	Embarcar cargas completas de caminhão, eliminar a antecipação de entregas e negociar taxas favoráveis com embarcadores.	A flexibilidade de fretes pode ser limitada, o que pode ser crítico para a redução dos custos totais da cadeia de suprimentos.
AUTOMATIZAR O TRABALHO NO ARMAZÉM	Instalar equipamentos de manuseio de materiais e tecnologias da informação para acelerar o fluxo de materiais e reduzir os tempos de estocagem e separação.	À medida que os investimentos são feitos, a rede de distribuição se torna mais difícil de alterar de acordo com as mudanças nas condições operacionais e de mercado.
AUTOMATIZAR A ENTRADA DE DADOS	Empregar código de barras, terminais sem fio e RFID para automatizar e aumentar a acurácia da coleta de dados.	Aumentar a rastreabilidade requer mais controles para conferir a acurácia e complica os processos de planejamento.
MANTER ESTOQUES PARA MELHORAR O SERVIÇO	Colocar estoques em armazéns (públicos ou privados) próximos aos clientes para permitir resposta rápida e prontamente disponibilizar estoques para os clientes.	A complexidade dos estoques e do planejamento aumenta significativamente à medida que novos locais são adicionados, o que diminui a resposta às grandes mudanças de mercado.

12.7.1 Distribuição enxuta

Slack,[6] define a sincronização enxuta da seguinte maneira: "a sincronização enxuta objetiva atender à demanda instantaneamente, com qualidade e nenhuma perda" – e isso também define o *lean* ou *Just in Time (JIT)*. Essa definição é a que melhor descreve o impacto da sincronização enxuta sobre o fluxo de distribuição.

A distribuição enxuta (ou *lean*) é uma extensão natural do Sistema Toyota de Produção (STP); depois dos resultados obtidos nos sistemas de produção, a sua utilização ocorreu naturalmente nos sistemas de distribuição. Ao adotarem a abordagem de que os mercados mudam e de que o suprimento deve adaptar-se rapidamente, as empresas melhoram sistematicamente os parâmetros de desempenho ao longo da cadeia de suprimentos. A distribuição enxuta é diferente dos planos com base nas previsões, que não se alteram justamente para

---

6   SLACK, 2008, p. 365.

não comprometer os planos estabelecidos. Essas diferenças, novamente segundo Zylstra,[7] são apresentadas no Quadro 12.4.

Quadro 12.4 Distribuição tradicional X Distribuição enxuta

PARADIGMA	ABORDAGEM TRADICIONAL	DISTRIBUIÇÃO ENXUTA
SERVIÇO AO CLIENTE	Colabora com a previsão, depois embarcam pedidos e liberações firmes.	Gerencia fluxos à medida que o cliente consome; é "dono" das reposições.
PREVISÕES	São suficientemente exatas.	Exatidão limitada, usada para o longo prazo e no planejamento agregado somente.
ESTOQUES	É um ativo e deveria estar perto do cliente para atender o *lead time* aceitável.	Consolidados na fonte; o fluxo é redirecionado rapidamente quando as necessidades de reposição se alteram.
VARIABILIDADE	Não é utilizada explicitamente no planejamento, mas é medida nas operações se a prática enxuta e o Seis Sigma é adotado.	A variabilidade das operações, da demanda do cliente e da cadeia de suprimentos são fatores usados nos processos enxutos.
TRANSPORTE	Muda com as previsões e ordens; procura reduzir.	Dirigido pelo ciclo de reposição; estabiliza rotas para reduzir.
OTIMIZAÇÃO	Reduz cada componente de custo enquanto atende à demanda prevista.	Enxuga o custo da distribuição total para repor a demanda real.
PREMISSAS	As previsões são suficientemente exatas e estáveis para fazer o planejamento. Todas as reduções de custo aumentam o lucro líquido. Os custos de estoque são menores que o custo de mão de obra.	A reposição puxada reduz a variação e melhora o serviço. Somente a redução do custo total aumenta o lucro. Os custos de estoque, manuseio e armazenagem são subestimados.

O STP define perda ou desperdício como qualquer atividade que não agrega valor algum a um produto. Essas perdas foram classificadas por Slack,[8] da seguinte forma:

---

7   ZYLSTRA, 2008, p. 37.
8   SLACK, 2008, p.374.

DISTRIBUIÇÃO **CAPÍTULO 12**

Perdas por fluxo irregular
- Tempos de espera;
- Transporte;
- Ineficiências do processo;
- Estoque;
- Perdas por movimentações.

Perdas por suprimento inexato
- Superprodução ou subprodução;
- Entrega antecipada ou atrasada;
- Estoques.

Perdas por resposta inflexível
- Lotes grandes;
- Atrasos entre as atividades;
- Variações no mix de atividades maiores que as variações na demanda do cliente.

Perdas por variabilidade
- Confiabilidade deficiente do equipamento;
- Produtos ou serviços defeituosos.

12.7.2 Estrutura da distribuição enxuta

Cinco elementos formam a estrutura da distribuição enxuta: política de serviço ao cliente, estratégia de pulmão, ciclos de reposição, abordagem puxada e capacidade operacional e de fornecimento.

A transformação enxuta é construída sobre os oito habilitadores listados a seguir, oriundos da produção puxada e das práticas da cadeia de suprimentos. Eles se ajustam perfeitamente ao ambiente de distribuição, combinando-se e formando um sistema coeso para melhorar os custos, a utilização de ativos e o serviço ao cliente:

- *Políticas formais de serviço* – são "normas" e diretrizes explícitas estabelecidas para o atendimento ao cliente. As políticas formais requeridas para a distribuição enxuta giram em torno das reconhecidas necessidades do cliente e das principais competências internas.
- *Suporte para puxar* – significa que o cliente reconhece as vantagens e aceita as necessidades de fluxo a partir do fornecedor, sem modificação ou proteção indevida.

- *Isolar a variabilidade* – a variabilidade existe em todos os ambientes e requer pelo menos algum pulmão para isolar clientes e operações internas de modificações diárias em previsões e pedidos. Nos planos baseados em previsões, o posicionamento estratégico e o gerenciamento dos pulmões permite às operações e ao fornecimento acertar em alvos estacionários em vez de alvos móveis.
- *Compensações de custos* – essa prática consiste em avaliar e decidir pela compensação de custos em um nível estrutural em vez de diariamente compensar custos para transações específicas.
- **Ligações para puxar** – Fazer as ligações entre o uso ou consumo do cliente e os processos de reposição da distribuição é a conexão tática necessária para sincronizar a cadeia de suprimentos e satisfazer constantemente as necessidades do cliente.
- *Lead times reduzidos* – *lead times* são geralmente muito longos. Os *lead times* das operações internas e de fornecedores incluem um nível alto de tempo de segurança para acomodar eventos não previstos.
- *Reduzir a variabilidade* – a variabilidade é da natureza de todos os processos; poucas organizações focalizam em quantificar e reduzir a variação na cadeia de suprimentos; o foco típico é na qualidade do produto. O primeiro passo é quantificar a variação atual para operar processos de distribuição baseados nos limites das competências atuais.
- *Lotes menores* – a quantidade produzida ou fornecida por vez ou tamanho do lote tem uma relação direta com a flexibilidade e os custos totais. Lotes parecem abaixar custos de fornecimento ou de produção, mas podem aumentar o custo e reduzir o serviço em outras partes da cadeia de suprimentos.

12.7.3 Aplicações

Considerando que as etapas de um processo são todos os negócios, operações ou processos pelos quais fluem produtos e informações, verifica-se que, para que se obtenha ganhos futuros, o conceito de sincronização enxuta deve ser estendido aos parceiros da rede. Essa tarefa aumenta sua complexidade à medida que outros adotam a filosofia enxuta. Entretanto, é necessário aplicar essa filosofia na cadeia toda. Aplicar esse conceito tem as vantagens de um processamento rápido, redução dos estoques e, por consequência, redução nos custos, com benefício de um fluxo enxuto, maior flexibilidade e redução da variabilidade.

A distribuição enxuta fornece competências que tratam de uma variedade de situações e desafios empresariais, mas é necessariamente uma "solução" para essas

DISTRIBUIÇÃO **CAPÍTULO 12**

questões de negócio, responsividade e a redução de custos necessária para direcionar as questões, guiando planos de ações de gerentes, que podem iniciar com a redução de custo dirigida para o cliente até o estudo da implementação de novas tecnologias. Citando novamente Zylstra,[9] a prática da distribuição enxuta fornece uma estrutura para avaliar os benefícios e construir abordagens de sucesso, além de ligar os tempos de ciclo operacional e a variabilidade de todos os aspectos do processo, facilitando uma conexão clara entre as operações e seus resultados.

12.7.4 Estrutura de otimização

Os objetivos definidos para a distribuição apresentam em alguns momentos uma relação de aparente conflito. A abordagem para minimizar o impacto de tais divergências está relacionada à estruturação da rede de ativos, à aplicação de tecnologias de automação e à operação dos processos de negócio.

A seguir, algumas decisões e premissas para manter a distribuição otimizada, segundo Zylstra:[10]

- *Estruturar e otimizar a rede* – determinar quantas localizações, onde e quanto espaço é necessário para entregar os produtos aos clientes: estabelecer uma previsão, parâmetros-chave sobre cada produto e decidir sobre a distribuição demográfica.
- *Projetar e automatizar os processos* – projetar e simplificar os processos e implementar tecnologias de informação e de manuseio de materiais para automatizar as atividades do armazém; presumir a definição de necessidades para automação.
- *Operar os processos e a rede* – desenvolver e gerenciar os processos de negócio e as operações físicas dos centros de distribuição e da logística.

Resumo

A distribuição tem grande impacto nos custos logísticos, diretamente proporcional à expansão da empresa. Seu planejamento, estreitamente ligado com a estratégia da empresa, deve buscar o melhor posicionamento físico dentro da cadeia logística, garantindo ao cliente o pleno atendimento de suas expectativas a um custo razoável – considerando-se que cliente é também um processo subsequente e não apenas um consumidor final, podendo ser uma sequência de processos, um

---

9   ZYLSTRA, 2008, p. 43.

10   ZYLSTRA, 2008, p. 61.

armazém ou centro de distribuição. A distribuição também está ligada aos processos de transporte, recebimento, armazenagem e expedição. A escolha de um sistema de distribuição é de fundamental importância por interferir, durante um longo período de tempo, no *mix* de produtos e em seu canal de distribuição.

Por um longo período, a distribuição não foi uma atividade digna de muita atenção, com a aceitação cada vez maior do Sistema Toyota de Produção (STP), que tem como filosofia o combate a toda forma de desperdício, focado na melhoria e otimização das operações de modo uniforme. A distribuição passou a ser vista com outros olhos e foi tratada com os conceitos do pensamento enxuto; suas operações foram otimizadas, reduzindo-se assim seus custos – o que pode ser observado pelo aumento da velocidade dos fluxos de produtos e informações, a redução dos estoques, o aumento da flexibilidade, entre outros. Mas o aumento da colaboração e responsividade entre os componentes de uma rede é o fator fundamental para que se obtenha resultados favoráveis à rede por meio da distribuição.

Questões para discussão

1. Sendo a distribuição a transferência de propriedade, quais as técnicas mais apropriadas para seu gerenciamento?
2. No processo de otimização da distribuição diferencie a abordagem tradicional da abordagem enxuta.
3. Quais são as vantagens e desvantagens da configuração logística de transporte de "entrega com distribuidor e varejista"?
4. Muitas empresas têm procurado uma maior proximidade dos centros de abastecimento, exemplo as do agronegócio. Para tal decisão qual modelo de utilidade se mostrou mais adequado?
5. O diretor de vendas da empresa AlphaGama, que possui hoje três centros de distribuição, planeja para melhorar o atendimento ampliar para seis. Contestado pelo diretor de logística contratam sua empresa de assessoria para análise da proposta. Quais pontos poderão ser analisados para melhorias da distribuição antes que se façam investimentos na ampliação?
6. Como a globalização pode interferir em um sistema de distribuição e quais podem ser os fatores de desperdícios?

13

FUNDAMENTOS DE TRANSPORTE

Introdução
13.1 Princípios do transporte
13.2 Funções do transporte
      13.2.1 Movimentação de produtos
      13.2.2 Estocagem de produtos
13.3 Princípios do gerenciamento de transporte
13.4 Participantes nas decisões de transporte
13.5 Serviços e suas características
13.6 Escolha de serviços de transporte
13.7 Características dos modais de transporte
13.8 Tipos de serviços
Resumo
Questões para discussão

Introdução

O transporte é geralmente o elemento mais importante nos custos logísticos, pois a movimentação de fretes absorve entre um e dois terços do total dos custos logísticos. Com o aumento de transportes baratos e disponíveis, a estrutura da economia muda. Mais especificamente, um sistema de transporte eficiente e barato contribui para aumentar a concorrência de mercado, elevar as economias de escala de produção e reduzir os preços das mercadorias. Quando o sistema de transporte é precário, a abrangência do mercado fica restrita à área ao redor do ponto de produção, a menos que os custos de produção sejam extremamente menores em relação a outro ponto, justificando o transporte.

Na maior parte das indústrias, a atividade de transporte representa um dos elementos mais importantes na composição do custo logístico. Nas nações desenvolvidas, os fretes costumam absorver cerca de 60% do gasto logístico total e entre 9% e 10% do Produto Nacional Bruto (PNB). Assim, a contratação de serviços de transporte deve buscar eficiência e qualidade com base em relacionamentos de parceria.

13.1 Princípios do transporte

O transporte é definido como a atividade que, por meio da movimentação de bens ou pessoas, cria valor de localização e de tempo. O principal objetivo do transporte é movimentar produtos de um local de origem até um determinado destino, minimizando ao mesmo tempo os custos financeiros, temporais e ambientais. As despesas de perdas e danos também devem ser minimizadas, e a movimentação deve atender às expectativas de clientes em relação ao desempenho das entregas e à disponibilidade de informações relativas às cargas transportadas. O Quadro 13.1 apresenta como pode ser constituído um sistema de transporte.

Quadro 13.1 Composição do sistema de transporte

MODO	Via de transporte
FORMA	Relacionamento entre os vários modos de transporte
MEIO	Elemento transportador
INSTALAÇÕES COMPLEMENTARES	Terminais de carga

FUNDAMENTOS DE TRANSPORTE **CAPÍTULO 13**

13.2 Funções do transporte

O transporte tem duas funções principais: a movimentação e a estocagem de produtos.

13.2.1 Movimentação de produtos

O transporte é necessário para movimentar produtos entre as fases de um processo, seja na fase de fabricação seja para consumo: esses produtos podem estar na forma de materiais, componentes, subconjuntos, produtos semiacabados ou produtos acabados. Nesse processo são utilizados recursos temporais, financeiros e ambientais. Portanto, é importante que o movimento seja feito apenas quando realmente há aumento do valor dos produtos em relação à sua localização.

- *Recursos temporais (tempo)* – Durante a movimentação, os produtos estão inacessíveis ao uso e são considerados estoque em trânsito, conceito fundamental para o alinhamento com as estratégias *just-in-time* e *quick--response*,[1] que visam à minimização dos estoques nas fábricas ou centros de distribuição.
- *Recursos financeiros* – representam os gastos internos para manter uma frota própria e/ou os gastos externos com a contratação de terceiros. Os gastos resultantes do trabalho de motoristas, custos operacionais de veículos e eventual apropriação de custos gerais e administrativos devem ser considerados, assim como os gastos decorrentes de perdas ou danos aos produtos e veículos.
- *Recursos ambientais (direta ou indiretamente)* – indiretamente, o transporte causa danos ambientais em consequência de engarrafamentos, poluição do ar e poluição sonora.

13.2.2 Estocagem de produtos

Uma função menos comum do transporte é a utilização de veículos para estocagem temporária, que ocorre quando a estocagem de um produto em trânsito se faz necessária por um curto período e, considerados os custos de carga e descarga e desde que essa necessidade de estocagem não exceda a taxa diária do veículo,

---

1 Estratégias baseadas no tempo, as quais têm como princípio básico a resposta rápida à demanda de recursos em regime "puxado". A estratégia *just-in-time* surgiu na indústria automobilística, e *quick-response*, na indústria têxtil (N.A.).

213

quando há restrições de capacidade ou possibilidade de aumento dos tempos de viagem e de espera. Embora a armazenagem de produtos em veículos de transporte envolva um custo muito alto, ela pode ser justificada por uma perspectiva de melhor desempenho ou custo total.

Alguns casos em que essa alternativa é viável:
- *Quando o espaço do depósito, de origem ou destino, é limitado* – nesse caso, a utilização de veículos de transporte para a guarda temporária dos produtos pode tornar-se uma opção viável.
- *Quando o itinerário é mais longo, com maior tempo de trânsito* – nesse caso, o veículo de transporte é utilizado como uma opção de armazenagem temporária, permanecendo em movimento e não ocioso.
- *Quando há um desvio de rota devido à alteração do destino original da carga durante o trânsito* – isso pode ocorrer quando um produto inicialmente programado para ser enviado de São Paulo para o Rio de Janeiro é destinado para Juiz de Fora durante seu trânsito, pois nessa cidade ou há maior necessidade do produto ou há maior capacidade de armazenagem disponível. Assim, utilizando a estocagem, esse produto poderá ser desviado para o destino alternativo.

13.3 Princípios do gerenciamento de transporte

Há dois princípios fundamentais que norteiam o gerenciamento do transporte: a economia de escala e a economia de distância, que são obtidas com a diminuição do custo de transporte por unidade de peso com cargas maiores. Cargas fechadas, que utilizam toda a capacidade do veículo, por exemplo, têm um custo menor por unidade de peso que as cargas fracionadas, as quais utilizam parte da capacidade do veículo. Portanto, as despesas fixas de movimentação de uma carga podem ser diluídas por um maior peso da carga, diminuindo os custos por unidade de peso. As despesas fixas, aquelas que não variam com o volume de carga, incluem custos administrativos derivados do recebimento de pedidos de transporte, do tempo despendido para posicionar o veículo para carga ou descarga, do processo de faturamento e da utilização de equipamento. Portanto, conclui-se que os veículos de transporte de maior capacidade, como os veículos aquaviários ou ferroviários, têm um custo menor por unidade de peso do que aqueles de menor capacidade, como os rodoviários ou aéreos.

FUNDAMENTOS DE TRANSPORTE **CAPÍTULO 13**

13.4 Participantes nas decisões de transporte

As transações de transporte são influenciadas por cinco componentes: o embarcador (ponto de origem), o destinatário (ponto de destino ou receptor), a transportadora, o governo e o público, em algumas situações relacionados em termos de propriedades, ou operando de forma independente.

Para compreender a complexidade do ambiente de transporte, é necessário conhecer o papel e a perspectiva de cada componente:

- *Embarcadores e destinatários* – têm um objetivo comum: movimentar mercadorias da origem até o destino em determinado tempo, ao menor custo possível. Os serviços incluem a minimização dos tempos de coleta e de entrega, do tempo em trânsito e das perdas e avarias, otimizando o faturamento e possibilitando trocas de informações precisas e em tempo hábil.

- *Transportadoras* – intermediária que tem como objetivo aumentar sua receita mediante uma transação de movimentação, minimizando os custos necessários para concluir a transação. Para atingir esse objetivo, a transportadora tenta obter flexibilidade nos tempos de entrega e coleta a fim de que as cargas individuais sejam consolidadas em movimentações econômicas.

- *Governo* – grande interessado nas transações em virtude do impacto do transporte na economia. O governo deve garantir um ambiente de transporte estável e eficiente, de modo a sustentar o crescimento econômico, permitindo às transportadoras oferecer serviços competitivos e ao mesmo tempo operar de forma lucrativa.

- *Público* – determina a necessidade de transporte, solicitando mercadorias em todo o mundo a preços razoáveis. Embora a redução do custo de transporte seja importante para os consumidores, os padrões de segurança e meio ambiente também merecem consideração.

Os relacionamentos na área de transporte são complexos, e a interação entre as partes envolvidas é um processo difícil. Isso acarreta frequentes conflitos entre elementos com microinteresse (embarcadores, destinatários e transportadoras) e elementos com macrointeresse (governo e público). Esses conflitos dão origem à duplicação de esforços, à regulamentação e a restrições dos serviços de transporte.

13.5 Serviços e suas características

Um serviço de transporte é um conjunto de características de desempenho adquiridas a um determinado preço. Os serviços abrangem cinco modais: aquaviário, ferroviário, rodoviário, aeroviário e dutoviário. Dentre essas possibilidades de escolha, o usuário seleciona um serviço ou combinação que forneça o melhor equilíbrio entre a qualidade oferecida e o custo.

A seleção de um modal de transporte pode ser usada para criar uma vantagem competitiva de serviço. Quando um comprador em um canal de suprimentos adquire bens de mais de um fornecedor, o serviço logístico oferecido, assim como o preço, pode influenciar na seleção do fornecedor.

13.6 Escolha de serviços de transporte

Para auxiliar na escolha, as características básicas do serviço de transporte podem ser consideradas, pois são os fatores de maior importância na hora de se decidir por um transportador: preço, tempo médio em trânsito, variabilidade do tempo médio em trânsito e perdas e danos. Esses fatores são descritos no Quadro 13.2.

Quadro 13.2 Variáveis de escolha

PREÇO	É a soma da taxa de linha de transporte mais os serviços adicionais fornecidos.
TEMPO MÉDIO EM TRÂNSITO	Refere-se ao tempo médio que um carregamento leva para se deslocar de seu ponto de origem até seu destino.
VARIABILIDADE	Refere-se às diferenças usuais que ocorrem entre os embarques. A variabilidade do tempo em trânsito é uma medida de incerteza no desempenho do transportador.
PERDAS E DANOS	Os transportadores têm a obrigação de movimentar as cargas com rapidez e cuidado razoáveis para evitar perdas e danos.

Um serviço de transporte é um conjunto de características de desempenho adquiridas a um determinado preço.

A variedade de serviço de transporte é quase ilimitada:
- Os modais podem ser combinados, como o transporte combinado *piggyback* ou movimentação de contêiner (ou um único modal pode ser usado);

FUNDAMENTOS DE TRANSPORTE **CAPÍTULO 13**

- Agências de transporte, associações de embarcadores e corretores podem ser usados;
- Transportadoras de cargas pequenas podem ser usadas por sua eficiência no manejo de pequenos pacotes.

Dentre essas escolhas, o usuário seleciona um serviço ou combinação de serviços que apresente o melhor equilíbrio entre a qualidade oferecida e o custo do serviço.

13.7 Características dos modais de transporte

São cinco os tipos de modais de transporte: o ferroviário, o rodoviário, o aquaviário, o dutoviário e o aéreo. A importância relativa de cada tipo pode ser medida pela distância coberta pelo sistema, pelo volume de tráfego, pela receita e natureza da composição do tráfego. Cada tipo de modal é abordado, levando-se em consideração sua importância. Para entender a importância de cada modal, é necessário considerar seus volumes e suas receitas, calculados pela tonelada-quilômetro, que é uma medida-padrão da atividade de transporte e considera o peso em toneladas e a distância em quilômetros para a movimentação.

A ferrovia é basicamente um transportador de longo curso e um movimentador lento de matéria-prima e produtos manufaturados de baixo valor; nela, preferencialmente se transportam carregamentos completos. A maior fonte da tonelagem ferroviária transportada é proveniente de indústrias de extração de matéria-prima.

O transporte ferroviário sempre deteve a maior capacidade de toneladas-quilômetros de transporte de forma econômica, e a capacidade de transportar de maneira eficiente uma grande tonelagem por longas distâncias é a principal razão para que as ferrovias ocupem um lugar de destaque na receita bruta e na economia.

As operações ferroviárias incorrem em altos custos fixos em virtude do equipamento caro, da manutenção de vias, dos pátios de manobra e dos terminais. Entretanto, esse sistema conta com custos operacionais variáveis relativamente baixos. Apesar de problemas históricos em termos de serviço, a estrutura de custo fixo-variável das ferrovias ainda é a melhor para movimentações a longa distância.

As ferrovias têm se tornado mais sensíveis às necessidades do cliente, dando ênfase a setores de produtos a granel e à produção pesada, em vez de simplesmente oferecerem um serviço ferroviário padronizado. Suas operações intermodais foram expandidas por meio de alianças e compra de transportadoras rodoviárias.

Em contraste com o transporte ferroviário, o rodoviário é um serviço de transporte de produtos semiacabados e acabados, e movimenta fretes com carregamentos médios menores. As vantagens inerentes ao serviço são: os serviços porta a porta (nos quais nenhum carregamento ou descarregamento é exigido entre a origem e o destino, o que frequentemente ocorre com o transporte ferroviário e o aéreo), a frequência, a disponibilidade e a velocidade. Esse sistema apresenta maior flexibilidade por ser capaz de operar por todos os tipos de estradas, além de necessitar de investimentos fixos relativamente pequenos em terminais e operar em rodovias com manutenção pública. Em virtude da flexibilidade de entrega, conquista praticamente todo o transporte de carga realizado por atacadistas ou depósitos para lojas varejistas, e a expectativa é de que o transporte rodoviário mantenha uma participação de mercado estável. Embora o custo com taxas de licença, impostos ao usuário e pedágios seja grande, essas despesas estão diretamente relacionadas com a quantidade de quilômetros e veículos operados. No entanto, o custo variável por quilômetro é alto, pois é necessário um "cavalo mecânico" e um motorista para cada carreta ou composição de carretas atreladas.

A necessidade de mão de obra no transporte rodoviário também é grande em virtude das restrições de segurança referentes ao motorista, à carga e à necessidade de manutenção. A segmentação desses componentes em custos fixos (que incluem despesas gerais indiretas e veículo) e custos variáveis (que incluem motorista, combustível, pneus e reparos) resulta em uma estrutura de baixos custos fixos e altos custos variáveis. Esse sistema é mais adequado para movimentar pequenas cargas a curtas distâncias, favorecendo as atividades de produção, distribuição e o transporte a curta distância de produtos de alto valor. Essas transportadoras têm feito ligações significativas com o tráfego ferroviário e o aéreo para transporte de produtos industriais leves.

Não obstante, o setor de transporte rodoviário não está livre de problemas. As principais dificuldades estão relacionadas ao custo da substituição de equipamentos, da manutenção, dos salários dos motoristas e da utilização de pátios e plataformas. Embora o aumento da folha de pagamento influencie todos os tipos modais de transporte, o maior impacto é observado nas transportadoras rodoviárias, pois suas atividades exigem mais mão de obra e, portanto, são mais sensíveis aos aumentos salariais. Para compensar o efeito do aumento dos salários, as transportadoras têm se concentrado na melhoria da programação de veículos de serviço regular (o que minimiza o uso de terminais), em sistemas de faturamento informatizados, em terminais mecanizados e em operações que utilizam um único "cavalo mecânico" para tracionar duas ou três carretas atreladas; a coordenação com os sistemas intermodais também é um fator considerado pelas transportadoras. Essas melhorias reduzem a necessidade de mão de obra e, consequentemente, o custo. A concorrência do setor de transporte rodoviário de prestação de serviço eventual é representada pelo

FUNDAMENTOS DE TRANSPORTE **CAPÍTULO 13**

transporte rodoviário realizado por caminhões de propriedade de embarcadores ou por transportadoras especializadas, contratadas para realizar serviços de transporte para os embarcadores. As principais restrições à frota própria incluem a justificativa de retorno do investimento, o cumprimento das leis federais, a qualidade do serviço ao cliente e a falta de uniformidade nos impostos estaduais. A participação relativa de frotas próprias deve continuar em declínio.

Apesar dos problemas mencionados, é quase evidente que o transporte rodoviário continuará sendo o elemento mais importante das operações logísticas nos próximos anos.

Já as vias marítimas e fluviais são o meio de transporte mais antigo. Normalmente, é feita uma distinção entre o transporte de alto-mar e o transporte interno por vias navegáveis. A principal vantagem do transporte aquaviário é a capacidade de movimentar cargas muito grandes. Esse tipo de transporte emprega dois tipos de embarcações: as embarcações de alto-mar, geralmente projetadas para serem utilizadas em oceanos e lagos, as quais se restringem aos portos apropriados a seu calado, e as barcaças, que normalmente operam em rios e canais, possuindo maior flexibilidade. O transporte aquaviário está situado entre as transportadoras rodoviárias e as ferroviárias em termos de custo fixo. Embora as transportadoras marítimas e fluviais devam desenvolver e manter seus próprios terminais, o direito de acesso é mantido pelo governo e resulta em custos fixos moderados quando comparados com os custos da ferrovia e da rodovia. As principais desvantagens do transporte aquaviário são sua limitada rapidez, seu curto alcance de operação e a confiabilidade do sistema, fortemente influenciado pelo clima. A menos que a origem e o destino da carga sejam adjacentes a uma via navegável, é necessário um transporte suplementar por via férrea ou caminhão. A capacidade que as vias marítimas e fluviais têm de transportar grandes volumes/tonelagens a um custo variável baixo faz com que esse modal de transporte seja requisitado quando se deseja obter baixas taxas de frete – e quando a rapidez é uma questão secundária. O transporte típico por vias navegáveis inclui produtos de mineração e *commodities* básicas a granel, como produtos químicos, cimento e alguns tipos de produtos agrícolas. O movimento de cargas líquidas a granel em navios tanques e mercadorias a granel como carvão, grãos e areia são os maiores beneficiados por esse modal. Além das restrições das vias navegáveis, os terminais de armazenagem de carga seca e de carga a granel bem como os dispositivos de carga-descarga limitam a flexibilidade desse tipo de transporte. As restrições com relação à mão de obra para carga e descarga nas docas criam problemas operacionais e tendem a reduzir seu rendimento. Por fim, atualmente se observa uma situação altamente competitiva entre as ferrovias e as transportadoras aquaviárias em áreas com vias paralelas.

As embarcações de alto-mar transportam uma proporção significativa de produtos a granel, e um crescente volume de transporte marítimo utiliza contêineres para carga geral. Os contêineres facilitam a carga e a descarga de embarcações, além de melhorarem a capacidade intermodal, aumentando a eficiência na transferência de carga entre rodovia, ferrovia e a via marítima/fluvial.

Há também o transporte por dutos, que representa uma parte significativa do sistema de transporte de petróleo e gás natural. Além disso, esse sistema é utilizado para o transporte de produtos químicos manufaturados, de materiais secos e pulverizados a granel, como cimento e farinha em suspensão aquosa, incluindo também o transporte de esgoto e água em cidades. Os produtos mais economicamente viáveis para serem movimentados por dutovia são o petróleo cru e os produtos de petróleo refinado. Esse tipo de transporte é de natureza singular quando comparado aos outros tipos de transporte, pois operam 24 horas por dia e sete dias por semana, com restrições de funcionamento apenas durante a mudança do produto transportado e sua manutenção; não existe nenhum contêiner ou "veículo" vazio de retorno. Os dutos apresentam o maior custo fixo e o menor custo variável entre todos os tipos de transporte. O alto custo fixo resulta do direito de acesso, da construção e da necessidade de controle das estações, além da capacidade de bombeamento. Como os dutos não necessitam de mão de obra intensiva, o custo operacional variável é extremamente baixo após sua construção. A desvantagem é que os dutos não são flexíveis e limitados quanto aos produtos: transportam somente produtos nas formas gasosa ou líquida, além de misturas semifluidas ou produtos em suspensão aquosa.

Já o transporte aéreo é o mais novo entre os tipos existentes e está sendo utilizado por um número crescente de embarcadores para o serviço comum, apesar das taxas de frete excederem as taxas dos sistemas rodoviário e ferroviário. Seu atrativo é a velocidade de transporte entre a origem e o destino, especialmente em longas distâncias – mas a um alto custo. Contudo, essa velocidade não é diretamente comparável com a de outros modais, porque o tempo de coleta e entrega no manuseio terrestre não estão incluídos. A confiabilidade e a disponibilidade do serviço aéreo podem ser classificadas como boas sob condições normais. A variabilidade do tempo de entrega é pequena em termos absolutos, mesmo levando-se em consideração que o serviço aéreo é bastante sensível a quebras mecânicas e variações nas condições meteorológicas. A variabilidade, se comparada com os tempos médios de entrega, pode posicionar o aéreo como um dos modais menos confiáveis. Embora sua quilometragem seja praticamente ilimitada, há restrições quanto à sua capacidade de alçar voo e também no que diz respeito ao tipo, tamanho e peso da carga, assim como há que se observar a disponibilidade de aeronaves, afetando sua capacidade e

FUNDAMENTOS DE TRANSPORTE **CAPÍTULO 13**

flexibilidade. O alto custo de um avião a jato, aliado à irregularidade da demanda por frete, limitou o uso de aviões dedicados somente às operações de frete.

As vias aéreas, aeroportos e terminais são normalmente mantidos por fundos públicos. Os custos fixos do transporte aéreo são representados pela compra de aeronaves e pela necessidade de sistemas de manutenção especializados, bem como por contêineres de carga. Por outro lado, o custo variável do frete aéreo é extremamente alto em decorrência de custos com combustível, manutenção e mão de obra intensa, representados pelo pessoal de bordo e terra. Como necessitam de amplo espaço aberto, os aeroportos não estão normalmente integrados com outros tipos de transporte, com exceção das rodovias.

O Quadro 13.3 apresenta algumas características dos modais anteriormente mencionados.

Quadro 13.3 Características dos modais

MODAL	CARACTERÍSTICAS
FERROVIÁRIO	Transportador de longo curso e um movimentador lento de matéria-prima e produtos manufaturados de baixo valor; nele, se movimentam preferencialmente embarques de carregamento completo.
RODOVIÁRIO	Transportador de semiacabados e acabados, carregamentos menores que os ferroviários e volumes de cargas incompletas. Serviços porta a porta.
AQUAVIÁRIO	*Fluvial* – navegação doméstica em rios e canais. *Lacustre* – navegação em grandes lagos. *Marítima* – navegação costeira ou em além-mar.
DUTOVIÁRIO	Transporte de longo curso de gases, líquidos, grãos e minérios.
AÉREO	Transporte de velocidade imbatível, principalmente a longas distâncias. Sua confiabilidade é considerada boa, sob condições normais.

A classificação relativa de modais de transporte por custo e características de desempenho de operações é ilustrada no Quadro 13.4.

Quadro 13.4   Características de desempenho

MODAL DE TRANSPORTE	CUSTO 1 = maior	TEMPO MÉDIO DE ENTREGA 1 = mais rápido	VARIABILIDADE DE TEMPO DE ENTREGA ABSOLUTO 1 = menor	VARIABILIDADE DE TEMPO DE ENTREGA PORCENTAGEM 1 = menor	PERDAS E DANOS 1 = menor
FERROVIÁRIO	3	3	4	3	5
RODOVIÁRIO	2	2	3	2	4
AQUAVIÁRIO	5	5	5	4	2
DUTOVIÁRIO	4	4	2	1	1
AEROVIÁRIO	1	1	1	5	3

Fonte: BALLOU, 2001, p. 127.

Já a forma como os vários modos de transporte se relacionam pode ser observada no Quadro 13.5.

Quadro 13.5   Formas de modais

UNIMODAL	Quando a unidade de carga é transportada diretamente e com apenas um veículo, em uma única modalidade de transporte e com apenas um contrato de transporte. É a forma mais simples de transporte.
SUCESSIVA	Quando, para alcançar seu destino final, a unidade de carga necessita ser transportada por um ou mais veículos da mesma modalidade de transporte, abrangidos por um ou mais contratos de transporte.
SEGMENTADA	Quando se utilizam veículos diferentes, de uma ou mais modalidades de transporte, em vários estágios; todos os serviços são contratados separadamente, utilizando-se de diferentes transportadores, que terão a seu cargo a condução da unidade de carga do ponto de expedição até o destino final. Qualquer atraso pode significar a perda do transporte nos demais modais, gerando frete morto (o que significa pagar por ter reservado o espaço, mesmo sem realizar o transporte). A imputação de responsabilidades por perdas ou avarias é muito complexa e as indenizações por lucros cessantes, flutuações de preços etc., são praticamente impossíveis.

> **MULTIMODAL** Quando a unidade de carga é transportada em todo o percurso utilizando-se duas ou mais modalidades de transporte, abrangidas por um único contrato de transporte. A prévia coleta e movimentação de mercadorias para unitização, bem como eventuais operações depois de sua entrega no local do destino estabelecido no contrato de transporte, não caracterizam o transporte multimodal, nem fazem parte dele.

13.8 Tipos de serviços

As empresas de transporte rodoviário de cargas prestam, basicamente, quatro tipos de serviços:

- *Serviço de lotação completa* – a carga é coletada nas instalações do embarcador e transportada no mesmo veículo para o depósito do destinatário, sem passar pelo(s) depósitos(s) da transportadora. Esse tipo de serviço ocorre quando há carga suficiente para lotar um veículo e não é necessário utilizar o terminal da transportadora para manuseio da carga.
- *Serviço de carga fracionada local* – a carga é coletada nas instalações do embarcador e deslocada até o depósito da transportadora. Ali é feita a triagem e o reembarque nos veículos de distribuição que fazem as entregas diretamente aos destinatários localizados em vários pontos da mesma cidade, ou noutras localidades próximas. Nesse caso, é utilizado somente o depósito local da transportadora.
- *Serviço de carga fracionada de longa distância* – é semelhante ao anterior, mas nesse serviço ocorre mais uma operação de descarga/triagem/carregamento em um depósito regional da transportadora. Essa operação intermediária adicional torna-se necessária para que as mercadorias sejam novamente separadas por rota de entrega e reembarcadas em veículos locais. Nesse caso, o terminal regional recebe mercadorias de diversos pontos do país. É feita então a descarga das mercadorias procedentes das várias regiões; etapa na qual essas mercadorias são novamente separadas por rota e reembarcadas nos veículos de entrega, geralmente menores.
- *Serviço de carga fracionada de longa distância com terminais intermediários de trânsito* – é semelhante ao anterior, mas esse processo conta com os terminais intermediários da transportadora para reorganizar as remessas por corredor de transporte. Por exemplo, a carga originada de Porto Alegre e destinada a Salvador é levada até o terminal de trânsito em

São Paulo, onde é recarregada. Posteriormente, é deslocada até o terminal regional na Bahia, e a partir dali segue em veículo menor para ser distribuída localmente.

Além da diversidade de serviços no transporte de carga convencional, é importante considerar também o número expressivo de novas funções logísticas que as transportadoras estão sendo chamadas a desempenhar nos dias atuais. Entre elas, destacamos:

- *Transporte multimodal e internacional*, que envolve os diferentes modos e serviços auxiliares;
- *Armazenagem* de produtos;
- *Manipulação* de produtos, incluindo embalagem, composição de kits etc.;
- *Operações industriais*, que incluem intervenções no produto, como montagem final, testes de qualidade etc.;
- *Operações comerciais*, como recebimento e tratamento de pedidos, pagamentos, realização de propaganda etc.;
- *Serviços de cunho informacional*, tais como administração de estoques, rastreamento de veículos etc.;
- *Administração* logística (gerenciamento de serviços de terceiros, *procurement*, consultoria etc.).

Resumo

O transporte (e também seus custos) não é importante só por aquilo que representa na cadeia logística, mas também por ser a atividade que agrega valor a um bem quando este muda de lugar para atender à necessidade de um cliente, ou seja, o valor de posição. O transporte deve garantir o cumprimento dos prazos estabelecidos sem comprometer a integridade do bem transportado. Sua atividade atravessa os tempos, e desde os primórdios da humanidade algo é transportado: inicialmente pelo homem ou em conjunto com animais que podiam tracionar carroças, surge o primeiro dos modais, o terrestre. A necessidade de exploração de novos territórios, rompendo limites geográficos (como os rios) levou ao desenvolvimento dos barcos, e assim surgiu o segundo modal, o aquaviário. Com a invenção do avião, surge o terceiro, o aéreo.

Atualmente, as possibilidades de transporte estão associadas a três tipos de modais: o terrestre, o aquaviário e o aéreo. A escolha por um deles ou suas combinações depende das necessidades do cliente em relação ao produto a ser

FUNDAMENTOS DE TRANSPORTE **CAPÍTULO 13**

transportado; para essa decisão deve-se considerar também o custo em relação ao volume e a distância – tudo associado aos prazos solicitados. Cada um apresenta suas características particulares, desde a facilidade de acesso até a velocidade, que afetam de maneiras diferentes seus custos. Os serviços prestados vão desde a simples entrega de um único produto até a entrega de milhares deles.

Questões para discussão

1. O transporte sob o ponto de vista do cliente pode ser considerado uma forma de desperdício. Explique.
2. Uma estrutura mais centralizada com menos armazéns tende a ter custos maiores com transporte. Já com uma estrutura descentralizada, a rede tende a ter custos menores de transporte. Justifique as afirmações acima utilizando os princípios do gerenciamento de transporte.
3. Pesquise a matriz brasileira de transporte. Tendo em vista as novas necessidades da globalização, onde deveriam ser feitos investimentos para garantir ganhos competitivos?
4. Quais são os principais fatores que devem ser levados em conta para a escolha de um serviço de transporte? Qual impacto nos custos da empresa?
5. Sua empresa é uma grande produtora de soja do Centro-Oeste do país, para garantir a movimentação segura, são requeridos alguns cuidados. Para a situação proposta classifique os modais envolvidos em termos de disponibilidade de serviço, tempo em trânsito, variabilidade em trânsito, preço e perdas e danos.

14

PROGRAMAS DE RESPOSTA RÁPIDA (PRR)

Introdução
14.1 Fluxo de informações
14.2 Programas de Resposta Rápida (PRR)
    14.2.1 Resposta rápida (QR)
    14.2.2 Programa de reabastecimento contínuo (CRP)
    14.2.3 Resposta eficiente ao consumidor (ECR)
    14.2.4 Estoque gerenciado pelo fornecedor (VMI)
    14.2.5 *Just in Time* II (JIT II)
    14.2.6 Planejamento, Previsão e Reabastecimento Colaborativo (CPFR)
Resumo
Questões para discussão

Introdução

A introdução da tecnologia de comunicação foi fundamental para o aumento do desempenho da logística, recurso-chave para se obter a integração. O meio eletrônico vem sendo cada vez mais importante para a transmissão de dados sobre produtos que possam ser digitalizados e entregues diretamente ao cliente, por meio de experimentos como a utilização de código de barras e o intercâmbio eletrônico de dados – *Electronic Data Interchange* (EDI). O impacto dessa tecnologia foi imediato na disponibilização e facilidades da transferência de dados entre as empresas e originou várias experiências com ligações computador a computador, formando uma rede clientes/fornecedores, em que a transferência de informações precisas ocorria em tempo real.

A capacidade de obter informações rápidas, precisas e abrangentes em tempo real introduziu a era da logística baseada em prazos, com acordos operacionais de troca rápida e segura de informações que colocaram em evidência novas estratégias para aumentar o desempenho logístico. Exemplos incluem estratégias *Just in Time* (JIT), resposta rápida (QR, sigla do inglês Quick Response) e ressuprimento contínuo (CR, do inglês *Continuous Replenishment*). Essas técnicas são voltadas para a obtenção do efetivo controle das operações logísticas, o qual se tornou possível graças à adoção de tecnologia de informação desenvolvida.

O fluxo de informações dinamiza um sistema logístico porque é fundamental para as operações logísticas a disponibilidade de informação de boa qualidade em tempo hábil.

14.1 Fluxo de informações

No plano operacional, pode-se dizer que a execução de uma estratégia de gerenciamento dos fluxos de mercadorias exige a implantação de um sistema de gestão, que pode dar resultado quando a empresa emprega um conjunto de instrumentos – e, entre eles, a tecnologia de transmissão da informação, a base de apoio à tomada de decisão, a qual garante que se alcance o resultado planejado.

A complexidade das redes formadas pelos diferentes sistemas de gestão logística e seus altos custos financeiros vem tornando o fluxo de informações uma ferramenta cada vez mais importante. Esse fluxo, extremamente ligado ao movimento físico de produtos e materiais, proporciona uma maior confiabilidade ao processo de logística; todo o processo se relaciona intimamente: processamento de pedidos, estimativa de vendas, planejamento de produção, compras e aquisições, capacidades, armazenagem e manuseio.

Visualizar com clareza as informações que realmente agregam valor ao processo aumenta a velocidade e a confiabilidade das operações, pois aquelas que não somam nada ao processo são assim descartadas, minimizando qualquer desvio nas informações; uma situação oposta pode gerar erros de avaliação e, posteriormente, decisões equivocadas; daí a importância da análise e entendimento do fluxo de informações para todo o processo logístico.

A utilização dessa ferramenta fornece as informações necessárias para verificar locais específicos dentro de um sistema logístico em que é preciso atender a algum tipo de necessidade em paralelo ao trabalho real executado; o principal objetivo é facilitar a coordenação do planejamento e o controle das operações logísticas integradas. Para esse fim, deve-se proceder a uma análise detalhada que identifique os agentes geradores de informações e seus usuários, quem deve recebê-las, para que efetivamente são utilizadas e quais informações são realmente prioritárias e fundamentais para o sistema. Para cada local existem necessidades diferentes em função da natureza das operações realizadas, e por isso o compartilhamento das informações deve minimizar tais diferenças. É importante colocar os sistemas no lugar certo, a fim de sustentar a colaboração em uma cadeia de valor; em variadas combinações, esses sistemas oferecem uma visão holística do negócio, alinhando às operações – sejam aquelas ligadas à manufatura ou as operações comerciais – conforme a área de atividade dos clientes.

Figura 14.1   Sistema de informação – PDV

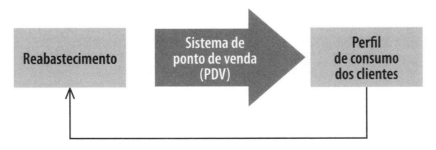

Exemplos: Data warehouse, Business analitics

A Figura 14.1 mostra uma cadeia de valor de reabastecimento contínuo em um ambiente operacional relativamente previsível e estável, de intensidade transacional e complexidade relativamente baixa, em que se espera que os clientes sejam leais

GESTÃO DA PRODUÇÃO E LOGÍSTICA

e, em troca, recebam um alto nível de comprometimento e serviços. Um exemplo é a implantação dos sistemas integrados de gestão empresarial (ERP, sigla do inglês *Enterprise Resource Planning*), úteis quando utilizados com aplicativos de sistemas adicionais que facilitem a gestão de relacionamento com clientes. A implantação desses sistemas torna-se um diferencial para um bom planejamento.

Algumas características dos clientes que atuam em um mercado de reabastecimento contínuo:

- Comportamento de compras previsível;
- Demanda por entregas regulares;
- Maturidade nas decisões;
- Normalmente compram de um ou dois fornecedores;
- Lealdade;
- Não correm riscos;
- Tem alto grau de confiança;
- Estão dispostos a desenvolver parcerias;
- Compartilham informações;
- Suportam adversidades.

Quadro 14.1   Aplicativos

CDP	*Collaborative Demand Planning*	Planejamento de demanda colaborativa
CPFR	*Collaborative Planning, Forecasting and Replenishment*	Planejamento, previsão e reabastecimento colaborativo
CRM	*Customer Relationship Management*	Gestão de relacionamento com cliente
CRP	*Continuous Replenishment Program*	Programa de reabastecimento contínuo
ECR	*Efficient Consumer Response*	Resposta eficiente ao consumidor
EDLP	*Every Day Lower Prices*	Preço baixo todos os dias
JIT II	*Just in time II*	Associado com atividades da cadeia enxuta
QR	*Quick Response*	Resposta rápida
VMI	*Vendor Managed Inventory*	Estoque gerenciado pelo fornecedor

Fonte: GATTORNA, J., 2009, p. 85.[1]

---

1   GATTORNA, J. *Living Supply chains*: alinhamento dinâmico de cadeias de valor. São Paulo: Pearson Prentice Hall, 2009.

PROGRAMAS DE RESPOSTA RÁPIDA (PRR) **CAPÍTULO 14**

O Quadro 14.1 apresenta alguns exemplos de aplicativos importantes que vêm sendo progressivamente utilizados em um portfólio de sistemas que se combinam para servir conjuntamente aos clientes. Quando eficientemente integrados, esses aplicativos são extremamente valiosos e facilitam o acesso às informações relevantes sobre os clientes, apontando suas necessidades isoladamente. Entretanto, mesmo sendo úteis, esses aplicativos perdem sua força.

Outros sistemas dão suporte a esses aplicativos, tais como: ponto de venda, identificação por radiofrequência (RFID, sigla do inglês *Radio Frequency Identification*) e a rede de sincronização global de dados (GDSN, sigla do inglês *Global Data Synchronization Network*). Esses dois últimos sistemas são usados diretamente pelos clientes.

Segundo Bowersox,[2] a informação logística segue dois fluxos, ilustrados na Figura 14.2.

Figura 14.2   Informações logísticas

Fonte: BOWERSOX, D. J., 2007 p. 184.

---

2   BOWERSOX, D. J. *Logística empresarial*: o processo de integração da cadeia de suprimento. São Paulo: Atlas, 2007. p. 184.

231

Segundo Corrêa,[3] os principais objetivos dos sistemas apoiados por tecnologia da informação é dar suporte aos objetivos gerais da rede logística. Para tanto, destaca quatro pontos que devem ser observados e as características para o apoio à decisão:

- *Coleta de informações*
    - Sobre os recursos – meios de transporte, produção e armazenagem.
    - Sobre os itens de estoque – materiais e informações.
    - Sobre o fluxo – materiais, informações e pessoas.
- *Acesso à informação* - As informações da rede devem ser apresentadas de forma simples e a todas as pessoas que necessitem delas, reduzindo assim os níveis de incerteza.
- *Analisar, planejar e controlar atividades* - As atividades devem ser analisadas, planejadas e controladas, para que assim se administre os compromissos com base nas informações coletadas da rede inteira, visando mais à otimização global do que a local.
- *Colaboração e integração* - A colaboração e a integração entre os parceiros da rede permite uma coordenação entre suas decisões sobre fluxos e estoques, reduzindo assim a volatilidade das demandas percebidas pelos parceiros.

14.1.1 Características necessárias à informação para apoio à decisão

Acurácia da informação

Sem informações fiéis sobre o estado real do mundo físico, as decisões ao longo da rede de suprimento não serão boas, e isso tornará difícil a consecução de seus objetivos. Muitas vezes, a informação estará disponível, mas por demoras de processamento, falta de integração de sistemas e outros motivos, essa disponibilidade somente ocorrerá depois do momento em que se seja necessária para a tomada da melhor decisão.

14.2 Programas de Resposta Rápida (PRR)

Novamente citando Bowersox,[4] a disponibilidade de informação de baixo custo levou à chamada "era da competição baseada no tempo". Os executivos estão

---

3   CORRÊA, H. L. *Gestão de redes de suprimento:* Integrando cadeias de suprimento no mundo globalizado. São Paulo: Atlas, 2010,.p. 373.
4   BOWERSOX, 2007, p. 214.

aprendendo a explorar a tecnologia de informação em um esforço para aumentar a velocidade e a precisão do desempenho logístico, compartilhando informações para melhorar a acurácia das previsões de vendas e reduzir a dependência do comprometimento antecipado do estoque.

Com a utilização dos Programas de Resposta Rápida (PRR), visa-se obter ganhos de competitividade por meio de um melhor gerenciamento do fluxo de informação ao longo da cadeia de suprimentos. Esses programas baseiam-se no uso intensivo de tecnologia de informação e a na adoção do conceito de parceria, aprofundando o relacionamento existente entre os participantes da cadeia de suprimentos.

14.2.1 Resposta rápida (QR)

Dados são coletados nos pontos de venda do cliente e compartilhados com os fornecedores, que os utilizam para sincronizar suas operações de produção e estoques de acordo com as vendas reais do cliente. O resultado é a minimização da estocagem antecipada, o que exige das empresas a capacidade de satisfazer às exigências dos clientes em tempo hábil. A tecnologia de informação proporcionou o aumento da capacidade de postergação nas operações logísticas até o último momento possível, o que possibilita uma entrega rápida dos produtos solicitados.

Ainda segundo Bowersox,[5] a QR é um esforço de cooperação entre varejistas e fornecedores para aumentar a rotação do estoque e conseguir, ao mesmo tempo, um suprimento de mercadorias bem próximo dos padrões de compras dos consumidores. Implementada por meio do monitoramento das vendas de varejo de produtos específicos e do compartilhamento de informações na cadeia de suprimento, a QR pode garantir que o sortimento correto de produtos esteja disponível quando e onde for necessário. Esse monitoramento é ilustrado na Figura 14.3.

Figura 14.3   Monitoramento das vendas

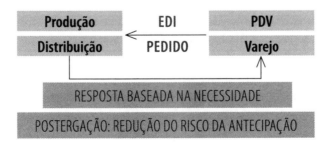

---
5   BOWERSOX, 2007, p. 411.

14.2.2 Programa de reabastecimento contínuo (CRP)

A estratégia de reabastecimento contínuo, também chamada de estoque gerenciado pelo fornecedor, é uma evolução da resposta rápida que não necessita de pedidos de ressuprimento. O CRP tem como meta estabelecer uma cadeia de suprimento flexível e eficiente por meio de informações diárias sobre as vendas e pela reposição contínua do estoque do varejo. O fornecedor assume a responsabilidade pelo ressuprimento do estoque do varejo, e o cliente assume um compromisso de compra. Desse modo, o fornecedor compromete-se a suprir o varejista adequadamente e a manter a rotação do estoque.

14.2.3 Resposta eficiente ao consumidor (ECR)

Esse procedimento é baseado em um conjunto de ferramentas de gestão e de operações por meio do qual os parceiros, no final da cadeia de suprimentos, trabalham em harmonia para reduzir estoques, tempos e custos, oferecendo assim maior valor ao consumidor final. A ECR é constituída por conceitos (existentes ou recém-desenvolvidos) que têm por objetivo a racionalização da cadeia logística e se alinham com a teoria e redesenho dos procedimentos da administração da cadeia de suprimentos para eliminar custos e tempos que não adicionam valor para o consumidor.

As principais ferramentas da ECR são:
- Comunicações on-line;
- Reposição contínua;
- Custeio baseado em atividades (ABC, sigla do inglês *Activity Based Costing*);
- Administração de categorias;
- Padronização.

14.2.4 Estoque gerenciado pelo fornecedor (VMI)

Esse procedimento geralmente é utilizado quando o fornecedor tem um poder maior de negociação do que o cliente, ou sua cadeia é mais complexa, com um número extenso de clientes para os mesmos itens. O gerenciamento do estoque de seu respectivo cliente fica sob a responsabilidade do fornecedor.

14.2.5 *Just in Time* II (JIT II)

É uma extensão da estratégia de produção *just in time* para fora da empresa, baseada nas iniciativas enxutas e projetada para eliminar o desperdício nas cadeias de valor, incluindo estoques e capacidade em excesso. No JIT II, o fornecedor disponibiliza um funcionário que atende ao cliente *in-plant*, sendo também responsável pela programação.

PROGRAMAS DE RESPOSTA RÁPIDA (PRR)   **CAPÍTULO 14**

No Quadro 14.2, estão listadas as principais características relacionadas aos PRR.

Quadro 14.2   Resumo PRR

PRR	QUEM DECIDE A REPOSIÇÃO	COMO DECIDE A REPOSIÇÃO	PRIORIDADE DO ESTOQUE	COMO O FORNECEDOR USA OS DADOS DA DEMANDA
QR	Cliente	Previsão de vendas, (processo independe do fornecedor).	Cliente	Aprimora previsão de vendas, sincroniza a operação.
CPR	Fornecedor	Posição de estoques, decisão em conjunto.	Fornecedor e cliente	Atualiza posição de estoques e modifica nível de reposição.
ECR	Fornecedor	Posição de estoques, decisão em conjunto.	Fornecedor e cliente	Atualiza posição de estoques e modifica nível de reposição.
VMI	Fornecedor	Necessidade líquida projetada.	Fornecedor, cliente e consignado	Gera previsão de vendas e projeta necessidade líquida.
JIT II	In-plant	De acordo com o sistema de suporte ao cliente.	Fornecedor e cliente	Aprimora previsão de vendas, sincroniza a operação.

14.2.6 Planejamento, previsão e reabastecimento colaborativo (CPFR)

É um sistema de compartilhamento de informações de previsão de demanda em que a empresa compradora e seus fornecedores de diversas camadas têm acesso a essas informações ao mesmo tempo. Trata-se, assim, de uma extensão do CRP e do ECR.

O processo CPFR pode ter três níveis, conforme o estágio de integração e dimensão da colaboração entre os parceiros:

- *CPFR básico* – envolve poucos processos de negócios e uma integração limitada ao planejamento de pedidos entre os parceiros. O foco é a redução de custo de operação.

- *CPFR desenvolvido* – caracterizado pelo aumento da integração entre várias áreas de negócios, define o nível de responsabilidade entre as partes e o tipo de informação que deverá ser compartilhada, além da maneira como será feita a troca de dados – se por fornecimento da previsão de demanda, nível de estoque, ressuprimento de produtos ou entregas rápidas. O foco é o nível de serviço ao cliente.
- *CPFR avançado* – caracterizado pelo elevado nível de sincronismo e confidencialidade das informações entre as partes. Esse nível ressalta as diferenças e o *core business* dos parceiros que, quando combinados, proporcionam uma perspectiva de desenvolvimento de competências e aprendizado entre os parceiros.

Etapas do CPFR

Antes de implementar o CPFR, os parceiros de negócio devem definir uma série de aspectos, tais como os parâmetros da política de estoques, o nível de serviço desejado e a forma pela qual o nível de serviço será medido. O modelo de processo proposto para a implantação compreende três fases principais: planejamento, previsão de demanda e reposição de estoques, desdobradas em nove etapas, descritas no Quadro 14.3.

Quadro 14.3 Fases de implantação do CPFR

PLANEJAMENTO	• Desenvolvimento do acordo de colaboração • Criação do plano de negócios conjunto
PREVISÃO DE DEMANDA	• Geração da previsão de demanda • Identificação das exceções da previsão de demanda • Análise conjunta e solução para as exceções da previsão de demanda • Criação da previsão de reposição do estoque • Identificação das exceções da previsão de reposição do estoque
REPOSIÇÃO DE ESTOQUE	• Análise conjunta e solução para as exceções de reposição do estoque • Geração do pedido

Resumo

A tecnologia da informação garante um melhor desempenho para o fluxo logístico por meio do aumento da velocidade do fluxo de informações entre os

PROGRAMAS DE RESPOSTA RÁPIDA (PRR) **CAPÍTULO 14**

participantes da rede – fornecedor, produtor e cliente – que compõem a cadeia logística, alinhada com o objetivo da própria logística segundo o qual o cliente deve ser atendido o mais rápido possível. Os sistemas criam um estreito laço entre fornecedor e cliente, e quando se dá essa colaboração são trocadas informações sobre produtos e respectivas demandas. Para tanto, foram desenvolvidos aplicativos, usados à medida que a relação de colaboração e confiança mútua aumenta. Conhecidos como Programas de Resposta Rápida (PRR), esses aplicativos promovem a redução da variabilidade provocada pela demanda e pela falha no abastecimento. A escolha e implementação de um programa de resposta rápida depende da análise do nível de integração e colaboração entre os atores da rede, e vai desde um nível básico e de integração limitada, passando pelo desenvolvido (com uma maior integração), até o avançado, caracterizado pelo alto nível de integração.

Questões para discussão

1. Qual a importância da TI para os sistemas logísticos?
2. Se uma informação fosse inserida erroneamente em um aplicativo de gestão de estoque, quais seriam as consequências?
3. Analisando os aplicativos de programas de resposta rápida, estabeleça uma sequência para a implantação em uma empresa que pretende fazer parte de uma cadeia logística.
4. Quais são as contribuições de um programa de resposta rápida?
5. Quais devem ser as características dos clientes que desejam atuar em um mercado de reposição contínua?
6. Descreva as fases de implantação do planejamento, previsão e reabastecimento colaborativo.

15

CADEIA DE ABASTECIMENTO

Introdução
15.1 Evolução da cadeia de suprimentos
15.2 Integração na cadeia de suprimentos
15.3 Fatores cruciais para o sucesso das cadeias de suprimentos
15.4 Principais processos na cadeia de suprimentos
15.5 Planejamento e controle da cadeia de suprimentos
15.6 Relacionamentos em redes de suprimentos
    15.6.1 Hierarquia integrada
    15.6.2 Semi-hierarquia
Resumo
Questões para discussão

Introdução

Em 1963, foi fundado nos Estados Unidos o Conselho Nacional de Gerenciamento da Distribuição Física. Seus participantes descobriram algumas interfaces entre as funções de armazenagem e transporte, passando a integrá-las no gerenciamento da distribuição física. Depois dessa integração, houve a constatação de que o trabalho de atendimento aos pedidos reduziu consideravelmente, trazendo como benefício imediato a redução dos estoques pela confiabilidade na frequência do transporte, otimizando a taxa de ocupação dos armazéns e melhorando o nível dos serviços.

A integração da cadeia de suprimentos (*supply chain*), ilustrada na Figura 15.1, é um processo orientado pelo gerenciamento dos dados compartilhados entre fornecedores e clientes, além de ser uma evolução logística resultante do uso de técnicas sofisticadas de programação matemática e a aplicação de pesquisa operacional no controle dos procedimentos de produção, transferência e entrega de produtos e serviços a clientes, incorporando ainda o gerenciamento financeiro do processo.

Figura 15.1 Cadeia de suprimentos

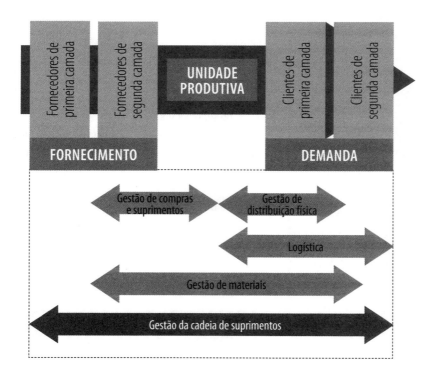

CADEIA DE ABASTECIMENTO **CAPÍTULO 15**

Em cada estágio da cadeia de suprimentos são feitas medições para avaliar a *performance* global obtida. As diferentes equipes envolvidas nesse processo passam a atuar como uma única equipe multidisciplinar, trabalhando em estreita colaboração e superando os sentimentos de individualismo naturais ao ser humano.

Os termos cadeia de suprimentos (*supply chain*) e gerência da cadeia de su-primentos (*supply chain management*) foram introduzidos no mundo dos negócios no início da década de 1990, quando as empresas observaram a frequência com que se utilizavam de fornecedores em todo o mundo.

Segundo Moreira,[1] inicialmente considerava-se que a cadeia de suprimentos era a rede complexa de atividades que entregava um produto ou serviço final ao cliente e incluía uma rede de elementos de dentro e de fora da empresa, formada sob o ponto de vista do material e da informação.

Lummus e Vokurka, citados em Moreira, apresentam ainda a seguinte definição:

> Uma cadeia de suprimentos é o conjunto de todas as atividades envolvidas na en-trega de um produto a partir das matérias-primas até o cliente final, incluindo a locali-zação de fontes de matérias-primas, peças e componentes, manufatura e montagem, armazenagem e controle de estoques, re-cepção e gerência de pedidos, distribuição por todos os canais, entrega ao cliente, e os sistemas de informação necessários para monitorar todas essas atividades.[2]

---

1   MOREIRA, D. A. *Administração da produção e operações*. São Paulo: Cengage Learning, 2011, p. 427.

2   MOREIRA, 2011, p, 428.

Figura 15.2 Relações na cadeia de suprimentos

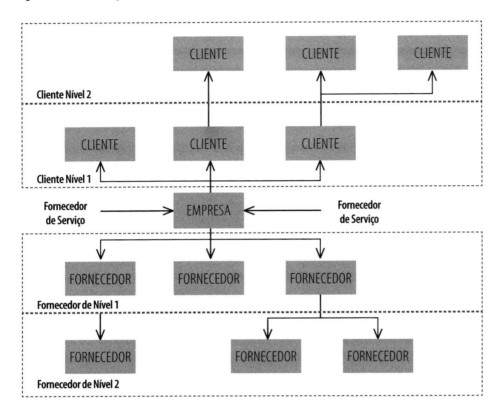

A Figura 15.1 ilustra de modo simplificado uma cadeia de suprimentos e permite observar a complexidade que pode apresentar uma cadeia com um grande número de relações a serem administradas pela gerência de suprimentos.

A gerência deve buscar o alinhamento entre o fluxo de informações e materiais e a demanda dos clientes, cuidando para que haja troca de informações entre os atores participantes da cadeia, assim como ilustra a Figura 15.2. Isso diz respeito às práticas de gestão necessárias para que todas as empresas agreguem valor ao produto, desde a aquisição, produção e distribuição até a entrega final ao cliente.

CADEIA DE ABASTECIMENTO **CAPÍTULO 15**

Figura 15.3   Exemplo de cadeia de suprimentos

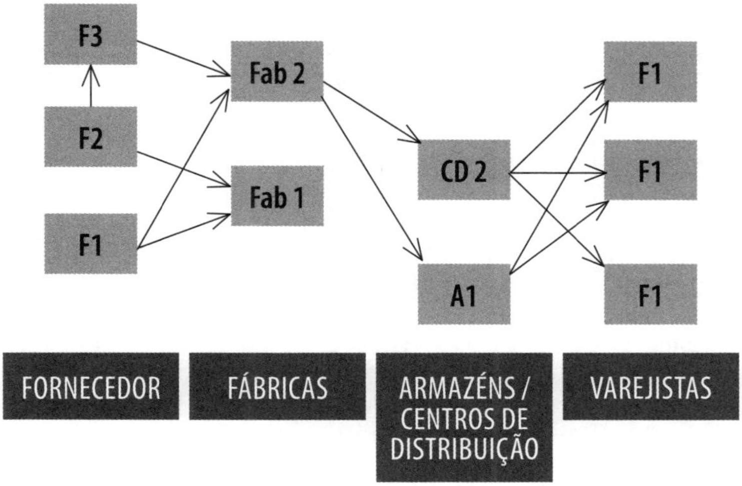

15.1 Evolução da cadeia de suprimentos

A cadeia de suprimentos passou por um intenso processo de evolução nos últimos anos, impulsionada pelas novas relações estabelecidas pelas empresas, devido às contingências da globalização.

Primeira fase (até 1960) – visão departamental – uma vez que o foco das empresas estava na melhoria funcional e de processo, esforços eram orientados para a integração interna da organização, a fim de que se encontrassem os melhores caminhos na execução dos passos do processo na cadeia de suprimentos pelas áreas funcionais, como ilustrado na Figura 15.3.

Características dessa fase:

- Atividades divididas em departamentos;
- Estoques para amortecer a falta de sincronismo;
- Controles locais;
- Falta de visão da cadeia;
- Indicadores departamentais;
- Visão de curto prazo.

243

Figura 15.4 Primeira fase (segmentada)

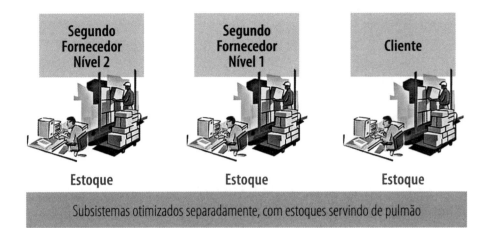

Segunda fase (de 1960 até 1980) – visão funcional – A evolução da cadeia de suprimentos ainda estava em uma base intraempresarial, mas a empresa começava a reconhecer as economias que eram geradas. Procurava, então, a excelência corporativa no processamento da sua cadeia de suprimentos. Havia um movimento para um nível maior de relacionamento vendedor-comprador, à medida que se refinava a base de fornecedores e se focalizava naqueles mais estratégicos; essa fase é ilustrada na Figura 15.5.

Características dessa segunda fase:
- Atividades agrupadas;
- Visão de negócio interna;
- Baixa visão da cadeia;
- Sistemas locais não integrados;
- Indicadores de desempenho apenas da função;
- Visão de curto prazo.

Figura 15.5 Segunda fase – integração rígida

Terceira fase (de 1980 até 1990) – visão da cadeia interna – nessa fase, os fornecedores mais importantes eram convidados a participar dos planejamentos de vendas e operações e trabalhar em projetos colaborativos e soluções para alinhar melhor a demanda e o suprimento. As funções de logística, transporte e armazenagem estabeleceram relações globais com fornecedores qualificados de serviços de logística. Os setores de marketing e vendas passaram a compor o cenário da cadeia de suprimentos. Nessa fase, por meio de uma variedade de ferramentas e técnicas colaborativas, a empresa podia encontrar os parceiros de negócio, como ilustrado na Figura 15.6.

Características dessa terceira fase:
- Integração flexível entre os componentes da cadeia;
- Integração da empresa com seus fornecedores e clientes, dois a dois;
- Início do Intercâmbio Eletrônico de Informações (EDI);
- Introdução do código de barras;
- Maior preocupação com a satisfação plena do cliente;
- Busca de estoque zero.

Figura 15.6 Terceira fase – integração flexível

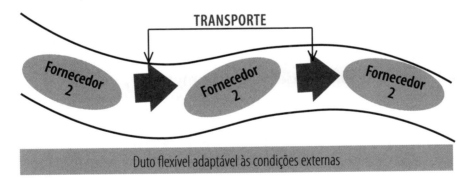

Quarta fase (de 1990 até os dias atuais) – visão da cadeia logística integrada – nessa fase, a colaboração entre cliente e fornecedor vai mais adiante, à medida que a empresa se consolida em um posicionamento em uma ou mais redes. Tais iniciativas colaborativas criaram o que se denominou "constelações de cadeias de valor". Nessa fase, novas medidas de desempenho surgiram para destacar a importância do cliente, como ilustrado na Figura 15.7.

Características dessa quarta fase:
- Globalização e aumento da competição entre as diversas empresas;

- Salto qualitativo: tratamento da logística de forma estratégica;
- Uso da logística para induzir novos negócios;
- *Postponement* (postergação);
- Preocupação com os impactos ao meio ambiente;
- Ênfase absoluta na satisfação plena do cliente;
- Formação de parcerias entre clientes e fornecedores ao longo da cadeia de fornecimento. particular. Qual dos dois fatores você usaria e qual momento?

Figura 15.7   Quarta fase – integração estratégica

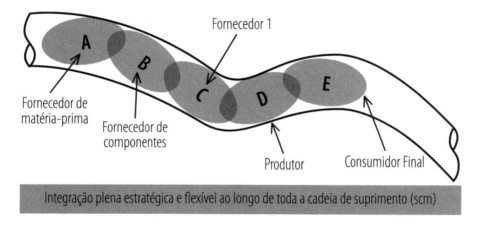

15.2   Integração na cadeia de suprimentos

O objetivo da cadeia de suprimentos é atender às necessidades dos clientes finais fornecendo produtos e serviços adequados quando são necessários, a um preço competitivo.

A característica da integração da cadeia de suprimentos é o estreitamento das relações entre os fornecedores e clientes de uma organização. A integração vertical verifica até que ponto a cadeia de suprimentos de uma organização está sendo operada por ela própria. Se a empresa paga por seus produtos e serviços a seus fornecedores ou terceiros, diz-se que ela está se valendo de "fonte externa" ou "fornecimento externo" (*outsourcing*). Segundo Moreira,[3] a decisão de integrar verticalmente sem dúvida depende de considerações de custo, porque algumas empresas percebem que o produto terá custo mais baixo se for feito e controlado pela própria empresa.

---

3   MOREIRA, 2011. p. 434.

CADEIA DE ABASTECIMENTO **CAPÍTULO 15**

A integração também pode ser subdividida em "integração para a frente" e "integração para trás":

- *Para trás* – consiste na aquisição ou controle das fontes de suprimentos: matérias-primas e/ou partes componentes. A empresa adquire, controla ou possui as fontes que eram previamente operadas e controladas por fornecedores externos na cadeia de suprimentos.
- *Para a frente* – consiste na aquisição ou controle dos canais de distribuição pela empresa, os quais costumavam ser de propriedade dos distribuidores externos na cadeia de suprimentos.

Para que possa ser gerenciada de forma integrada, a gestão da cadeia de suprimentos deve ser tratada como um sistema que trabalha de forma coordenada para atingir um objetivo comum. Os seguintes passos podem ser observados:

- *Mapeamento* – análise de prazos de entrega e níveis de estoque ao longo da cadeia;
- *Posicionamento* – identificação de oportunidades de cooperação entre os processos;
- *Ação* – efetivar as melhorias estipuladas.

15.3 Fatores cruciais para o sucesso das cadeias de suprimentos

São quatro os fatores cruciais identificados para o sucesso das cadeias de suprimentos, e cada um apresenta uma série de questões capazes de orientar as empresas que pretendam alcançar o sucesso na implantação de uma cadeia de suprimentos:

- *Infraestrutura organizacional* – como as unidades e as áreas funcionais estão organizadas? Qual é a forma usual de se conduzir e coordenar programas de mudanças na estrutura organizacional?
- *Tecnologia* – como a tecnologia da informação, a tecnologia de gerência de materiais, a tecnologia para o projeto de materiais e a tecnologia operações e a manuseio afetam os processos operacionais e estratégicos da cadeia de suprimentos?
- *Alianças estratégicas* – como empresas clientes e fornecedoras são selecionadas para compor parcerias? Como as relações interempresariais são construídas e gerenciadas?

247

- *Gerência de recursos humanos* – como são projetadas as descrições de trabalho? Como as posições são preenchidas? Como as pessoas são reconhecidas e recompensadas por seu trabalho? Como as carreiras são dirigidas?

15.4 Principais processos na cadeia de suprimentos

Corrêa[4] apresenta um modelo proposto por Lambert em que são considerados os processos básicos para a gestão de redes de suprimentos:
- *Gestão do relacionamento com o cliente* – envolve atividades que definem como o relacionamento com o cliente é desenvolvido e mantido, incluindo formas e intensidade de comunicação, segmentação de clientes e definição de níveis de serviço diferenciados por segmento.
- *Gestão do serviço logístico ao cliente* – relaciona-se às atividades de monitoramento dos níveis de serviço, como a identificação e resolução de problemas antes que o cliente seja afetado, a provisão ao cliente de informação em tempo real sobre datas e quantidades de remessa e disponibilidade de produtos.
- *Gestão de demanda* – envolve atividades que visam a balancear os requisitos do cliente com as capacidades da rede de suprimentos. Se esse processo funcionar bem, a demanda será atendida pelo suprimento e os planos serão cumpridos. Inclui o uso de dados do ponto de venda para gerar as previsões e agir para a redução das variabilidades e incertezas da demanda.
- *Gestão do atendimento de pedidos* – mais do que atender aos pedidos, esse processo inclui atividades que visam à definição precisa dos requisitos do cliente, a análise da rede de suprimentos e a logística que melhor se adapta a atendê-los, minimizando assim os custos nos processos que envolvem os fornecedores – passando pelos processos internos – até o cliente.
- *Gestão dos fluxos de manufatura* – envolve as atividades necessárias para movimentar os produtos pelos processos produtivos envolvidos com o atendimento do cliente, desenvolvimento e manutenção de níveis adequados de flexibilidade produtiva.
- *Gestão do relacionamento com fornecedores* – processo que define como a empresa relaciona-se e interage com seus fornecedores. Da mesma forma que a empresa estabelece relacionamento com seus clientes, deve também estabelecer com seus fornecedores. Diferentes fornecedores

---
4   CORRÊA, 2010, p. 195.

CADEIA DE ABASTECIMENTO **CAPÍTULO 15**

merecerão diferentes tipos de relacionamento, mas o objetivo é sempre obter relações de equilíbrio.

- *Gestão da rede no desenvolvimento de produtos* – esse processo provê a necessária estrutura de rede global de suprimentos para que novos produtos sejam desenvolvidos e trazidos ao mercado.
- *Gestão de devoluções* – nesse processo, as atividades relacionadas à logística reversa e às devoluções são gerenciadas e coordenadas com outros membros-chave da rede global de suprimentos. Além do gerenciamento de fluxos logísticos reversos suaves, a gestão de devoluções envolve formas de minimizar devoluções e controlar os ativos reutilizáveis, como contêineres.

15.5 Planejamento e controle da cadeia de suprimentos

"Rede de suprimentos" são aquelas unidades produtivas que, quando ligadas, provêm o suprimento de bens e serviços para uma empresa e geram demanda por esses bens e serviços até os clientes finais. Em grandes organizações, pode haver várias centenas de ramos de unidades produtivas ligadas, pelas quais fluem bens e serviços para dentro e para fora da organização – as chamadas cadeias de suprimentos. Os termos a seguir descrevem brevemente áreas que fazem parte do fluxo e que se integram de maneira crescente à rede de suprimentos.

- **Gestão de compras e suprimentos** – função que se ocupa da interface entre a unidade produtiva e seus mercados fornecedores.
- **Gestão da distribuição física** – termo para a gestão da operação de fornecimento aos clientes imediatos.
- **Logística** – extensão da gestão da distribuição física. Normalmente, refere-se à gestão do fluxo de materiais e informações a partir de uma empresa até os clientes finais, por meio de um canal de distribuição.
- **Gestão de materiais** – refere-se à gestão do fluxo de materiais e informações ao longo da cadeia de suprimentos imediata, incluídas as funções de compras, gestão de estoques, gestão de armazenagem, planejamento e controle da produção e gestão da distribuição física.
- *Gestão da cadeia de suprimentos* – tem uma abrangência bem maior que as demais funções e, com enfoque holístico, gerencia toda a cadeia, além da própria empresa.

15.6 Relacionamentos em redes de suprimentos

15.6.1 Hierarquia integrada

Uma empresa que conta com uma hierarquia integrada é uma empresa totalmente integrada verticalmente, o que engloba todas as atividades da cadeia de suprimentos, desde a fonte de matéria-prima até a distribuição ao cliente final, assim como todas as atividades de suportes a cada unidade produtiva.

Figura 15.8 Hierarquia integrada

15.6.2 Semi-hierarquia

Em uma organização semi-hierárquica *(ver Figura 15.9)*, as empresas na cadeia de suprimentos são de propriedade de uma mesma empresa *holding*, ou são parte do mesmo grupo, mas operam como unidades de negócio separadas.

Figura 15.9 Semi-hierarquia

CADEIA DE ABASTECIMENTO **CAPÍTULO 15**

Resumo

A cadeia de suprimentos promove a integração plena dos atores de uma rede, por meio do compartilhamento de dados entre fornecedores e clientes – as extremidades da rede –, além de manter o controle sobre as operações na busca da melhor performance global. Resultado de um processo de evolução, focado no atendimento ao cliente, a noção de cadeia de suprimentos saiu de uma visão puramente departamental para uma de integração plena, na qual os atores da rede se apresentam muito mais flexíveis às trocas de competências. Esse nível de integração exige dos atores da rede um alto grau de comprometimento com ações de melhorias em suas operações e processos, em que se faz necessário rever a estrutura organizacional, as tecnologias, as formas de alianças e o gerenciamento de recursos humanos, fatores que comprometem o relacionamento com os clientes e, portanto, afetam seu posicionamento efetivo na rede.

Questões para discussão

1. A cadeia de abastecimento é uma rede complexa que entrega produtos ou serviços ao cliente de diferentes maneiras, o que significa dizer que sua gestão pode ser eficiente ou eficaz. Qual a diferença entre os conceitos e seu impacto sobre os resultados na cadeia de abastecimento?

2. Uma plataforma de comércio que possibilita a comunicação entre parceiros comerciais garante o estreitamento das relações com os clientes. Basicamente é o conceito da gestão integrada da cadeia de suprimento, descreva o processo de evolução que resultou em seu desenvolvimento.

3. Observando um pequeno supermercado, discuta que processo pode ser usado para estabelecer prioridades na escolha de qual processo analisar na cadeia de suprimentos.

4. Em uma cadeia de suprimentos, como devem ser tratados os processos que efetivamente não agregam valor ao produto ou serviço?

5. Qual o objetivo que deve ser perseguido pela gerência da cadeia de suprimentos?

6. Duas formas de relacionamento podem ser adotadas em uma cadeia de suprimentos a competitiva e a colaborativa. Na competitiva o ganhador é o que detém o maior poder de barganha, já a colaborativa favorece alguns fornecedores de um item em particular. Qual dos dois fatores você usaria e qual momento?

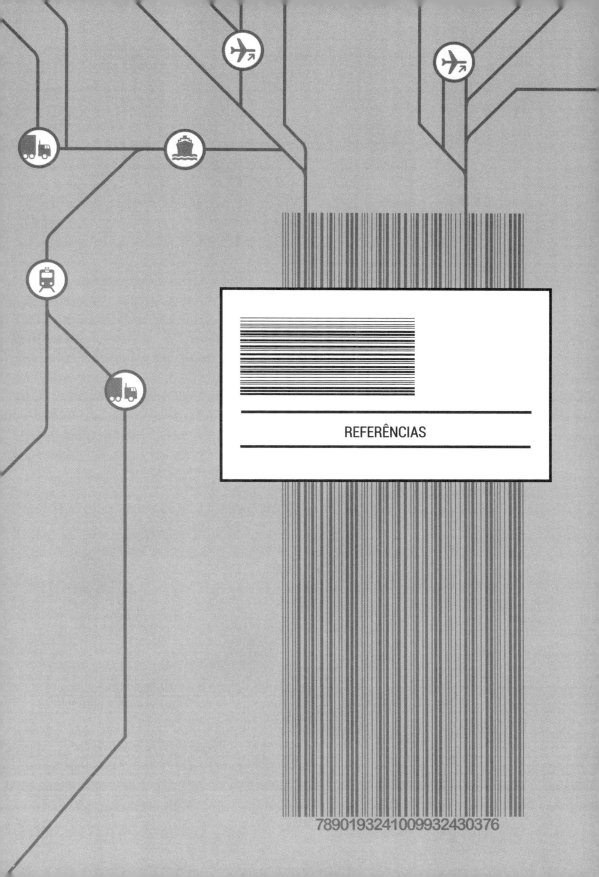

REFERÊNCIAS

Referências

ALMEIDA, Pergentino M. *Revisão da Metodologia da Discussão em Grupo*. Tradução Dilma de A. M. de Almeida e Sílvia M. de Aquino. European Research, v. 8, n.3, p. 114-120, maio, 1980.

ASSOCIAÇÃO BRASILEIRA DE NORMAS TÉCNICAS. *NBR ISO 8402:* gestão da qualidade e garantia da qualidade – Terminologia. Rio de Janeiro, 1994.

_____. *NBR ISO 9000*: normas de gestão da qualidade e garantia da qualidade. Rio de Janeiro, 1994.

_____. *NBR ISO 9001*: sistemas da qualidade – modelo para garantia da qualidade em projeto, desenvolvimento, produção, instalação e serviços associados. Rio de Janeiro, 1994.

_____. *NBR ISO 9002: sistemas da qualidade – modelo para garantia da qualidade em produção, instalação e serviços associados*. Rio de Janeiro, 1994.

_____. *NBR ISO 9003*: sistemas da qualidade – modelo para garantia da qualidade em inspeção e ensaios finais. Rio de Janeiro, 1994.

BALLOU, R. H. *Gerenciamento da cadeia de suprimentos*: planejamento, organização e logística empresarial. Porto Alegre: Bookman, 2001.

BATEMAN, T. S. *Administração*: construindo vantagem competitiva. São Paulo: Atlas, 1998.

BERBEL, Luiz Carlos; NUNES, Expedito. Conflitos e tensões das políticas educacionais da Região do Grande ABC. *Caderno de pesquisa CEAPOG/IMES*, São Paulo, ano 1, n. 1, 1999, p. 33.

BERTAGLIA, P. R. *Logística e gerenciamento da cadeia de abastecimento*. São Paulo: Saraiva, 2009.

BERTONI, Bartira Cataldi Rocha. *Reengenharia Humana*: preparando o indivíduo para a mudança. Salvador: Casa da Qualidade, 1994.

BOWERSOX, D. J. *Logística empresarial*: o processo de integração da cadeia de suprimento. São Paulo: Atlas, 2007.

BOYD, Westfall & STASCH. *Marketing research*: text and cases. Illinois: Richard D. Irwin, Inc., 1985.

BRASIL. Lei nº 9.841, de 5 de outubro de 1999. Institui o Estatuto da Microempresa e da Empresa de Pequeno Porte, dispondo sobre o tratamento jurídico diferenciado, simplificado e favorecido previsto nos artigos 170 e 179 da Constituição Federal. *Diário Oficial [da] República Federativa do Brasil*. Brasília, DF, 6 out. 1999. Disponível em: <http//www.uol.com.br/simpi/estatuto/estatuto.htm>. Acesso em: 08 mar. 2000.

BROH, R. A. *Managing quality for higher profits,* p. 13. In: LORENZETTI, Dagoberto Hélio. *Gestão da Qualidade e da produtividade em empresas japonesas no Brasi*l: um estudo de caso. 1997. 50 f. Projeto de pesquisa, Universidade Paulista, São Paulo, 1997.

REFERÊNCIAS

SEBRAE. Qualidade Total. *Folha de S. Paulo*. Caderno Especial. São Paulo, março, 1994.

CAMPOMAR, Marcos Cortez. Do uso de "estudo de caso" em pesquisas para dissertações e teses em administração. *Revista de Administração/USP*, São Paulo, n.3, 1991, p. 95-97.

_____. *Pesquisa de marketing*: um auxílio à decisão. São Paulo: Briefing, v. 4, n. 43, 1982, p.20.

CAPRA, F. *As conexões ocultas – ciência para uma vida sustentável*. São Paulo: Cultrix, 2002.

CARTWRIGHT, Darwin; ZANDER, Alvin. *Origens da dinâmica de Grupo:* Pesquisa e Teoria. São Paulo: Herder, 1967.

CASTRO, Cláudio de Moura. *A prática da pesquisa*. São Paulo: McGraw-Hill do Brasil, 1977.

CHIAVENATO, Idalberto. *Administração* – Teoria, Processo e Prática. São Paulo: Makron Books, 2000.

CHRISTOPHER, M. *Logística e gerenciamento da cadeia de suprimentos*. São Paulo: Pioneira Thomson, 2002.

CONFEDERAÇÃO NACIONAL DAS INDÚSTRIAS. *ISO 9000 como instrumento de competitividade* : a experiência brasileira. Rio de Janeiro: CNI, DAMPI, 1996.

CORRÊA, H. L. *Gestão de redes de suprimento:* integrando cadeias de suprimento no mundo globalizado. São Paulo: Atlas, 2010.

_____; GIANESI, I. G. N. *Just in time, MRP II e OPT:* um enfoque estratégico. São Paulo: Atlas, 1993.

CORRÊA, Paulo Arthur Moret. *Qualidade total, da visão à sistematização*. Rio de Janeiro: Imagem Ed., 1993.

CROSBY, Philip B. Quality is free. In: SLACK, Nigel. et. al. *Administração da produção*. São Paulo: Atlas, 1996.

DAFT, Richard L. *Teoria e projeto das organizações*. Rio de Janeiro: LTC, 1999.

DALE, B. G. *Quality management systems*. In: DALE, B. G. (Org.). *Managing quality*. New Jersey: Prentice-Hall, 1994.

DORNIER, P.-P. et al. *Logística e operações globais: texto e casos*. São Paulo: Atlas, 2000.

DUNN, William N. *Public policy analysis*: an introduction. 2. ed. New Jersey: Prentice-Hall, 1994.

FINGERMANN, Henrique (org.). *Parceria público-privadoa*: cooperação financeira e organizacional entre o setor privado e administração pública locais. São Paulo: Summus, 1992.

FISCHER, Tânia (org.). *Gestão contemporânea, cidades estratégicas e organizações locais*. Rio de Janeiro: Fundação Getúlio Vargas, 1997.

FREITAS, Maria Ester de. *Cultura organizaciona*l: formação, tipologia e impactos. São Paulo: Makron Books, 1991.

FUNDAÇÃO PARA O PRÊMIO NACIONAL DA QUALIDADE. O PNQ em cinco minutos. In: _____. *PNQ 2001*. São Paulo, 2001. Disponível em: <http://www.fpnq.org.br/pnq_cinco_min.htm>. Acesso em: 26 fev. 2001.

GARVIN, David. *Gerenciando a qualidade:* a visão estratégica e competitiva. Trad. de João Ferreira Bezerra de Souza. Rio de janeiro: Qualitymark, 1992.

_____. *What does "Product Quality" really mean?* In: SLACK, Nigel ... [et.al.]. *Administração da Produção*. São Paulo: Atlas, 1996.

GATTORNA, J. *Living Supply chains:* alinhamento dinâmico de cadeias de valor. São Paulo: Pearson Prentice Hall, 2009.

GENES, R. Smart ecology. *The Manufacturing Engineer*, Apr. 2002.

GIL, Antônio Carlos. *Como elaborar projetos de pesquisa*. 3. ed. São Paulo: Atlas, 1991.

_____. *Métodos e Técnicas de Pesquisa Social*. São Paulo: Atlas, 1987.

GORDON, Wendy; LANGMAID, Roy. *Qualitative Market research a practitioner's and buyer's guide*. Aldershot: Gower, 1990.

GUIMARÃES, Jorge Lessa. *Qualidade Competitiva no Brasil*. Salvador: Casa da qualidade, 1995.

GUMMESSON, E. *Service productivity, service quality and profitability*. VIII Conferência da Associação de Gerenciamento de Operações. Reino Unido, 1993.

HARRISON, J. S. *Administração estratégica de recursos e relacionamentos*. Porto Alegre: Bookman, 2005.

INSTITUTO BRASILEIRO DE GEOGRAFIA E ESTATÍSTICA. *Contagem da População*. 1996.

INTERNATIONAL ORGANIZATION FOR STANDARDIZATION. *Introduction to ISO*. Disponível em: <http//www.iso.ch/infoe/intro.htm>. Acesso em 24 mar.2000.

JURAN, Joseph M.; GRYNA, Frank (eds.). *Quality Control Handbook*. 4. ed., New York: McGraw-Hill, 1988.

KANAANE, Roberto. *Comportamento humano nas organizações: o* homem rumo ao século XXI. São Paulo: Atlas, 1994.

LAZZARINI, S. G. *Empresas em rede*. São Paulo: CENGAGE Learning, 2008.

LORENZETTI, Dagoberto Helio. *Gestão da qualidade e da produtividade em empresas japonesas no Brasil: um estudo de caso*. Projeto de pesquisa. Universidade Paulista: São Paulo. 1997.

LUBBEN, R. T. *Just-In-Time* – uma estratégia avançada de produção. Tradução de Flávio Deny Steffen. 2 ed. São Paulo: McGraw-Hill, 1989.

LUDKE, Menge; ANDRÉ, Marli F. D. A. *Pesquisa em Educação*: abordagens qualitativas. São Paulo: EPU, 1986.

MARTEL, A.; VIEIRA, D. R. *Análise e projeto de redes logísticas*. São Paulo: Saraiva, 2010.

MARTINS, G. P.; LAUGENI, F. P. *Administração da produção*. São Paulo: Saraiva, 2006.

REFERÊNCIAS

MARTINS, Gilberto de Andrade. *Manual para elaboração de monografias e dissertações.* São Paulo: Atlas, 1994.

MARTINS, Petrônio Garcia, LAUGENI, Fernando Piero. *Administração da produção.* São Paulo: Saraiva, 1998.

MAXIMIANO, Antônio César Amaru. *Introdução à administração.* São Paulo: Atlas, 1995.

MENESES, Claudino Luiz. *Desenvolvimento urbano e meio ambiente:* a experiência de Curitiba. Campinas: Papirus, 1996.

MINCIOTTI, Silvio Augusto. Uma reflexão sobre o método científico aplicado em pesquisas em Administração. *Revista IMES,* São Paulo, ano XVI, n. 47, 1999.

_____. *O sistema de informações de marketing como suporte para a adoção do marketing estratégico:* o desenvolvimento de um modelo, 1992. 188 f. Tese (Doutorado em Administração) – Faculdade de Economia, Administração e Contabilidade, Universidade de São Paulo, São Paulo.

MOREIRA, D. A. *Administração da produção e operações.* São Paulo: Cengage Learning, 2011.

NONAKA, Ikojiro. *A empresa criadora de conhecimento.* In: STARKEY, Ken. *Como as organizações aprendem.* São Paulo: Futura, 1997.

PENOF, David Garcia [et.al]. Considerações sobre as políticas públicas de desenvolvimento econômico no grande ABC. *Caderno de pesquisa CEAPOG/IMES*, São Paulo, ano 1, n. 1, 1999 p. 28.

PORTER, Michael E. *Competitive Strategy:* techniques for Analysing Industries and Competitors. New York: Free Press, 1980.

REIS, D. R. D. *Gestão da inovação tecnológica.* Barueri: Manole, 2008.

ROBBINS, S. P. *Administração:* mudanças e perspectivas. Tradução de Cid Knipel Moreira. São Paulo: Saraiva, 2001.

RUMMLER, Geary A.; BRACHE Alan P. *Melhores desempenhos das empresas.* São Paulo: Makron Books, 1994.

RUTTER, Marina; ABREU, Sertório Augusto de. *Pesquisa de mercado.* São Paulo: Ática, 1994.

SAMARA, Beatriz Santos; BARROS, José Carlos. *Pesquisa de marketing.* São Paulo: Makron Books, 1997.

SELLTIZ, Claire et al. *Métodos de pesquisa nas relações sociais.* São Paulo: Herder, 1967.

SLACK, N. et al. *Gerenciamento de operações e de processos.* Porto Alegre: Bookman, 2008.

_____. *Administração da produção.* São Paulo: Atlas, 1996.

_____. *Administração da produção*, 3. ed. São Paulo: Atlas, 2009.

TEIXEIRA, Paulo Egídio; SILVA, Joaquim C. F. Políticas públicas de recursos humanos no ABC. *Caderno de pesquisa CEAPOG/IMES*, São Paulo, ano 1, n. 1, p.43, 1999.

 GESTÃO DA PRODUÇÃO E LOGÍSTICA

THE HARBOUR REPORT, 2005.

TOLEDO, J. C. de. *Qualidade industrial:* conceitos, sistemas e estratégias. São Paulo: Atlas, 1987.

WRIGHT, P. L.; KROLL, M. J.; PARNELL, J. *Administração estratégica:* conceitos. 4. ed. São Paulo: Atlas, 2000.

YIN, Robert K. Case study research: design and methods. USA: SagePublications, 1990.

ZYLSTRA, K. D. *Distribuição lean*: a abordagem enxuta aplicada à distribuição, logística e cadeia de suprimentos. Porto Alegre: Bookman, 2008.